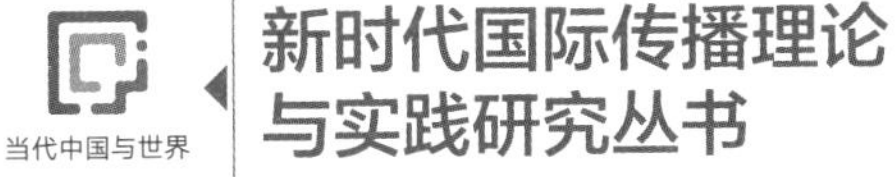

李　宇◎著

新形势下国际传播的理论探索与实践思考

图书在版编目（CIP）数据

新形势下国际传播的理论探索与实践思考 / 李宇著
. -- 北京 : 外文出版社, 2022.3
（新时代国际传播理论与实践研究丛书）
ISBN 978-7-119-12926-6

Ⅰ. ①新… Ⅱ. ①李… Ⅲ. ①传播学—研究 Ⅳ.
①G206

中国版本图书馆CIP数据核字（2021）第237794号

新形势下国际传播的理论探索与实践思考

作　　者　李　宇
策划编辑　谭　震
责任编辑　曹晓娟
责任印制　章云天
装帧设计　杜　帅
排版设计　愚人码字
出版发行　外文出版社有限责任公司
社　　址　北京市西城区百万庄大街24号　　邮政编码　100037
订购电话　（010）68996050　68995512
传　　真　（010）88415258（发行部）
联系版权　flp@cipg.org.cn
网　　址　http://www.flp.com.cn
印　　刷　北京盛通印刷股份有限公司
经　　销　全国新华书店
开　　本　710mm × 1000mm　1/16　　字　　数　286千字
印　　张　21
版　　次　2022年3月第1版　2022年3月第1次印刷
装　　别　平
书　　号　ISBN 978-7-119-12926-6
定　　价　68.00 元

“新时代国际传播理论与实践研究”丛书
编委会

总　序

深化新时代国际传播理论与实践研究
向世界展示真实立体全面的中国

中国外文局局长　杜占元

国际传播能力是综合国力的重要体现，加强国际传播能力建设是事关大国全球话语权和影响力提升的重大战略任务。党的十八大以来，以习近平同志为核心的党中央高度重视国际传播工作，习近平总书记就加强我国国际传播能力建设发表一系列重要讲话、作出一系列重要论述，将我们党对国际传播工作的规律性认识提升到新的高度。2021年5月31日，中共中央政治局就加强我国国际传播能力建设进行第三十次集体学习，习近平总书记在主持学习时发表重要讲话，进一步明确了新时代国际传播工作的时代使命和目标任务，对全面加强和改进国际传播工作、构建具有鲜明中国特色战略传播体系作出战略部署，并专门强调要加强国际传播的理论研究，掌握国际传播的规律，构建对外话语体系，提高传播艺术，为新时代国际传播工作提供了根本遵循。

当前，受多重因素影响，世界百年未有之大变局加速演进，中国与世界的关系正在发生根本性变化，信息技术革命引发的全球传播格局和舆论生态变革加速推进，我国国际传播工作正处于新的关键时期。一方面，我国国际传播领域面临一系列新的时代议题和具有基础性、战略性、前瞻性的重大问题，需要我们从理论层面持续深化研究，予以科学解答；另一方面，近年来我们围绕增强国际传播能力开展了许多有益探索和实践，需要通过系统总结形成新的规律性认识，以紧跟时代步伐、引领实践创新。同时，国际传播作为具有很强实践性的专业学科，需要进一步增强理论与实践相结合的应用研究，汇聚各方面的新观点、新思维，在国际传播理论研究上取得重大创新、重要突破。

在这一背景下，中国外文局所属当代中国与世界研究院、外文出版社、朝华出版社等精心策划编辑的“新时代国际传播理论与实践研究”丛书，现在与广大读者见面了。作为中国外文局重点出版项目，这套丛书以习近平新时代中国特色社会主义思想为指导，扎根于新时代各战线开展国际传播的创新探索、丰富实践，聚焦国内外国际传播领域理论前沿，紧扣当前国际传播工作重点难点，汇聚权威专家学者、资深业界人士等高质量成果，旨在为国际传播领域科研、教学、培训、实务等各界提供参考借鉴。

丛书内容丰富，涵盖了国际传播理论与实践研究的各重要领域，从习近平新时代中国特色社会主义思想对外宣介、对外话语体系创新、国际传播理论、国际传播人才培养、传播策略和传播效能、国际传播领域新技术、地方国际传播能力建设等方面，总结实践经验，持续深化对国际传播系统性的学理研究。第一辑首批推出了《新时代治国理政对外传播研究》《新时代对外话语体系建设实证研究》《从形象到战略：中国国际传播观察新视角》《新形势下国际传播的理论探索与实践思考》4种著作。接下来，我们将持续汇聚更多知名学者和研究力量，共同开展这项具有重大意义和深远影响的理论研究工作，推出更多高质量成果。

中国外文局是承担党和国家对外宣介任务的国际传播机构，70多年来，用几十种语言向国际社会讲述中国故事、传播中国声音、促进中外人文交流和文明互鉴。新阶段新征程上，我们正在以习近平总书记致中国外文局成立70周年贺信精神为指引，奋力建设世界一流、具有强大综合实力的国际传播机构。我们衷心期待，在社会各界关心关注、共同努力下，进一步发挥国际传播研究优势和智库特色，将“新时代国际传播理论与实践研究”丛书打造成为汇聚各方智慧、交流借鉴提高的平台，持续推出服务理论研究、实际工作、人才培养的经典好书、精品力作，为引领国际传播创新发展发挥积极作用，为展示真实立体全面的中国提供学理支撑和实践指引，为中国走向世界、世界读懂中国作出新的更大贡献。

前 言

2020年以来，新冠肺炎疫情在全球持续肆虐，国际形势深度变革，国际传播环境日趋复杂。2021年以来，英国、澳大利亚、美国、印度等国媒体监管机构、相关政府部门或媒体先后对中国媒体采取新一轮管控甚至制裁举措，尤以英国最为显著。英国通信管理局（OFCOM）2021年2月4日发表声明，宣布吊销中国国际电视台（CGTN）的落地播出许可，该台申请转持也未获同意，原因是所谓“受控于中国共产党”。[①]对此，在中国外交部2021年2月5日记者例行招待会上，新闻发言人汪文斌指出，“英国通信管理局基于意识形态偏见，以政治理由对CGTN在英落地传播进行打压，将技术问题政治化，严重损害中国媒体声誉，严重干扰两国间正常的人文交流。中方对此坚决反对。”[②]根据欧盟《视听媒体服务指南》（AVMSD）等相关媒体监管法规，中国国际电视台最终从法国媒体监管机构法国高等视听委员会（CSA）获得管辖认可，由此得以在法国以及欧盟其他国家播出。这一事件提醒我们，当前国际传播面临严峻的国际政治环境，同时也需要加强研究，更加立体深入全面地理解国际传播的属性特征与发展规律。需要说明的是，国际传播概念有广义和狭义之分，定义方式也因研究目的不同而存在差异。本书中的“国际传播”主要是指媒体机构或文化企业开展的跨越国境的大众传播。

---

① OFCOM：*Ofcom revokes CGTN's licence to broadcast in the UK*，https://www.ofcom.org.uk/about-ofcom/latest/media/media-releases/2021/ofcom-revokes-cgtn-licence-to-broadcast-in-uk.

② 外交部官网：《2021 年 2 月 5 日外交部发言人汪文斌主持例行记者会》，https://www.fmprc.gov.cn/web/fyrbt_673021/t1851701.shtml。

另外，在不同历史时期或语境中，“国际传播”与“对外传播”、“对外宣传”以及“外宣”具有一定的概念互换性。

2021年5月31日，习近平总书记在中央政治局第三十次集体学习时就国际传播发表了重要讲话[①]，深刻洞察国内外大势，以大思维大战略鲜明指出我国国际传播能力建设的任务与方向，为新形势下进一步做好国际传播工作提供了根本遵循，为讲好新时代中国故事、传播好中国声音提供了重要思想指引。这是建党百年来国家最高领导人首次公开全面系统阐释国际传播工作，充分体现了新形势下国际传播工作的重要性，在中国国际传播发展历程中具有标志性意义。他强调，要深刻认识新形势下加强和改进国际传播工作的重要性和必要性，加强顶层设计和研究布局，构建具有鲜明中国特色的战略传播体系，着力提高国际传播影响力、中华文化感召力、中国形象亲和力、中国话语说服力、国际舆论引导力。当前，中国正日益走近世界舞台的中心，发展成就举世瞩目。特别是新冠肺炎疫情暴发以来，中国在全球率先实现有效控制并迅速恢复经济，充分展现了中国制度的优势，以及中国模式的韧性和活力。中国正因为发展“做得好”，取得了震撼世界的发展奇迹，在仍然充满歧视和偏见并很大程度上仍然由西方主导的国际舆论舞台上，中国必然受到不同以往的围堵。[②]美国等西方国家基于霸权主义、冷战思维以及零和博弈逻辑将持续遏制中国，不断制造紧张，甚至挑起对抗。习近平总书记强调，要围绕中国精神、中国价值、中国力量，从政治、经济、文化、社会、生态文明等多个视角进行深入研究，为开展国际传播工作提供学理支撑。他还提出，要加强高校学科建设，提升国际传播理论研究水平。

---

① 除注明外，本章关于习近平讲话内容均引用自《习近平在中共中央政治局第三十次集体学习时强调 加强和改进国际传播工作 展示真实立体全面的中国》，新华网，2021年6月1日，http://www.xinhuanet.com/politics/leaders/2021-06/01/c_1127517461.htm。

② 周树春：《自觉把握新时代国际传播的特征规律》，《对外传播》2019年12月，第4页。

近年来，国际传播研究呈现出蓬勃发展之势，在一定程度上为国际传播工作提供了理论支持和学理支撑。笔者在中国知网用“国际传播”“对外传播”“对外宣传”以及“外宣”这四个词进行检索，篇名或关键词中包含这四个检索词的中文研究成果数量在1980年为1篇，1990年全年为22篇，2000年为163篇，2010年为862篇，2015年为1364篇，2020年为1574篇。如果仅以“国际传播”作为检索词，篇名或关键词中包含该词的中文研究成果数量在1980年为0篇，1990年全年为3篇，2000年为12篇，2010年为254篇，2020年为635篇。虽然这种统计的严谨度和代表性存在一定不足，但也有一定参考意义。可以看出，国际传播研究成果规模呈现翻番式增长，而且其在四个检索词相关研究成果中所占比例也显著提升，从13%（1990年）和7%（2000年），增至29%（2010年）和41%（2020年）。当前，中国国际传播工作进入一个新的历史发展阶段，国际传播研究亟须提质升级，在研究体系和研究框架上有所创新突破，在更高水准上为国际传播工作提供学理支撑。随着中国国际传播进入新的发展阶段，国际传播的战略研究与策略研究、理论研究与实践探索、长期导向研究与短期导向研究都需要更好地协同、衔接和平衡，逐步构建起具有中国特色、契合中国国情、满足中国需要的研究体系。

1.战略研究与策略研究协同推进。长期以来，中国国际传播在策略性研究方面着力较多，战略性研究方面较少涉及。2020年以来，美国等西方国家对中国战略遏制和打压常态化，中国面临的国际局势日趋复杂和严峻。在此背景下，国际传播需要承担其战略传播的重任，有效配合外交大局。战略性研究的重点之一是有效应对美国等西方国家系统性协同舆论攻击，如2021年所谓的“新疆棉花”事件。可以预见，随着中国国力稳步增长、国家地位显著提升，美国等西方国家会继续协调军事、情报、媒体、外交、非政府组织、商业以及反华势力等各方力量，合作策划、协同实施对华舆论抹黑和攻击，且会常态化、持续化。对此，中国国际传播研究在继续做好策略研究的同时，亟须加强战略研究，提升国际传播的战略布局能力、战略反击能力和战略打击能力。

战略研究和策略研究还需要关注知识话语自主化的问题，并形成有效的结合。与西方国家相比，中国的国际传播实践起步较晚，理论研究整体水平尚待提升。目前，西方在全球范围拥有了大部分理论、知识、概念和话语的定义权，与西方价值观一样似乎已经成为“常识”，在全球国际传播研究领域也已形成“言必及西方”之势。当前，中国的国际传播急需自主构建起知识话语，定义、阐释和传播中国制度、中国道路、中国价值以及中国主张、中国智慧、中国方案。习近平总书记强调，要加快构建中国话语和中国叙事体系，用中国理论阐释中国实践，用中国实践升华中国理论，打造融通中外的新概念、新范畴、新表述，更加充分、更加鲜明地展现中国故事及其背后的思想力量和精神力量。从国际传播研究来看，知识话语自主化是国际传播战略研究和策略研究的重要结合点，也是构建中国特色国际传播理论体系的基石与支撑。

2.理论研究与实践探索有效衔接。目前，高校是中国国际传播研究的主要力量。由于中国国际传播的学界、业界和政界之间没有“旋转门”机制，国际传播研究者大多缺乏实践经验，尤其对最前沿、深层次实践问题缺乏有效掌握。例如，2021年2月英国通信管理局吊销中国国际电视台的落地许可是中国国际传播发展中的大事件，也是中国国力增长后给国际传播带来的新情况、新问题。该事件背后的国际传播法律问题、制度折扣问题都是非常值得国际传播研究的重要主题，对于中国国际传播下一步破圈突围具有重要价值。

另外，理论研究的中国本土化问题也值得重视。国际传播研究在中国发展历史不长，研究所用理论和方法主要源自西方。随着中国国际传播进入新发展阶段，发展路径需要进行重新建构。正如习近平总书记所指出的，要用中国理论阐释中国实践，用中国实践升华中国理论。因为理论研究与实践探索衔接不紧，国际传播理论研究的中国本土化的进程一直较为迟缓。西方传播研究和理论是基于其政治、经济、文化和社会发展特征以及实际需要，例如美国拉扎斯菲尔德等学者基于美国选举政治制度而发展出来“二级传播论”。中国国际传播研究需要紧扣中国国情和国家发展需要，着力解决中国当前及今后亟须解决的重大问题，并在此过程中构建中国理论。以应对美国等西方国家的舆论抹黑和打压问题为例，中国的国际传播理论研究就要着力解决国际传播制度折扣、政治制度差异及对外话语转化、文化差异及对外话语修辞等问题。国际传播理论的中国本土化一定是植根于中国的国情和现实需要；这些理论可以新创，也可以对西方以及其他国家理论成果进行创造性转化和创新性发展。随着中国国际传播进入高质量发展阶段，理论研究与实践发展之间的衔接需要有效加强，形成有效联动，相互激荡、彼此促进、共同发展，也为国际传播理论中国化提供新动能。

3.长期导向研究与短期导向研究均衡布局。目前，国际传播研究以短期导向的研究为主，主要切近一些现实题目展开研究。相比之下，长期导向的研究较少，尤其是一些基础性长期导向研究较为缺乏。美国国际传播研究注重多部门联合决策并合作开展长期研究，为外交战略等领域提供决策参考。例如，美国在“9·11”事件后不到一年的时间即启动了皮尤全球态度项目（Global Attitudes Survey），美国前国务卿奥尔布莱特担任项目的共同负责人。该项目与美国皮尤研究中心合作，以面谈采访等方式了解其他国家民众如何看待美国以及美国关心的问题。首次调查的开展时间是2002年7月至10月，共调查了44个国家的38000人。此后，调查每年开展一次，仅2002年到2005年间就已开展了6次，涉及50个国家的9万余人。[①]在中国，外文局对外传播研究中心（现为当代中国与世界研究院）从2012年开始在境外开展相关调查研究，并发布《中国国家形象调查报告》，是长期导向研究的代表。但整体而言，中国国际传播

---

① 张毓强：《国际传播：思想谱系与实践迷思》，北京：中国传媒大学出版社，2017年，第187、188页。

的长期导向研究项目较少，项目规模也较小，资金投入也较少。习近平总书记强调，要采用贴近不同区域、不同国家、不同群体受众的精准传播方式，推进中国故事和中国声音的全球化表达、区域化表达、分众化表达，增强国际传播的亲和力和实效性。为此，国际传播研究要聚焦“一国一策”“一群一策”相关领域，针对不同国家、不同地区、不同人群设计和实施长期导向研究项目。基于此，国际传播研究要逐渐建立起国别、人群等维度的数据库和资料库，开展历时性研究和共时性研究，找出规律、探求差异，为精准传播提供扎实、翔实、系统的数据支撑和理论支持。

另外，国际传播研究要加强受众心理和媒介行为研究，这是国际传播内容、渠道等相关研究的基础；通过长期导向研究与短期导向研究的有机结合，受众心理和媒介行为研究能为理论和实践创新提供有力支撑。国际传播需要与受众之间实现一个“了解—理解—同情—接受—友好—合作和支持”的过程，其中的关键就在于国际传播与目标受众之间能否建立几个关键交汇点：兴趣/需求的交汇点；认知的交汇点；感情的交汇点。例如，感情的交汇点是指我们同外国人在感情上可以相通的地方，如对祖国、家乡和同胞的热爱，对正义事业、社会公正和和平相处的拥护，对战争、压迫和种族歧视的反对，对忠贞爱情的歌颂，对健康和环境的关心，对残疾人和不幸者的同情，等等。[①]这些研究需要进行长期布局，开展长时间、系统性的心理和行为调查分析。虽然耗时耗力，但这样的研究是整个国际传播理论建设和实践探索的基石，具有很强的理论研究价值和实践指导意义。

根据国际形势新发展和中国国际传播新任务，中国国际传播研究要聚焦核心议题，对研究议题的框架进行重新建构。在主要框架之下，聚集相关学科和研究力量，形成合力、实现突破。

---

① 沈苏儒：《对外传播的理论与实践》，北京：五洲传播出版社，2004 年，第 94—95 页。

1.大国形象的生动构建与传播策略研究。随着中国日益走近世界舞台的中央，外部世界对中国的关注也在显著增加。国际传播研究需要强化对新的历史阶段上中国国家形象构建和传播的研究，从政治形象、经济形象、文化形象、军事形象、生态形象、体育形象等多个方面进行立体构建，同时也要针对各地区的特色和优势，研究地方形象的建构和传播问题，展示丰富多彩、生动立体的中国形象。正如习近平总书记所强调的，要注重把握好基调，既开放自信也谦逊谦和，努力塑造可信、可爱、可敬的中国形象。另外，作为负责任的大国，中国越来越多地参与全球治理。当前，世界多极化、经济全球化、社会信息化、文化多样化深入发展，人类社会也面临着前所未有的变革挑战，恐怖主义、网络安全、传染性疾病、气候变化等非传统威胁持续蔓延。中国正在成为全球治理的积极参与者，为应对这些问题提出了中国方案，贡献了中国智慧，为全球政治、经济、文化、生态等方面发展做出了积极贡献。国际传播研究也需要针对中国在国际上的新角色、新作为进行充分研究，有力提出中国的主张，阐释中国的观点，展现中国的贡献。正如习近平总书记所强调的，要善于运用各种生动感人的事例，说明中国发展本身就是对世界的最大贡献、为解决人类问题贡献了智慧。国际传播研究要围绕抗疫、扶贫、发展等全球性议题，通过传播模式、话语表达、渠道构建等领域的创新，有效宣介中国主张、中国智慧、中国方案，有力诠释“人类命运共同体”理念。

在这一框架下，国际传播研究要强化国家形象研究、价值观传播研究、制度传播研究、跨文化传播研究学、“文化折扣”及应对策略研究等。为此，国际传播研究需要注重引入跨文化传播学、公共关系学、心理学、社会学、人类学等学科，强化交叉研究和融合发展。以跨文化传播为例，大国形象建构要充分发掘运用中国深厚的文化底蕴、文化资源，向世界阐释推介更多具有中国特色、体现中国精神、蕴藏中国智慧的优秀文化。但是，目前国际传播研究整体的跨文化意识还不强，跨文化传播学对于学科建设和实践发展还没有发挥应有的作用。笔者注意到，2021年端午节期间，部分政府部门和对外媒体还在将“端午节”翻译为“Dragon Boat Festival”，或将“龙”译成“Dragon”。从跨文化传播研究来看，“Dragon”与“龙”属于文化误译，对于传播中国文化和塑造中国形象具有负向作用。在西方文化中，“Dragon”是一种恶兽，是邪恶的象征，这在宗教故事、民间传说中都是一种“文化常识”，故而在欧洲教堂、广场上到处可见“圣乔治屠杀Dragon”的雕塑。钱钟书在《中国文学小史序论》一文中曾写道：“西方所谓Poetry非即吾国之诗；所谓drama，非即吾国之曲；所谓prose，非即吾国之文……文学随国风民俗而殊，须各还其本来面目，削足适履，以求统定于一尊，斯无谓也。”[①]钱钟书是从文学艺术角度来阐释跨文化传播中的概念误译问题，这种现象在国际传播研究和跨文化传播研究领域更是多见。可见，国际传播研究需要大力强化跨文化传播学等其他学科的引入、互鉴和交融，为国际话语权、国家形象建设提供有力有效的参考、借鉴和指引。

2.大国崛起的外部挑战与应对策略研究。中国国际传播要着力研究大国崛起所需面对的相关外部压力和挑战问题。在中国实力远不足以比肩美国时，美国对待中国的政策以“对话”为主。随着中国稳步崛起，尤其是新冠肺炎疫情暴发以来，此消彼长的势头更趋明显，美国对华政策明显转为“对抗”而非“对话”。在此背景下，遏制和打压成为美国及其盟友的重要手段。长期以来，美国学者认为对付中国崛起的最佳战略是遏制，包括限制中国扩大其在亚洲的影响；采取措施继续控制世界各大洋，好让中国难以把力量可靠地投射到海湾等遥远地区，尤其是西半球；通过颠覆亲华政权，减少中国在国际上的支持或同盟力量；在中国内部制造问题来削弱中国，包括通过支持新疆或西藏的

---

① 钱钟书：《钱钟书集：写在人生边上；人生边上的边上；石语》，北京：生活·读书·新知三联书店，2001年，第31页。

分裂分子在中国内部煽动骚乱。[①]国际传播具有显著的阶段性，在不同发展阶段具有不同的特征；与之相关，国际传播研究也有相应的阶段性重点议题。国际传播发展阶段与国家实力、国际地位密切相关，当中国进入到新发展阶段时，外部环境会随之变化，例如当前以及今后一个时期内，中国因自身崛起而需要应对美国等西方国家遏制打压的外部新环境。国际传播研究需要针对这些新变化新形势新挑战，研究如何应对美国等西方的舆论攻击、无端指责以及恶意抹黑等，有效放大公平、正义、理性的声音，为中国发展营造良好的国际舆论环境。另外，国际传播研究要针对西方舆论攻击的热点和重点，在政治体制、发展道路、价值观念、民族、宗教、中国香港、中国台湾等主题上进行重点研究。正如习近平总书记所强调的，要加强对中国共产党的宣传阐释，帮助国外民众认识到中国共产党真正为中国人民谋幸福而奋斗，了解中国共产党为什么能、马克思主义为什么行、中国特色社会主义为什么好。国际传播研究要围绕当前和今后一个时期的重点议题和舆论斗争热点领域进行前瞻性布局，尤其要强化与之相关的传播战略和话语构建、修辞表达策略研究，助力中国国际传播从被动转向主动。

在这一框架下，国际传播研究要强化中国政治话语生成与转换研究、“制度折扣”及其传播对策研究、中国共产党形象建构与传播研究、舆论斗争战略传播研究等。为此，国际传播研究需要注重引入情报学、符号学、修辞学、心理学、社会学、人类学、公共关系学等学科，强化国际传播研究的实战性、战略性和斗争性。

值得关注的是，经过多年发展，目前国际传播研究仍存在着一些深层问题，如前文所述的学界、业界与政界之间缺乏系统、深度、长期的融合交互；

---

① [美]约翰·米尔斯海默：《大国政治的悲剧》（修订版），王义桅、唐小松译，上海：上海人民出版社，2014 年，第 407—409 页。

在学科建设方面，大多数从事国际传播的研究者在专业背景下集中在新闻传播、外语、国际政治、外交等几个领域，缺乏社会学、心理学、文化学、人类学、情报学、商学、法学等专业的交叉发展，这在一定程度上制约了国际传播研究的深度和广度；由于中国国际传播起源于对外宣传，且与对内宣传一体两翼共生发展，国际传播研究自行限制了关于本体属性认知以及研究框架，过于集中于国际传播的政治属性及相关主题框架，而客观上不了解或主观上忽视了关于国际传播商业属性及相关主题框架，以及国际传播的文化属性及相关主题框架、技术属性及相关主题框架。以电视频道在欧洲播出为例，根据欧盟《视听媒体服务指南》规定，域外电视频道在欧盟国家申请播出许可主要依据四个规则，包括境外频道在欧盟总部（主要办公室）的所在地规则，频道租用卫星信号的最早上行地所在国规则，以及频道租用卫星传输空间所属国规则等。中国国际电视台在法国获得落地管辖，即是根据卫星信号最早上行地所在国的规则。实际上，英国宣布脱欧后，原本在英国获得播出许可的电视频道大多无法在欧洲大陆播出，需要另行在欧盟国家申请许可，因此从2020年开始将总部从英国迁至欧洲大陆。就域外电视频道申请落地许可的目的地而言，荷兰、卢森堡和西班牙都是首选。根据欧洲视听观察室（the European Audiovisual Observatory）2021年的数据，32%的欧盟域外电视频道在荷兰申请了许可，22%在卢森堡，18%是在西班牙。在荷兰和西班牙申请许可的域外电视频道主要是依据总部所在地规则，而在卢森堡申请许可的域外频道则主要依据卫星信号上行所在地规则或租用卫星传输空间所属国规则。[①]换言之，中国媒体机构如果在目标国建立了商业性、市场化本土机构，则更容易应对当地监管，适应当地的传播环境。可见，国际传播具有很强的多元属性特征，需要从政治维度、文化维度、商业维度和技术维度加以认知、理解和研究。

---

① https://www.broadbandtvnews.com/2021/06/17/brexit-brings-huge-channel-licence-migration/.

国际传播实践和研究都经历了从弱到强、从小到大的发展历程，正如中国企业在走出去过程中经历了很多“阵痛”，需要有效适应国内与国外监管要求、技术条件、市场需求以及人文环境等方面的差异，通过再学习、再认知、再优化、再完善，实现理念、模式、路径的有效转换与对接。当前，国际传播实际上仍处在一个发展完善之中，尤其是新兴媒体等媒介技术变革正推进全球媒体环境深度调整，为媒体机构的内容生产、渠道布局、运营模式等提出了新挑战和新要求。以媒体监管变革为例，土耳其信息与通信技术局（Information and Communication Technologies Authority，BTK）2020年12月宣布对多家境外社交媒体公司处以罚款，原因是这些公司没有按照规定雇用当地代表。被处罚的公司包括推特（Twitter）、脸书（Facebook）、照片墙（Instagram）、优兔（YouTube）、潜望镜（Periscope）、领英（LinkedIn）、日动（Dailymotion）和抖音（TikTok）。每家公司被罚款的金额为3000万土耳其里拉（TL），约合315万欧元。根据2020年10月1日生效的社交媒体监管法律，在土耳其单日浏览量超过100万次的外国社交媒体平台必须雇用当地代表，否则在认定违规后的第一个30天，平台会被处以1000万土耳其里拉罚款，带宽被削减50%；在第二个30天，则处以3000万土耳其里拉罚款，带宽被削减90%。在第三个30天，平台将禁止播出任何土耳其广告。而一旦雇用当地代表，社交媒体平台则会立刻享受75%的罚金减免，带宽也得以全面恢复。[①]随着中国媒体走出去的规模和范围日趋增长，国际传播需要在宏观站位、整体理念、顶层设计、长期规划、发展模式、创新路径等方面积极适应新形势新要求。总体而言，国际传播实践和研究都迎来了前所未有的发展机遇，需要在研究理念、理论、模式、路径和框架等方面进行全面革故鼎新，为国际传播大发展、大繁荣提供强坚实基础。

本书的整体框架是基于国际传播的四大属性，即政治属性、文化属性、商

① https://www.broadbandtvnews.com/2020/12/11/turkey-imposes-social-media-fines/.

业属性和技术属性。在阐释四大属性的基础上，本书分别探讨了与之密切相关的四个议题，即国际话语权建设、跨文化传播能力建设、市场竞争力建设以及融合传播能力建设；这四大议题也是当前国际传播实践探索和理论研究的重要主题。本书主要包括九个部分，其中前言部分主要说明本研究的主要出发点、立足点和关注点；第一章是从历史视角来阐释中国国际传播的发展进程与主要特征；第二章是专题研究国际传播的四个维度，并运用四家国际媒体（BBC、RT、KBS和NHK）国际传播定位进行案例分析；第三章分析国际传播政治维度的内涵，探讨国际话语权建设的策略与路径；第四章分析国际传播文化维度的内涵，探讨跨文化传播能力建设的策略与路径，并以韩国国际传播为案例分析其文化策略；第五章分析国际传播商业维度的内涵，探讨市场竞争力建设的策略与路径，着重研究了本土化传播问题，并以英国广播公司（BBC）为例分析其市场竞争力建设的策略；第六章分析国际传播技术维度的内涵，探讨融合传播能力建设的策略与路径，并剖析了西方知名媒体机构国际传播中的融合传播策略；第七章主要探讨国际传播理论发展与实践创新的策略、路径、重点等方面的问题，是整个研究的核心思想和重要落点；最后一章是结语，主要探讨国际传播未来发展的设想与思考。

笔者从攻读博士研究生开始就一直专注于国际传播，在工作中也主要从事国际传播相关业务。本书在写作过程中充分加入了笔者的专业实践心得和学术理论思考，也吸收了学术研究中的一些成果，一些章节已经以论文方式发表。在成书过程中，笔者又进一步强化了理论内容、丰富了数据和资料，着力提升本书的系统性、前瞻性、参考性和实用性。囿于本人学识水平、专业背景、学术素养和研究条件等，本书难免存在诸多不足，请读者不吝赐教，以期改进提高。

目　录

第一章

中国国际传播发展进程与主要特征

中国近代国际传播发展历史可追溯至清末，新中国成立后经历了起步、滞退、恢复、探索、发展和攀升等几个发展阶段，并实现了几个关键转变：在理念上从对外宣传到战略传播，在发展规划方面从突进到务实，在传播属性方面从一维到多维，在传播主体方面从一元到多元。考虑到习惯用语等方面的因素，本书在一些涉及国际传播历史发展等内容的阐释中，“国际传播”与“对外宣传”“外宣”等表述方式并用。关于发展进程的阶段划分，本书主要基于三个因素：一是中国国家建设进程以及传媒发展状况，二是国际局势发展及传播生态格局演进，三是中国国际传播发展。随着中国日益走近世界舞台的中心，国际传播迎来了最好发展机遇，也面临最艰难最险峻的挑战。中国国际传播经历了从弱到强、从小到大的发展进程，见证了综合国力发展壮大和国际地位稳步提升，也始终服务于国家发展大局和外交战略。在国际传播全新发展形势下，国际传播历史研究具有学术价值和现实意义，为新时期国际传播实践提供参照。

第一节　中国国际传播的发展进程

中国近代国际传播历史可以追溯到清朝末期，当时以孙中山为代表的资产阶级民主革命派在海外开展了大量新闻宣传活动，如1900年在香港创办了《中国日报》，1901年在日本创办了《国民报》，1903年在檀香山创办了《隆记檀山新报》，1905年在日本创办了《民报》，1907年在加拿大开办了《大汉公报》、在暹罗办起了《华暹新报》、在新加坡刊行了《中兴日报》，1908年在缅甸刊行了《光华日报》，1911年在菲律宾创办了《公理报》[①]，这些报刊客观上对于传播中国声音发挥了积极作用。“中华民国”建立之后，开始运用广播技术发展国际广播事业，于1932年11月12日在南京正式开播了“中央广播电台”强力电台，呼号为SGOA，其整体实力号称“亚洲第一，世界第三”，信号覆盖了东南亚及日本；1936年2月23日又开播了南京短波广播电台，呼号为XGOX，信号最远可覆盖澳大利亚和新西兰，用国语、英语、马来语、厦门话等广播。[②]中国共产党在极其艰苦的条件下创办了人民对外广播事业，延安新华广播电台于1941年11月3日开办了日语广播，张家口新华广播电台于1945年10月23日开办了英语新闻，陕北新华广播电台于1947年9月11日在河北涉县开办了英语广播。[③]新中国成立后，国际传播历史进入全新时期，大致包括如下六个发展阶段。

一、起步阶段（1949—1965）：向世界说明中国

新中国成立后，全国开始了热火朝天的建设事业，万象更新、生机蓬勃。国际传播在短时间内实现了迅速发展，向世界报道新生人民政权的发展进步，展示新中国形象、说明新中国发展理念。在这一阶段，“向世界说明中国”是国际传播的主要特征。

在领导机构建设方面，中央人民政府政务院于1949年10月设立了新闻总署，下设国际新闻局，承担新中国对外宣传的重要使命。1958年，中央外事小组开始负责外宣方针和政策的统一领导；中央外事小组和国务院外事办公室下

---

① 甘险峰：《中国对外新闻传播史》，福州：福建人民出版社，2004 年，第 1 页。

② 同①，第 45—49 页。

③ 同①，第 63—67 页。

设对外文化联络委员会，成为外宣工作的统筹机构。

在媒体国际传播方面，平面媒体是这一阶段国际传播的主要渠道。《人民中国》英文半月刊于1950年1月创刊，是中国最早的外文刊物之一，后续又创办了俄文版、日文版、中文版、法文版、印尼文版。同年，《中国报道》（原名《人民中国报道》）、《人民画报》创刊；中央人民广播电台成立国际广播编辑部，下设华侨广播科、日朝语广播科、英语科、东语科等，对外使用“北京广播电台”的呼号。1951年10月，《中国文学》英文版创刊，后又创办法文版。1952年1月，《今日中国》（原名《中国建设》）创刊，后来发展成为中国唯一一本多文种综合性对外报道月刊。1953年，《人民中国》日文版创刊。1958年3月，国家重点外文期刊《北京周报》创刊。同年，北京电视台（中央电视台前身）创建，中国电视事业正式诞生，随后就开展了国际传播业务，于1959年4月21日将长约7分钟的电视新闻片《第二届全国人大第一次会议专题报道》航寄给苏联、德意志民主共和国、罗马尼亚、匈牙利、波兰、捷克斯洛伐克的电视台。[①]

中国还积极通过电影和纪录影片开展国际传播，在这一时期共向84个国家和地区输出长短片1231个，7770部次。[②]其中，《平原游击队》《铁道游击队》《万水千山》《红色娘子军》《董存瑞》《白毛女》等影片得到了亚、非、拉美国家观众的欢迎，尤其以《上甘岭》《战上海》和《海鹰》等反美题材的影片最受欢迎。[③]

---

① 夏之平：《铭心往事——一个广播电视人的记述》，北京：中国广播电视出版社，2009年，第66页。

② 吴瑞庭：《当代中国电影与电影的国际交流》，《当代外国影视艺术》1995年第199期。

③ 胡正荣、李继东、姬德强主编：《中国国际传播发展报告（2014）》，北京：社会科学文献出版社，2014年，第133页。

二、滞退阶段（1966—1976）：向世界宣示中国

中国的国际传播工作在“文革”中遭到严重扰乱，整个发展进程陷入停滞和倒退状态。在那个特殊历史时期，相关领导机构也陷于瘫痪，传播理念也偏离正常路径。在平面媒体国际传播领域，读者兴趣、英文定稿都成了“资产阶级新闻观点”被一概否定，对外发布的外语稿件必须按照中文稿逐字逐句翻译。[①]在电视国际传播方面，北京电视台的出国片工作奉行了所谓“以我为主”、宣传对象“以左派为主”的错误方针，出现了宣传“以我为核心”“打倒一切”的极左思想和自吹自擂、强加于人的严重情况，解说词里常常使用一些空洞的政治口号和不切实际的“豪言壮语”。对外寄送节目，不看对象，不问国情，一律寄送大量的宣传“文化大革命”的电视新闻片，致使有些国家接受不了，将原片退回；有个别国家不仅拒收，甚至提出抗议。[②]对此，当时领导人注意到了对外宣传中出现的问题，并提出批评。周恩来总理表示，“有个问题，把国内硬搬来对国外，不用脑筋，不管对象，人家需要什么不管，只管我们自己。应研究一下，对外既不失原则，又要有效果和不同特点。”[③]

三、恢复阶段（1977—1989）：让世界了解中国

从20世纪70年代末到80年代末，中国正处在改革开放的起步阶段，发展、稳定是国家重中之重。在这一阶段，中国国际传播的特征是“让世界了解中国”。

---

① 何国平：《中国对外报道思想研究》，北京：中国传媒大学出版社，2009年，第67页。

② 赵化勇主编：《中央电视台发展史（1958—1997）》，北京：中国广播电视出版社，2008年，第80页。

③ 邢博主编：《构建中国在中东欧地区舆论新格局》，北京：中国国际广播出版社，2014年，第96页。

在当时的特殊历史背景下，为了清除“文革”残余影响，国际传播理念经历了一个革故鼎新的过程。1980年8月，中共中央下发了中国对外宣传的第一个纲领性文件《关于建立对外宣传小组加强对外宣传工作的通知》。《通知》提出，“照搬国内一套，不能解答外国人的问题；内容单调刻板，调子太高，人家看不懂，不感兴趣。这仍是我们对外宣传的最大弱点，必须坚决纠正……要充分了解不同国家、不同阶层、不同党派、不同职业、不同性别、不同年龄的人们的不同兴趣和要求，有的放矢，要讲究策略、时机和方式方法。”①中央对外宣传小组1983年又提出：“对外宣传是一项在国际上争取人心，为实现四个现代化争取时间的具有重大战略意义的工作……这项工作做好了，对于宣传我国社会主义制度的优越性，扩大我国的国际影响，争取世界人民的同情和支持，加强我国同世界各国的友好合作关系，都会产生深远的影响和作用。”②邓小平在1985年要求加大对外宣传的力度，并指出要“树立我们是一个和平力量、制约战争力量的形象”。③“让世界了解中国”，是中国重开国门并高速融入世界体系后的客观需要，世界也希望重新认识这个熟悉又陌生的国度。在领导机构方面，中共中央宣传部1977年10月恢复运行，随后在1978年秋设立了对外宣传局，专司对外宣传的统筹工作。

在媒体国际传播方面，多种媒介形态齐头并进。中央广播事业局下属的对外广播部于1978年改组为“中华人民共和国国际广播电台”，并与中央人民广播电台分离，简称“中国国际广播电台”，在对外播音时仍然沿用“北京广播电台”的呼号。④1981年，全国第一家英文日报《中国日报》创刊。1985年，《人民日报·海外版》创刊。1986年，上海电视台《英语新闻》栏目开播，这是全国第一

---

① 何国平：《中国对外报道思想研究》，北京：中国传媒大学出版社，2009年，第228页。

② 同①，第165页。

③ 《邓小平文选》（第3卷），北京：人民出版社，1993年，第331页。

④ 童之侠：《中国国际新闻传播史》，北京：中国传媒大学出版社，2007年，第184页。

档英文新闻节目；同年10月，《中国与非洲》月刊（英文版和法文版）创刊；同年12月，中央电视台按照当时广播电影电视部的指示创办了《英语新闻》栏目，在第二套节目（CCTV–2）播出，旨在服务在华外国人。

在电影国际传播方面，中国电影于20世纪80年代初重新走入国际视野，大量新老影片在各种国际电影节上进行展映。《马路天使》（1937）和《三毛流浪记》（1949）在1981年戛纳国际电影节上放映，《阿Q正传》（1981）在1982年戛纳国际电影节上正式参赛，美术长片《大闹天宫》（1961）于1983年在法国巴黎12家影院放映了一个月。[①]1984年以后，以陈凯歌和张艺谋为代表的第五代导演走上国际舞台，其执导作品在多国电影节上获奖，[②]以电影为窗口向外部世界展现中国。

四、探索阶段（1990—2009）：向世界说明中国

从20世纪90年代初到2009年，中国在经历了短暂曲折之后开始快速发展，国际传播也进入了积极探索阶段。在这一阶段，中国国际传播的特征是“向世界说明中国”。在这一时期，中国的改革开放成果显著，与世界建立起更为紧密的关系。在此背景下，国际传播需要向世界说明中国坚持改革开放的决心，中国坚持走具有中国特色社会主义道路的立场，以及反对霸权、维护和平、支持国际正义事业的政策。

在领导机构和指导思想方面，国务院新闻办公室于1991年成立，前身是成立于1980年的中央对外宣传小组。[③]随着国际卫星通信技术的发展和普及，

---

① 周铁东：《新中国电影对外交流》，《电影艺术》2002 年第 1 期。

② 杨远婴：《百年六代　影像中国——关于中国电影导演的代际谱系研寻》，《当代电影》2001 年第 6 期。

③ 姚遥：《新中国对外宣传史：构建现代中国的国际话语权》，北京：清华大学出版社，2014 年，第 88、227、331、336、337 页。

电视在国际传播中的重要性开始凸显。对此，1992年5月的白洋淀会议和1993年10月的八大处会议就确定了中国电视“外宣”要“天上”“地下”全面发展的总思路，提出了以多语种外宣频道为核心的多层次、多角度、广覆盖的全球电视传播体系战略规划，并规划了分“三步走”的实施策略。①2001年广播电视“走出去”工程启动，电视国际传播得到了新的发展契机。就国际传播整体指导思想而言，2003年全国宣传思想工作会议提出，要逐步形成同我国国际地位相适应的对外宣传舆论力量，为全国建设小康社会营造良好的国际舆论环境。②2004年，中央对外宣传工作会议提出了外宣“三贴近”原则，即坚持贴近中国和世界发展的实际、贴近国外受众对中国信息的需求、贴近国外受众的思维和接受习惯的原则。③此后，中国国际传播领导机构随着国内外形势变化主动调整优化，包括设立了中宣部国际传播局、对外新闻局、对外推广局、国际联络局等部门。

在媒体国际传播方面，电视开始成为国际传播的重要渠道甚至是主要渠道。1992年10月，中央电视台第四套节目开播，是中国第一个国际电视频道，当时节目主要以中文播出，编排了少量英文节目，目标受众以海外华人华侨为主；同年，中国日报出版《中国专稿》（《中国观察报》前身），随美国全国报业协会主办的《发行人参考报》发行。1993年1月，“北京广播电台”台名和呼号统一为“中国国际广播电台”。④ 1995年，中国日报网创办，是国内最早开通网站的国家级媒体之一。1997年6月，中央电视台英语国际频道开始试播，随后于2000年9月正式播出。此后四年中，该频道目标定位和功能定位几经调整优化：从2000年到2001年，频道目标定位是“让世界了解中国的窗

① 张长明：《传播中国：二十年电视外宣亲历》，北京：人民出版社，2011 年，前言。

② 何国平：《中国对外报道思想研究》，北京：中国传媒大学出版社，2009 年，第 83 页。

③ 同②，第 82 页。

④ 童之侠：《中国国际新闻传播史》，北京：中国传媒大学出版社，2007 年，第 184 页。

口”，功能定位是传播中国文化；2002年，该频道目标定位改为“传播中国资讯、树立现代中国形象”，功能定位由文化向新闻转变；2003年，该频道改版，目标定位调整为“了解中国和世界的窗口”，功能定位为新闻和全球资讯服务；2004年，该频道再次改版，目标定位改为“全球的视角、中国的眼光、世界的窗口”。2004年10月，中央电视台西班牙语—法语国际频道开播，后来在2007年10月一分为二，即分别组建了法语国际频道（CCTV-F）和西班牙语国际频道（CCTV-E）。2006年，中国国际广播电台第一家海外调频电台在肯尼亚首都内罗毕开播，开了中国对外广播在境外整频率落地的先河。2007年，中国国际广播电台依托其成熟的听众俱乐部和国外民间友好机构，开始先后在肯尼亚、日本、俄罗斯、蒙古国、巴基斯坦、孟加拉国、尼泊尔、斯里兰卡、意大利、突尼斯、澳大利亚、坦桑尼亚等地兴建了13家广播孔子课堂，开展汉语教学和中国文化推广。①2009年7月，中央电视台阿拉伯语国际频道诞生，同年9月中央电视台俄语国际频道正式开播。

除了中央媒体机构之外，地方媒体机构也积极探索开展国际传播工作。黑龙江东部和北部以乌苏里江、黑龙江为界河与俄罗斯为邻，黑龙江电视台于1993年6月开办了俄语节目《你好！俄罗斯》，并以节目交换形式在俄罗斯媒体播出，覆盖了俄罗斯远东地区和西伯利亚部分地区。内蒙古与蒙古国接壤，具有对蒙古国开展传播的文化优势和地域优势，1995年在乌兰巴托合资创建了桑斯尔电视台。西藏与印度、尼泊尔、缅甸和不丹等周边4国及印巴争议克什米尔地区接壤，西藏电视台节目于2002年开始在尼泊尔播出。②新疆是中国面向中亚的重要窗口，新疆广电局2006年与哈萨克斯坦数字电视有限公司（DTV）签署合作

① 邢博主编:《构建中国在中东欧地区舆论新格局》，北京：中国国际广播出版社，2014年，第88页。

② 赵靳秋等编著：《西藏藏语传媒的发展与变迁（1951—2012）》，北京：中国传媒大学出版社，2013年，第173页。

协议，在其有线网中转播新疆电视台哈语卫视（XJTV-3）节目，新疆电视台哈语卫视由此成为哈萨克斯坦第一个完整播出的境外哈语电视频道。[①]此后，新疆广播电视节目陆续进入蒙古国、吉尔吉斯斯坦、乌兹别克斯坦等国播出。吉林与俄罗斯、朝鲜毗邻，吉林延边电视卫视频道2006年8月10日正式开播，此后实现在韩国、日本、朝鲜落地播出。云南毗邻缅甸、老挝和越南三国，云南电视台2007年运用中国标准在老挝开展数字地面电视项目，云南电视台国际频道同步实现在老挝落地播出。广西连接东盟，是中国面向东盟开展国际传播的重要出口，广西电视台于2009年10月实现部分电视节目在东盟落地。同年10月23日，中国国际广播电台与广西人民广播电台联合开办国内首个区域性国际广播频率“广西北部湾之声”。

在电影方面，20世纪90年代，以王小帅、娄烨、张元、贾樟柯为代表的第六代导演逐渐出现在观众的视野中。虽然创作风格迥异，但第六代导演延续了第五代导演通过国际电影节获奖走向国际的传播方式。与此同时，欧美学术界开始认识到中国电影的重要性，关于中国电影的课程开始出现在西方的学院中。[②]

在这一阶段，民营文化企业开始以商业化、市场化方式在海外开展广播电视及相关业务，在国际传播中发挥了独特的作用。其中，四达时代集团从2002年开始拓展非洲市场，2007年成立了第一个海外公司，即四达时代传媒卢旺达有限公司。从2002年开始，该集团经过十余年时间已在尼日利亚、肯尼亚、坦桑尼亚、南非、乌干达、卢旺达、几内亚、布隆迪、中非、莫桑比克、刚果（金）等30个非洲国家成立了子公司，跻身非洲付费数字电视运营商前列。

---

① 段鹏：《中国广播电视国际传播策略研究》，北京：中国传媒大学出版社，2013年，第93页。

② 胡正荣、李继东、姬德强主编：《中国国际传播发展报告（2014）》，北京：社会科学文献出版社，2014年，第136页。

五、发展阶段（2010—2020）：让世界认同中国

2010年，中国成为世界第二大经济体。从2010年至2020年，中国经济建设、政治建设、文化建设、社会建设、生态文明建设协同推进，中国成为世界不可忽视的一极。在这一阶段，中国国际传播的特征是“让世界认同中国”。在这十年中，中国提出了“人类命运共同体”“一带一路”等理念，为解决全球新问题和新挑战不断贡献中国智慧、中国方案、中国力量。需要说明的是，国际传播能力建设在2008年开始得到高度重视，这一年也常被认定为国际传播发展进程的标志。但笔者认为，国际传播发展与国家实力密切相关，故而2010年更具标志性意义，而且国际传播能力建设到2010年才开始显现初步成效。以国际传播研究成果为例，笔者在中国知网用“国际传播”作为检索词，篇名或关键词中包含该词的中文研究成果数量在2002年为36篇，2004年为45篇，2006年为77篇，2008年为119篇，2010年为254篇，2020年为635篇。虽然这种统计的严谨度和代表性存在一定不足，但也有一定参考意义。可以看出，国际传播研究成果数量在2010年呈现加速增长态势。

在媒体国际传播方面，2010 年1月，广西电视台国际频道开播，致力于为中国—东盟自由贸易区各国经济、贸易往来提供资讯服务；同年1月，《今日中国》（秘鲁文版）在秘鲁首都利马正式出版并成立办事处；同年4月，中央电视台英语国际频道改版为英语新闻频道（CCTV-News），成为中国第一个外语新闻频道，功能定位从以新闻内容为主的综合型国际频道转为专业国际新闻频道，目标定位也从“全球的视角、中国的眼光、世界的窗口”调整为“中国观点、东方视角、国际化表达”；同年5月，广西人民广播电台成立了北部湾在线，设有用英语、越南语、泰语写作等专栏；同年7月，新华社正式开办了中国新华新闻电视网（CNC），包括英文台（CNC WORLD）和中文台（CNC中文台）两个频道；同年9月，《今日中国》（土耳其文版）在土耳其首都安卡

拉首发；同年12月，中国国际广播电台布达佩斯经典调频台FM92.1正式开播，这是其在欧洲地区的第一个整频率调频电台。[①]2011年1月，中央电视台纪录片频道英文版面向海外播出；同年1月，广东电视台国际频道问世，播出语言以英语为主，普通话为辅。2014年，广西广播电视台开始陆续在柬埔寨、老挝、缅甸、越南等东盟国家开办《中国剧场》《中国电视剧》《中国动漫》等固定电视栏目。2015年3月，新华社在推特、脸书、优兔等国际知名社交媒体上开设统一官方账号，并成立海外社交媒体运行指挥中心；同年6月，《今日中国》（葡萄牙文版）杂志在巴西圣保罗首发，这是中国第一本在巴西出版的葡文杂志。2016年12月，中国国际电视台组建开播，是中国电视国际传播标志性事件。中国国际电视台旗下包括6个电视频道（英、西、法、阿、俄语频道和纪录国际频道），3个海外分台（北美分台、非洲分台和在建的欧洲分台），1个国际视频通讯社（国际视通），1个以移动新闻网为核心的新媒体业务集群（CGTN.COM），以及1家下属公司中国环球广播电视有限公司。在6个电视频道中，英语频道为主打频道，呼号直接采用CGTN，其英语口号为“See the difference”（看到不同）。2018年1月，新华社在北京正式发布英文客户端，为国际传播开辟新渠道。同年3月，中央广播电视总台正式成立，是由原中央电视台（中国国际电视台）、原中央人民广播电台、原中国国际广播电台合并组建的，国际电视、国际广播以及新兴媒体的融合发展必将有助于国际传播整体实力的有效提升。2019年1月，《中国日报国际版》创刊，并同步启动国际版网站、客户端及社交媒体账号等。

在这一时期，民营文化企业和商业资本积极进入国际传播领域，成为国际传播中的活跃力量。万达集团在2012年以26亿美元并购了美国AMC电

① 邢博主编:《构建中国在中东欧地区舆论新格局》，北京：中国国际广播出版社，2014年，第87、89页。

影院线，此后又全资收购澳大利亚第二大院线公司Hoyts、美国卡迈克院线（Carmike）、欧洲第一大院线Odeon&UCI院线。2018年以来，阿里巴巴、腾讯、爱奇艺等公司在东南亚以及其他国家和地区业务大力开展网络视频业务，并取得了积极发展。

六、攀升阶段（2021— ）：让世界尊重中国

习近平总书记在中央政治局第三十次集体学习讲话是中国国际传播发展历程中的历史性、标志性事件。这意味着，国际传播从2021年开始进入一个新的历史发展阶段。客观上说，2021年对于国际形势、国际格局和中国外交局势都具有非凡的意义。2021年，新冠肺炎疫情纵深发展，全球经历了前所未有的挑战，中国率先实现了有效控制，经济全面恢复，并在全球抗疫事业和经济恢复中发挥了积极作用，充分显示了中国特色社会主义制度的强大生命力，凸显了中国制度、中国道路的优势所在。中国从“站起来”“富起来”已经进入到了“强起来”的历史阶段，稳步迈向社会主义现代化和中华民族伟大复兴。在此历史背景下，笔者认为，中国国际传播进入攀升阶段，而这一阶段特征是“让世界尊重中国”。“尊重”并不是希冀或要求其他国家“仰视”中国，而是对中国自身发展成就、发展道路及其为世界发展所作贡献的应有态度；“尊重”也意味着要强化舆论斗争实力和能力，有效压制和反击美国等西方国家对中国的肆意抹黑。在新征程上，中国国际传播需要提高站位，站在新的历史高度重新定义和定位自身职责使命，也必将具有新作为、呈现新气象和实现新效能。

第二节　中国国际传播发展的主要特征

中国近代国际传播探索时间已逾百年，但大规模发展主要始于1990年。从

这一年开始，中国国际传播经历了探索期、发展期和攀升期，这是国际传播发展历史进程中的重要阶段，实现了整体实力的显著增长，有效服务于国家发展大局和外交战略。在近代发展历程尤其是当代进程中，中国国际传播实现了几个转变：在理念上从对外宣传到战略传播，在发展规划方面从突进到务实，在传播属性方面从一维到多维，在传播主体方面从一元到多元。随着中国日益走近世界舞台的中心，中国国际传播迎来了最好发展机遇，也面临最艰难最险峻的挑战。中国当代国际传播在发展历程中呈现出以下几个方面的特征：

一、传播理念：从对外宣传到战略传播

中国国际传播在长期发展历程中一直较为重视“对外宣传”理念，致力于构建积极正面的国家形象，为中国发展营造良好的国际舆论氛围。早在清朝末年，王韬（1828—1897）就提出了创办外文报纸，向外国人宣传自己的主张，抵御外辱、捍卫国家主权；陈炽（1855—1900）也明确提出创办外文报刊，以打破外报垄断局面，改变“中国于己民则禁之，于他国则听之”的状况。[①]这种理念的萌发是基于中国当时积贫积弱、备受外部势力欺凌的历史境遇。虽然历史变迁，中国终于“强起来”，但西方国家对中国遏制、打压仍在持续，只是不断更换借口、改变形式。随着中国综合国力的显著增长，中国国际传播实力也得到了有效提升，“对外宣传”也开始转变为“战略传播”。在战略传播的理念下，国际传播工作不再停留于被动局面，也不能满足于对外传播常规业务模式，而是要有新思维和新作为，尤其要有“敢于斗争”“勇于斗争”“善于斗争”的态度、决心、能力和智慧。习近平总书记提出，必须加强顶层设计和研究布局，构建具有鲜明中国特色的战略传播体系，着力提高国际传播影响力、中华文化感召力、中国形象亲和力、中国话语说服力、国际舆论引导力。

① 甘险峰：《中国对外新闻传播史》，福州：福建人民出版社，2004 年版，第 14 页。

这为中国国际传播的战略传播提供了清晰指引和有力支撑。

二、传播规划：从突进到务实

中国国际传播发展非常注重计划性，在国民经济和社会发展五年规划纲要（简称“五年规划”）的框架下制定了相应的发展规划，也根据国际传播形势任务需要制定独立的业务建设规划及实施方案。在中国国际传播的探索阶段，主要媒体机构都制定了发展规划，以有效指引国际传播发展。但由于缺乏充分论证，其中一些规划具有“突进”的特征。根据中央电视台原副台长张长明在其专著中记载，中央电视台2008年底制定了一个十年发展规划，提出到2012年前要新开办俄语、阿拉伯语、葡萄牙语国际频道，以及中文国际新闻频道、英语新闻频道、英语纪录片频道、英语卡通片频道、英语音乐国际频道，英语国际频道分亚、欧、美三个版本播出；从2013年到2016年，以参股或购买的方式增办5个以上的频道，实现西、法、阿、俄、葡语本土化整频道播出；到2018年前要开办德语、日语、印度语、泰语、越语、老挝语、柬埔寨语、缅甸语、马来语和印尼语频道。①2008年，新华社制定了《新华社2008年—2015年工作设想》，提出到2015年驻外机构拓展到150个左右，大力发展海外雇员和报道员、营销员、签约摄影师等，全面推进“阵地前移”战略，实现编辑部前移、营销前移、终端前移等。②中国国际广播电台也曾提出中期发展规划，要在全球建设150个整频率电台，实现对世界主要国家首都和重要城市的有效覆盖；要在全球建设70个节目制作室，实现本土采集、本土制作、本土发布、本土互动的国际传播。③这些规划体现了中国媒体开展国际传播的雄心壮志，但在当时具有一定的超前性，与经济实力、人才资源、管理经营以及制度建设等难以

① 张长明：《传播中国：二十年电视外宣亲历》，北京：人民出版社，2011 年，第 149 页。
② 唐润华等：《中国媒体国际传播能力建设战略》，北京：新华出版社，2015 年，第 97 页。
③ 同②，第 84 页。

有效匹配。随着中国国际传播发展日趋成熟，传播规划的整体理念和操作路径更具战略性、前瞻性和指导性，也更为务实。以中央广播电视总台为例，2018年以来其发展思路聚焦于“三个转变”，即从传统广播电视媒体向国际一流原创视音频制作发布的全媒体机构转变、从传统节目制播模式向深化内容生产供给侧结构性改革转变、从传统技术布局向“5G+4K/8K+AI”战略格局转变，致力于打造具有强大引领力、传播力、影响力的国际一流新型主流媒体。这既契合了国际传播整体趋势，也符合媒介技术升级、传播渠道迭代等发展特征。

三、传播属性：从一维到多维

国际传播具有多重属性，包括政治属性、文化属性、市场属性、技术属性等。在相当长一个时期，中国国际传播仅聚焦于政治属性的单一维度，通过对外报道、新闻宣传等方式服务于国家对外战略布局。究其原因，中国的国际传播是在延续国内传播的理念，具有内宣模式外延化的特征。近年来，尤其是2010年以来，中国国际传播的属性开始从一维向多维转变，更加注重文化属性、市场属性、技术属性，在影视产品版权输出和产品销售、海外媒体市场培育与开拓、广播电视以及通信技术标准和产业输出等方面加大了力度。以影视内容出口为例，据不完全统计，全国影视内容（含电视剧、电视电影、动画片、纪录片和综艺专题节目，不包括电影故事片）出口额在2013年至2017年的5年间实现了翻一番的增长，其中2013年出口额约6066万美元，2014年约7976万美元，2015年约1.14亿美元，2016年约1.21亿美元，2017年约1.22亿美元。此后，出口额保持在小幅增长态势，例如2018年约为1.25亿美元。[①]中国向东南亚、中亚、非洲等地区国家输出拥有完全自主知识产权的技术标准“中国移动多媒体广播网（CMMB）”及相关设备，以及与多国开展5G、人工智能、大数

① 相关数据由国家广电总局国际合作司提供。

据、云计算等前沿技术交流合作，都充分体现了国际传播技术属性。

四、传播主体：从一元到多元

从新中国成立后直到20世纪90年代末期，中国国际传播的主体基本上以国有媒体和国家机构为主。随着中国传媒产业的发展，传播主体日趋多元，在中央媒体、地方媒体协同发力的同时，民营文化企业等其他非国有力量正在成为国际传播生力军。民营文化企业近年来把握新兴媒体发展机遇，在国际传播中发挥着积极而独特的作用。2019年，腾讯视频面向海外推出流媒体服务平台WeTV，已在入泰国、印尼、菲律宾和马来西亚等国家和地区落地。爱奇艺国际版2019年登陆马来西亚，随后积极拓展其他东南亚市场。近几年，世纪优优积极拓展泰国市场，并在泰国、日本、韩国等地设立办公室，提升本土运营能力；其运营的优兔影视频道支持15种语言字幕翻译或配音。浙江华策集团充分利用自身影视制作和版权优势积极拓展海外市场，在对外发展自有版权的古装剧、现实题材剧的同时，在优兔、日影（Dailymotion）、脸书等海外新媒体平台创建了“华剧场”，其中在优兔平台建立了阿语、泰语、越南语、法语和柬埔寨语等5个小语种频道，自建影视译制团队，对影视内容进行精准译制。此外，个人在社交媒体时代也开始发挥积极而显著的作用。国际传播多元化特征日趋显著，也为国际传播注入了强劲的活力和动力。

第二章

国际传播的四个维度及相关挑战

国际传播是在国际环境中运作，在不同的政治体制、文化传统、市场环境和技术条件下，国际传播所面临的发展环境和传播要素相去甚远，因此需要有全球竞争思维和全球战略布局，针对不同国家和地区的传媒体制、监管政策、文化特征、技术特点等采取相应的传播策略和发展路径，精准施策。这也意味着，国际传播的概念需要从多元维度来进行解构。需要指出的是，当前国际传播实践探索和理论研究中存在“窄化”或“内卷”现象，将国际传播等同于对外新闻、国际话语权建设或舆论斗争等。笔者认为，政治、文化、商业和技术是理解国际传播的四个主要维度，也是支撑国际传播发展的四个支柱，如同桌子的四条腿。具体而言，从政治维度来看，国际传播是不同政治体制间的传播行为。传播国主要为了宣扬政治理念、开展舆论斗争、占领话语权高地。从政治传播理论来说，国际传播是一种跨国宣传，是国际政治斗争的重要手段。从文化维度来看，国际传播是一种跨文化传播。从文化传播理论来说，国际传播可以理解为一个针对传播内容的编码和解码过程，涉及价值观、社会制度等文化差异的辨析、解读、认知和克服过程。从传播使命或传播内容来说，传播国通过国际传播来传播文化理念、获取文化认同、投射软实力。从商业维度来看，国际传播在不同国家间从事文化产品与服务的贸易行为，将文化产业和市场在境外进行投射和延伸。从技术维度来看，国际传播是通过卫星、国际光缆、空间悬浮载体、互联网等传播渠道跨越国界传送节目信号的过程。一些国家往往会凭借经济和政治优势，通过卫星信号或高空信号强制覆盖，抢占互联网空间等方式，突破国界进行传播。这四个维度有助于完善关于国际传播顶层设计、发展规划、内容建设、渠道建设、受众定位、效果评估等要素的理解，对于克服国际传播中的政治、文化、市场和技术等挑战具有积极作用。

第一节　国际传播的政治维度及相关挑战

国际传播具有显著的政治属性，受到国际政治格局和外交形势变化的直接而显著的影响。当前，世界正处于大发展大变革大调整时期，全球治理体系和国际秩序变革加速推进，国际力量对比更趋平衡。随着世界政治多极化发展，国际政治格局正在产生深度变革。以俄罗斯为例，其媒体机构在海外的发展就面临严峻的政治压力和挑战。2014年11月，英国通信管理局判定“今日俄罗斯”电视台关于乌克兰事件报道违反了英国新闻传播相关法规中关于报道公正性的要求，并进行处罚。2016年，阿根廷国家广播电视协会（RTASE）停止“今日俄罗斯”电视台通过免费国家网络播放。这一决定引起俄罗斯方面强烈不满，认为这是阿根廷新政府“亲美”的表现。随后，俄罗斯驻阿根廷大使科罗涅利、俄国家杜马国际事务委员会主席普什科夫、俄上院国际事务委员会主席科萨切夫纷纷出面，给阿根廷施加压力。经过多方努力，“今日俄罗斯”电视台最终得以继续在阿根廷播出。同年10月，英国巴克莱银行（Barclay s Bank）冻结了“今日俄罗斯”电视台的账户。巴克莱银行隶属于苏格兰皇家银行集团（Royal Bank of Scotland Group），该集团旗下的所有银行也采取类似措施。巴克莱银行给出的解释是，“今日俄罗斯”总裁基谢廖夫被列入欧盟制裁名单，英国需遵守欧盟规定。在英国银行采取制裁之前，波兰、德国等也已采取了类似行动。对此，俄罗斯外交部提出强烈抗议。俄罗斯政治分析家阿布扎罗夫指出：“不是因为极端主义，不是因为恐怖主义，不是因为非法犯罪，而是因为自己的观点遭受制裁，这件事本身就非常奇特。”2017年，美国司法部要求俄罗斯“今日俄罗斯”电视台作为外国代理人进行注册。由此，“今日俄罗斯”电视台在美国的机构属性就成为外国政府的宣传部门，而不是新闻机构。2017年11月，“今日俄罗斯”总编西蒙尼扬（Margarita Simonyan）在一篇发表于该台网站的文章中表示，美国司法部的要求剥夺了“今日俄罗斯”与其他国际频道公平竞争的机会，这些频道未登记为外国代理人。

在西方试图遏制中国崛起、打压中国发展空间的大背景下，政治维度下的国际传播面临日趋严峻的传播环境和发展态势。中国国际传播成为西方政客和媒体攻击的对象，这种攻击越来越频繁和显著。长期以来，中国媒体对外传播的挑战主要是被“抹黑”“贴标签”甚至“妖魔化”，从而影响力、公信力在一些国家大打折扣。早在2010年，《华盛顿邮报》就曾在头版发表报道《从中国的嘴巴到德克萨斯的耳朵：覆盖范围包括加尔维斯顿的小电台》（*From China's mouth to Texans' ears：Outreach includes small station in Galveston*），在其中详细介绍了中国媒体，特别是中央电视台、中国国际广播电台等广电媒体加大对西方传播力度的情况和计划。文章指出，中国所进行的国际传播是“给中国披上一层人性的外衣，对中国进行的传播活动的目标应该保持警惕”。该报还曾刊登美国著名的软实力问题专家约瑟夫·奈的文章，关注我国媒体在美国拓展影响力的情况。《纽约时报》在2012年1月27日也刊登了约瑟夫·奈的文章，认为中国国际广播电台不断增加语种，扩大全球覆盖，是中国国家软实力不断提高的表现。美国媒体的观点在美国主流社会中非常普遍，更有不少保守势力主张采取措施抗衡中国在西方社会的“意识形态扩张”。近两年，国际媒体对于中国媒体强化国际传播能力的关注力度越来越高，其中多以负面态度进行解读，甚至渲染；除了欧美国家，澳大利亚、印度、日本等国的媒体也参与其中。2018年以来，西方国家针对中国媒体的舆论攻势和打压手段不断升级，如《纽约时报》发表了题为《CGTN北美分台：独立媒体还是中共宣传机器》的报道，澳大利亚广播公司发表题为《“从不讲述全部真相”：中国媒体进军国际的民主威胁》的报道。2018年9月，美国时任总统特朗普在联合国安理会上指责中国利用国家媒体（具体指《中国日报》）干预即将到来的美国中期选举。2018年10月，美国时任副总统彭斯在华盛顿演讲时说：“毫无疑问，中国正在干预美国的民主。”日本朝日新闻（Asahi Shimbun）2018年11月5日报道称，中国正在上演一场耗资10亿美元的大规模媒体行动，以确保能向全球观众传达中国声音。2019年2月，《纽约时报》发表了题为《CGTN北美分台：独立媒体还是中共宣传机器》的报道，再次以“宣传机器”来定性中国媒体，同时渲染“宣传战线”的威胁。2019年2月，澳大利亚广播公司发表题为《“从不讲述全部真相”：中国媒体进军国际的民主威胁》的报道。报道称，中国媒体被用作塑造公众舆论和服务中国共产党意识形态目标的情况不只是在中国境内，在世界各地都有。同时，与之配套的是北京对驻外记者的培训、对海外媒体版面或节目的收购，并且以前所未有的规模扩大了一些官媒的网络。该报道还将“讲好中国故事”“传播好中国声音”解读为中国政府的野心，即全新确立一个以中国为核心的全球媒体平台。随着中国的影响力在世界范围内不断扩张，一些西方国家则不断退却。印度的《印度快报》2019年1月报道称，美国五角大楼（国防部）在《中国扩大全球准入对美国国防的影响评估报告》中表示，中国对各类海外新闻媒体机构进行了直接和间接投资。印度国防新闻网、《金融快报》、金融新闻网、《商业标准报》、《每日至上报》等多家媒体转发了这则报道。

除了媒体的攻击，美国、英国等国政府对于中国媒体也不遗余力进行抹黑、打压。以美国为例，美国政府虽然标榜“言论自由”，实际上并非如此，对于外国媒体实行着严格的控制。早在1938年，美国针对外国政府的出版物大量涌入的情况就颁布了《外国代理机构登记条例》（*Foreign Agents Registration*

Act，FARA）。条例要求（依照最早颁布的条款）“凡是服务于或代表外国政府和委托人从事宣传和其他活动的人，如果美国政府和人民有可能了解这些人的身份，并且有可能根据他们所在的组织和所从事的活动而对他们的言论和行为进行评价时，那么，此类人员必须予以公开曝光”[①]。2016年12月23日，美国总统奥巴马签署了《波特曼—墨菲反宣传法案》（*Portman-Murphy Counter-Propaganda Bill*）。根据该法案，美国国防部负责建立一个跨部门的机构，并拨付专门预算，以加强反对外国政治宣传的能力，尤其是对抗来自包括俄罗斯、中国在内的“敌国”对美宣传。美国政界人士也不时攻击中国媒体。2018年9月，美国司法部根据《外国代理人登记法》（*Foreign Agents Registration Act*）要求中央电视台和新华社当地分支机构注册为外国代理人。2020年2月，美国国务院又根据《外交使团法》（*Foreign Missions Act*）将新华社、中国国际广播电台、中国国际电视台、中国日报社和人民日报社等五家中国新闻机构在美国的分支列为外国外交使团。同年6月22日，美国国务院宣布将中国中央电视台、中国新闻社、人民日报社和环球时报社的驻美机构作为“外国使团”列管。随着中国日益走近世界舞台的中心，中国媒体还将遭遇类似的甚至更多的“政治操弄”。如何与一些充满“敌意”的国家相处，如何适应国际政治新环境、媒体竞争新格局和传媒市场新特征，可以说是当前中国媒体对外传播的主要挑战。

西方国家的媒体攻击和政府打压会影响中国媒体的国际媒介形象和品牌影响力，削弱国际话语权的建构能力。长期以来，中国媒体积极促进与西方国家媒体的合作，在西方国家的传播业务亦恪守规范，但仍不能得到西方国家的认可，而是被视为“异类”甚至充满敌意。英国广播公司在2020年发布的《英

---

① [美]门罗·E. 普莱斯：《媒介与主权：全球信息革命及其对国家权力的挑战》，麻争旗等译，北京：中国传媒大学出版社，2008年，第22页。

国广播公司2019/2020年度报告》中指出：新闻已经成为影响全球战争的关键武器；俄罗斯和中国一些媒体拥有国家背景，资金雄厚，这些媒体将新闻当作延伸国家影响力和扰乱民主的工具。①英国广播公司的这种论调颇具代表性，反映了英美等西方国家政府、媒体根深蒂固的逻辑。也正是基于这样的逻辑，英美等西方国家利用政治制度、传媒制度等方面的差异，来进行话语建构，凸显差异、制造对立。《伦敦观察家报》（*London Observer*）编辑J. L. 加尔文（J. L. Calvin）有一句名言："悲剧往往并非正确与错误之间的冲突，而是正确与正确之间的相互较量。"就此，美国公共关系领域先驱艾维·李说道："这个时代最大的悲剧在于，民族国家未能理解彼此最好的一面。"②基于国际传播政治维度的敌对环境，是中国国际传播需要长期面对的现实，也是必须要理性应对的挑战。另一方面，我们也要深刻认识到，国际话语权建构是一个综合性、系统性工程，不能一挥而就、立竿见影，需要步步为营、久久为功。当前，中国国际传播需要着力补齐短板，全面强化国际话语权建设。例如，有学者认为，中国对美国传播的投入越来越多、规模越来越大，美国主流社会能"听"到，但许多人却"听"不进去。也有研究者认为，中国正好具备了美国鹰派们"最理想敌人"的"全部特征"，因此自然而然被当成了美国国内问题的"替罪羊"。③于是，美国政府和媒体对政治制度差异大做文章，强势打压中国媒体国际话语权的建构能力。中国媒体要将外部压力转化为内生动力，持续提升综合实力和国际竞争力，尤其要在专业化、国际化等方面实现跨越式提升。面对部分西方国家的政治打压和诋毁，中国媒体要立足于"人类命运共同体"理念，致力于强化中国媒体的感召力、公信力和影响力。

---

① BBC：*BBC Group Annual Report and Accounts 2019/20*，p.14.

② [美]雷·埃尔顿·赫伯特：《取悦公众》，胡白精等译，北京：中国传媒大学出版社，2014年，第170页。

③ 曾筱凡：《刚柔并济应对复杂形势下对美舆论博弈》，《对外传播》2019年2月刊，第14页。

第二节　国际传播的文化维度及相关挑战

国际传播需要进行跨语言跨文化的传播，文化属性自然也是其根本属性。客观而言，不同文化之间都或多或少存在着一定的差异。曾在中国外文局工作过的美国友人戴尔·毕斯多夫（Dell Bisdorf）曾这样风趣地形容中美之间的“文化鸿沟”：“美国人第一次听到中国京剧时就仿佛是听到3只猫和1支风笛在一个口袋里所发出的声音。而植根于另一种民间传统的美国爵士音乐对中国人的刺耳程度不亚于前者。”基于此，国际传播需要重视跨文化传播的问题，有效克服不同文化在器物层面、制度层面和价值观层面的差异，形成有效互动，完成观念交流。正如长期致力于对外传播实务与理论工作的沈苏儒所指出的：对外传播不可避免地要克服文化差异的障碍，这是对外传播有效开展的基础。

中国国际传播起步晚、经验少，跨文化传播能力建设正在成为一个日趋显著的问题。就国际传播题材类型而言，新闻是国际传播的重要领域，也是文化差异问题的多发领域。很多新闻报道是“内销”转“出口”，即把对内播出的新闻改编后对外播出，较为容易出现跨文化方面的问题，尤其在价值观、意识形态等方面容易出现问题。例如，西方文化以个体为核心，非常注重个体隐私、个体自由以及个体权力，甚至还扩展为“狗道主义”和“兽道主义”。因而，就极易对我们以集体主义（国家、民族、阶级）为核心的价值观产生误解。[①] 因此对外新闻报道要特别注重价值观的差异，尽量避免在报道中传播或阐释那些容易被误读和误解的价值观。例如，我们的对外新闻报道中不时还会有这样的典型报道，即某村一位党员干部在洪水来袭时，不去抢救自己家人，而先去抢救群众的生命财产，后来村里群众的生命财产是保住了，但他自己的父母和孩子却不幸罹难。在被采访时，这位党员干部还说只要群众的生命和集

① 段连城：《对外传播学初探》，北京：五洲传播出版社，2004年，第150页。

体的财产能保住就好了之类的话。他这种先人后己的无私精神在我国被奉为主流价值观，但在国外就不一定会认同，他们甚至认为对家人见死不救，是一种“谋杀”行为，这样的报道在西方受众那里很可能起到负面作用。[①]因此，对外新闻报道要重视文化差异，有效认知和尊重不同国家、民族在文化方面的差异，强化跨文化传播意识，提升跨文化传播能力。

影视也是国际传播的重要题材，而且正在成为新兴媒体时代国际传播的主力军。近年来，随着中国影视国际传播的蓬勃发展，跨文化问题也日趋凸显。例如，我国媒体机构为把纪录片《舌尖上的中国》（第二季）输出到巴基斯坦，使用了乌尔都语进行译制配音，有效解决了语言的跨文化传播问题，但片中涉及猪肉等伊斯兰国家非常禁忌的主题，而巴基斯坦是伊斯兰国家，导致原片内容无法播出。可见，中国影视国际传播亟须强化跨文化意识，有效克服文化差异，减少“文化折扣”（a cultural discount）、提升传播效果。影视国际传播要强化跨文化意识，充分认识到不同文化在价值观、社会制度、日常生活等方面的差异性，在编码解码时选择适合的价值观和文化元素。对于中国影视国际传播来说，讲好中国故事的基础性工作就是传播好中国价值观、提升中国文化软实力，增强中国价值观在全球的认同程度，需要稳步提升跨文化的创意、创作、译制等方面能力。

随着国际传播全球化的深入推进，文化差异以及跨文化策略越来越受到重视。在这方面，西方国家在长期实践中积累了丰富的跨文化传播经验，并有效运用到讲故事方式和价值观传播方面。美国亚马逊首要视频（Amazon Prime Video）的全球内容总监罗伊·普莱斯（Roy Price）认为，媒体领域并不存在所谓“全球用户”（global customers）的概念，因此必须要实施“多元本土战略”（multi-local strategy）。本土战略的核心之一就是跨文化战略，以有效应对“文化折扣”问题。所谓文化折扣，又称文化贴现，是指“扎根于一种文化

---

① 刘洪潮：《怎样做对外宣传报道》，北京：中国传媒大学出版社，2005年，第220页。

的特定的电视节目、电影或录像因为风格、价值观、信仰、历史、神话、社会制度、自然环境和行为模式的差异在其他地方的观众中很难获得认同，加之电视节目或电影需要翻译和配音，其吸引力会减少。即使是同一种语言，口音和方言也会引出文化折扣问题”[①]。

第三节　国际传播的商业维度及相关挑战

从国际贸易的角度来说，国际传播具有很强的商业属性。1999年，关贸总协定（GATT）发展成世界贸易组织（WTO）。世界贸易组织与关贸总协定相比，所发生的一个重大变化是由前者的货物贸易扩大到服务贸易，这就使一部分文化产品作为商品进入国际贸易领域。[②]从传播策略来说，商业是国际传播的重要路径，通过内容产品和服务的跨境贸易实现传播目的。换言之，国际传播由过去的“花钱”去传播变为“赚钱”去传播。相比单纯的“对外宣传”，商业维度下的国际传播有其独特优势，例如与目标受众的契合度相对较高，可持续性更强，等等。当然，这种模式的竞争和挑战也更为激烈。

从各国的传播实力和竞争能力来说，商业维度下的国际传播具有很强的不均衡性。西方国家在国际贸易规则制定、国际市场经营以及内容生产水平等方面具有绝对优势，对于媒体产业发展水平相对落后的国家带来了极大挑战，许多国家的媒体市场完全被西方国家占领，尤以美国为甚。美国媒体借助全球化进程大力拓展海外市场，在赚取商业利益的同时传播价值观念、投射软实力。

---

① [美]考林·霍斯金斯：《全球电视和电影：产业经济学导论》，刘丰海、张慧宇译，北京：新华出版社，2004年，第45页。

② 关世杰：《中国文化国际影响力调查研究》，北京：北京大学出版社，2016年，第9页。

早在1929年，美国《时代》重要创始人之一亨利·卢斯在创办《财富》之前的一次演讲中旗帜鲜明地指出："基本上，商业就是我们的文化，因为它就是我们时代的核心。"①当前，新兴媒体发展大大提升了国际传播的竞争态势。随着新兴媒体变革深入推进，西方国家的竞争优势将进一步凸显。

即使在新闻领域，美国也是商业主导，将对外新闻传播做成了一门赚钱生意；这也是美国新闻媒体发展的历史基因。在美国新闻教育起步阶段，哈佛大学校长查尔斯·艾略特（Charles W. Eliot）认为，报纸"首先是一门生意"（primarily a business），它的目的就是贩售商品——新闻商品。因此，新闻学教育应该将新闻商品买卖中每个环节的因素都纳入进来。②在全球化、信息化、网络化、智能化和移动化背景下，国际新闻竞争正在呈现全新的模式。当前，媒体规模集聚效应进一步放大，新闻舆论竞争已不再只是新闻媒体之间的竞争，而是媒体集团之间的比拼，话语权不单单是新闻话语权，也是资本话语权、市场话语权。以美国为例，新闻媒体与综合性媒体集团的一体化趋势日趋显著，同时新兴媒体与传统媒体加大融合力度，由此实现资本、内容资源、市场销售、品牌推广、受众数据等方面的整合与互通，提升在国际传媒市场中的影响力和竞争力。迪士尼公司（Disney）旗下同时拥有葫芦（Hulu）和美国广播公司新闻（ABC News）；康卡斯特公司（Comcast）旗下的影视视频平台为孔雀平台（Peacock），新闻视频资源则来自全国广播公司新闻（NBC News），以及微软全国广播公司（MSNBC）和英国天空电视台（Sky TV）两家媒体的新闻；维亚康姆哥伦比亚公司（ViacomCBS）旗下有派拉蒙平台（Paramount Plus）的影视资源和哥伦比亚广播公司的新闻资源；福克斯公司

---

① 许知远：《纳斯达克的一代》，北京：文化艺术出版社，2001年，第18页。

② 韩瑞霞：《美国传播研究与文化研究的分野与融合》，北京：中国大百科全书出版社，2014年，第45页。

（Fox）旗下的影视视频平台为途碧（Tubi），新闻视频平台为福克斯新闻（Fox News）；华纳传媒公司/美国电话电报公司（WarnerMedia/AT&T）旗下的影视视频平台是极致家庭影院（HBO Max），新闻平台是美国有线电视新闻网（CNN）。相比之下，其他一些国家在国际传播时完全由国家资助，缺乏集团化、市场化经营。以俄罗斯"今日俄罗斯电视台"为例，该台主要依靠俄罗斯政府拨款。2014年，今日俄罗斯电视台的预算总额为4.45亿美元，其中用于全球信号分发方面的支出是2.6亿美元。由于俄罗斯卢布的贬值，2015年今日俄罗斯电视台的全年预算为2.36亿美元，还不足以支付信号分发的费用。①为此，"今日俄罗斯"不得不在几个国家停止播出，以减少经费开支。此前，今日俄罗斯电视台计划开办法语和德语频道，鉴于经济状况，这一计划搁置了很多年。2021年6月，今日俄罗斯电视台重启了开办德语频道的计划，计划在当年12月正式播出。

商业维度下国际传播实践探索和理论研究的另外一个重要着力点是国际资本运作。西方发达国家的媒体机构通过投资并购、合资等方式，实现跨国资源整合，强化了对其他国家媒体的控制，由此掌握话语权。以美国为例，美国自由媒体环球集团（Liberty Global）近年来在海外持续投资，在全球电视节目分发渠道领域占据了重要地位。该集团在2005年收购了瑞士凯博康姆公司（Cablecom），它在用户规模上位居瑞士首位；同年，以37亿美元的价格收购了瑞士有线通信公司（Cablecom）。2010年收购了德国统一传媒公司（Unitymedia），它是德国第二大有线电视公司；2011年又斥资43亿美元收购了德国巴登符腾堡有线电视公司（Kabel Baden Wurttemburg，简称KBW），它是德国第三大运营平台。2012年，该集团收购了瑞士特力梅琳公司（Telemeyrin），大大提升了其在该国法语区的用户规模；同年，该集团旗下的载闻集团（Chellomedia）收购了美国米高梅公司（MGM）的13个国际频

① www.broadbandtvnews.com/2015/04/08/rt-tightens-its-belt.

道。2013年，该集团收购了英国维珍传媒集团（Virgin Media）。同年，自由媒体环球集团斥资2.92亿美元收购了波兰阿斯特公司（Aster），这是一家有线电视运营公司。2013年，美国自由媒体环球集团支付8.1亿欧元收购了吉勾公司12.65%的股份，随后将持股比例增加到了28.5%，并于2014年全资拥有吉勾公司。2014年，自由媒体环球集团以股权交易的方式全资拥有了智利VTR公司，同年，该集团以4.81亿英镑从英国天空广播公司（BSkyB）购入英国独立电视台（ITV）6.4%的股份，并以2.725亿美元的价格收购了波多黎各选择有线电视公司（Choice Cable TV）。2015年，美国自由媒体环球集团收购了英国独立电视台3.5%的股份，将持股比例增加到了9.9%。2016年，美国21世纪福克斯公司（21st Century Fox）和英国天空集团达成了收购协议。2020年，美国自由媒体环球集团和西班牙电信集团（Telefónica）按照50/50份额在英国成立合资公司。经过多年的收购、并购，美国自由媒体环球集团优化了经营结构，强化了资源整合，以适应新兴媒体时代国际传媒发展特点。根据2021年数据，自由媒体环球集团全球订户规模为2629.6万，其中视频业务订户总数为836万。该集团在2020年度的营业收入总额为119.8亿美元，与2019年度相比增长了3.8%。[①]美国传统电视台也积极参与跨国资本运作，致力于实现内容与渠道的有效融合。通过收购、并购，传媒机构一方面可以优化媒体机构的经营结构，及时完善自身的技术研发和应用能力，在全球范围内有效满足新出现的市场需求，有效拓展自身的业务规模；另一方面可以有效增加用户群，通过扩大用户规模来提升经营效益。

① https://www.broadbandtvnews.com/2021/02/12/euronews-faces-loss-of-ec-subsidy/.

第四节　国际传播的技术维度及相关挑战

技术是国际传播的硬实力，是与电视节目内容比翼齐飞的关键要素。例如，卫星通信技术给国际传播带来了跨越式变革，大大提升了电视跨国传播的信号传输覆盖能力。当前，电视技术正在经历革命性变化，其中核心是电视技术与移动通信技术、互联网技术、数字技术等融合发展。技术革新创造或拓展了新的传播方式、内容分发渠道和播出终端，全球传播格局也在随之变化。美国传播学者施拉姆（Wilbur Lang Schramm）提出过一条经验法则，解释个人选择传播路径的或然率。这个公式如下：

$$\frac{\text{可能的报偿}}{\text{费力的程度}} = \text{选择的或然率}$$

根据这个公式，国际传播通过两个方式提高或然率：一是降低分母值（预期的困难），二是提高分子值（预期的报偿）。[①]对国际传播而言，“可能的报偿”即为优质内容，“费力的程度”即为便捷的传播渠道。以面向非洲传播为例，“可能的报偿”就是在制作和播出非洲观众喜爱的体育、歌舞、家庭剧等类型的节目，“费力的程度”就是提供便捷、便宜、稳定的传播渠道，主要是手机。有鉴于此，南非纳斯帕斯集团（Naspers）与沃达丰集团（Vodafone）合作推出了一个低价网络电视业务“ShowMax Select”，主要针对智能手机和平板电脑终端。该业务提供1万多部影视节目，其中一半以上是非洲本土制作的节目；该业务每月还会更新节目内容。针对非洲媒介环境和市场特点，该业务提供四种不同画面质量的数据格式，对于数据流量的消耗不大，而且允许用户在具备上网条件时将节目内容下载到手机或平板电脑上，然后再离线观看。在费用支付上，该业务也不要求信用卡等额外的支付方式，直接通过手机缴费系

---

① ［美］威尔伯·施拉姆、威廉·波特：《传播学概论》，何道宽译，北京：中国人民大学出版社，2010 年，第 106—107 页。

统支付即可，大大简化了费用支付手续；因为非洲许多国家还没有建立完善的信用卡系统，费用支付是拓展市场时经常遇到的一个难题。南非纳斯帕斯集团的传播策略值得研究和借鉴。

就传播方式而言，在卫星传播阶段，电视国际传播的播出方式大多是实时线性播出，这与节目形态以频道为主直接相关。而在新兴媒体时代，延时非线性播出占据了日益重要的地位。年轻一代观众在收视习惯上与其父母一辈有了很大不同，他们不再守在电视机前，而是通过移动智能终端随时随地收看视频节目。他们在观看视频节目的同时，还需要通过推特等进行分享、评论、互动和推送。因此，面对新兴媒体时代的观众群体，国际传播需要革新播出方式，满足观众的个性化收视需求。就传播渠道而言，随着技术的发展，新兴传播平台让电视媒体有了直接和用户建立联系的机会，改变了传统电视单向“我播你看”的状况。在新兴播出平台中，网络电视（OTT）和社交网站尤为重要。当前，欧美国家媒体的国际传播正在大力推进新兴媒体渠道建设，尤其是基于网络电视义务构建内容的自营自销模式。例如，美国福克斯公司在海外推出了网络电视业务“福克斯新闻国际”（Fox News International），在2020年8月首先进入墨西哥，随后逐渐覆盖欧洲和拉美30多个国家。该网络电视业务主要播出两个直播频道，即福克斯新闻频道和福克斯商业新闻频道（Fox Business News），另外还播出20个点播栏目。[①]对于中国的国际传播来说，新兴媒体平台是拓展国际传播渠道的新领域，也是构建自主可控播出平台的重要选择，但当前整体竞争力和影响力还有待提升。根据亚洲媒体伙伴公司（Media Partners Asia）2021年发布的研究报告，在印度尼西亚、菲律宾、新加坡和泰国这四个国家的网络视频消费领域，韩国影视内容所占网络视

① https://www.digitaltveurope.com/2020/12/16/ott-service-fox-news-international-to-launch-in-portugal/.

频观看时长份额为34%，美国为30%，日本为9%，英国及欧洲为7%，中国仅为5%。中国影视内容在泰国和新加坡的份额略高于另外两国，其中在泰国为10%，在新加坡为8%。[①] 就渠道建设而言，自主开发和运维的应用程序具有重要价值，可向海外及时高效地分发视频内容、音频资源和文字稿件。应用程序灵活机动，可以入驻到海外的智能电视终端、手机终端、视频集成盒子等设备上，实现多渠道、多路径的内容分发。在突发情况下，应用程序仍能实现多源制作、多路传输和多点推送，相比传统卫星电视等渠道具有较高的灵活性。另外，中国是智能电视机和智能手机等设备生产大国，具有很大的潜力和优势。

媒介技术变革影响了人们接收、分享和解读信息的方式，重塑了传播环境和舆论生态，也改变了国际舆论竞争的模式。在新闻传播领域，真实、客观、公正等原则一直是被奉为圭臬，但在“后真相”背景下的全球传播生态中，传统的“假新闻”或“虚假信息”迭代成为更具隐蔽性的“误导性信息”，并对国际舆论产生了显著影响。尤其要警惕“算法控制”。在西方国家“零和博弈”思维下，中国的稳步发展和繁荣稳定是一种“威胁”，故而假借所谓南海、香港、新疆等问题制造事端、频频发难，并借机打击中国媒体、打压中国声音。例如，围绕所谓“香港问题”，2019年美国推特、脸书删除了近千个中国内地账号，优兔关闭了210个涉港频道，核心理由是“政府背景”或“支持中国政府”。被封禁的账号大多参与揭露香港暴徒行径，但大量抹黑香港警察、歪曲内地和香港关系等账号则仍然可以大行其道。此前，牛津大学吉利安・博尔索弗等研究者通过分析2017年2月至4月间推特上1177758条关于中国及中国政治的推文后发现，这些推文近30%是由排名前100位的发帖用户发布的，但没有一个“用户”持有支持中国的立场，有5成是社交机器人账号，传

① https://www.rapidtvnews.com/2021030160008/korean-us-content-power-online-video-consumption-in-southeast-asia.html#ixzz6nuhK88FI.

播了大量有关西藏、新疆、台湾等领土问题、人权问题、中国国内社会治理问题上的反华意见。其中4个账号是在2016年至2017年创立的，标记地址在美国，这4个账号在短短一年时间中发布了14000至37000条反华推文。[①]在西方新兴媒体平台的舆论场上，支持中国的声音受到压制，导致大量反华的假新闻、谣言充斥国际话语空间。而西方政府和媒体还倒打一耙，职责中国扰乱“西方民主”。2020年9月，英国广播公司在其《英国广播公司2019/2020年度报告》中明确提出，中国和俄罗斯一些媒体拥有国家背景，资金雄厚，将新闻当作延伸国家影响力和扰乱民主的工具。[②]

媒介技术变革加剧了国际传播竞争的不平衡，尤其放大了西方国家的竞争优势。随着经济全球化和社会信息化的深入发展，媒体市场的全球化达到了前所未有的高度。在这种形势下，媒体内容资源“球土化”分发程度、媒体资本跨国流动规模、媒体市场一体化进程等都进入了新阶段。可以看到，“强者愈强”“弱肉强食”的竞争态势日趋显著。在网络电视等新兴媒体领域，技术与资本结合大大提升了美国等媒体公司在新一轮竞争中抢占全球制高点的实力。另一方面，传统媒体积极利用新兴媒体拓展渠道、强化市场竞争力。拉丁美洲地区是美国的“近邻”，也是重要的海外市场。根据2021年数据，拉丁美洲地区网络视频业务订户规模到2026年预计增至1.16亿，届时美国公司将占据90%的市场份额。其中，美国奈飞公司的订户规模预计达到4907万，迪士尼公司为3327.7万，亚马逊公司为1444.2万，家庭影院频道（HBO）为505.1万。[③]可以看

---

① 欧亚、夏玥：《隐蔽的说服：计算式宣传及其对中国国际传播的挑战》，《对外传播》2019年12月刊。

② 英国广播公司：《英国广播公司年度报告和审计报告2019/2020》（*BBC Group Annual Report and Accounts* 2019/20）（非公开出版）。

③ Joseph O'Halloran，Latin America to add 63 million SVOD subscriptions over five years，rapidtvnews website，March 08，2021，https://www.rapidtvnews.com/2021030860055/latin-america-to-add-63-million-svod-subscriptions-over-five-years.html#ixzz6oZeL5LHD.

出，新兴媒体放大了发达国家在国际传播领域的资本、技术、资源等优势，进一步加剧了国际传播竞争的不平衡。

第五节　案例研究：BBC、RT、KBS和NHK国际传播定位策略分析

在日趋复杂的国际环境中，国际传播对于国际话语竞争和文化软实力构建等都具有重要作用。方向决定路径，国际传播的定位则直接决定了发展布局、资源配置和内容编排等，或基于国际传播政治维度，立足新闻舆论竞争；或基于国际传播文化维度，立足文化软实力传播；或基于国际传播商业维度，立足影视产品输出。定位对于传播效果有着重要影响，包括品牌满意度、认知度以及收视收听率等。英国广播公司、今日俄罗斯电视台、韩国放送公社（KBS）和日本放送协会（HNK）都是政府支持媒体或国家公共媒体，其国际传播定位策略具有可比性。基于不同定位，4家媒体在资金投入和资源配置方面有所差别，在传播效果也呈现不同表现。根据中央广播电视总台国际传播规划局委托环球舆情调查中心及海外专业调查机构2019年的16国调查结果[①]，在知名度、接触率、好感度和满意度4个指标中，英国广播公司都稳居第一，今日俄罗斯电视台在知名度和接触率方面居于第二位，但在好感度和满意度方面则处于末位，韩国放送公社和日本放送协会则都居于中流，详见表1、表2、表3和表4。由此可见，一家媒体知名高、覆盖广（如RT），但定位不准，观众的好感度和满意度会有所折扣；反之，一家媒体可能知名度不高、覆盖也不广（如KBS和

① 本调查于2019年11月至12月在16个国家进行抽样调查（美国、英国、法国、德国、俄罗斯、西班牙、乌克兰、日本、韩国、印度、印度尼西亚、哈萨克斯坦、埃及、肯尼亚、南非、澳大利亚），共回收17624份有效问卷。

NHK），但定位准确，观众的好感度和满意度反而都高。

表1　4家媒体的知名度

知名度	2019	2018	2017
BBC	53.3%	52.7%	55.2%
RT	15.7%	14.1%	15.0%
NHK	11.8%	9.9%	10.3%
KBS	9.2%	7.1%	7.5%

表2　4家媒体的接触率

接触率	2019	2018	2017
BBC	26.6%	27.4%	28.9%
RT	7.3%	6.5%	7.3%
NHK	3.6%	2.7%	2.8%
KBS	3.1%	2.0%	2.3%

表3　4家媒体的好感度

好感度	2019	2018	2017
BBC	55.7%	57.6%	57.7%
KBS	50.3%	43.1%	39.8%
NHK	49.0%	44.3%	41.3%
RT	41.5%	38.8%	41.7%

表4　4家媒体的满意度

满意度	2019	2018	2017
BBC	72.3%	69.8%	70.8%
KBS	64.8%	63.8%	62.3%
NHK	63.3%	63.9%	62.3%
RT	60.0%	54.3%	58.7%

基于传播效果导向，本章主要分析这4家媒体电视国际传播的定位策略，以供参考。

一、BBC、RT、KBS和NHK电视国际传播简介

1.英国广播公司。英国广播公司成立于1922年，目前在国内播出9个全国性电视频道、10个全国性广播频率、2个地区性频率和40个地方性广播电台。在国际上，英国广播公司以40多种语言开展国际传播，播出世界新闻频道（BBC World News）和世界服务广播（BBC World Service radio），运营英国广播公司网站（BBC.com），以商业形式在海外运营播出英国电视频道（UKTV）、英国广播公司美国频道（BBC America）、英国广播公司地球频道（BBC Earth）、英国广播公司第一频道（BBC First）等，经营付费网络电视业务“英国盒子”（BritBox）等。在海外机构设置方面，英国广播公司在59个国家75个城市进行布点，开展新闻采集、市场营销、内容分发、媒体公关等业务。根据该公司2020年发布的年度报告，其全球周均触达受众（global weekly reach）规模为4.68亿，全球新闻海外周均触达受众（BBC News total international weekly audience）规模为4.38亿。

2.今日俄罗斯电视台。今日俄罗斯电视台成立于2005年，当年9月开播了英语频道，在2007年5月开播阿拉伯语频道，2009年12月开播西班牙语频道，2011年6月开播了英语纪录频道（RTDoc）。另外，今日俄罗斯电视台还开办了英国（RT UK）、美国（RT America）和法国（RT France）三个本土频道。截至目前，今日俄罗斯电视台旗下共有8个24小时播出的频道，另外还在2013年创办了视频新闻通讯社RUPTLY。今日俄罗斯电视台周均观众规模为1亿，其中欧洲地区为4300万。其官网的月均访问量为1.75亿；其优兔账号的观看量为100亿，订阅量为1600万。[①]今日俄罗斯电视台和今日俄罗斯国际新闻通讯社共同

① https://www.rt.com/about-us/.

组成了“今日俄罗斯”。电视台和国际新闻通讯社的品牌中文译名均为“今日俄罗斯”，但英文译名不同：今日俄罗斯电视台的英文译名为Russia Today，缩写为RT；今日俄罗斯国际新闻通讯社的英文名为Rossiya Segodnya，此为其俄文名的英文音译。在运营方式上，今日俄罗斯电视台由俄罗斯电视新闻通讯公司（TV Novosti）负责运营，而俄罗斯电视新闻通讯公司隶属于今日俄罗斯国际通讯社。今日俄罗斯电视台和今日俄罗斯国际新闻通讯社在业务和经费上相对独立，但在新闻采编、媒体平台等方面均实现了资源共享。另外，两家机构的总编辑均为今日俄罗斯电视台总编辑西蒙尼扬担任。

3.韩国放送公社。韩国放送公社是韩国的公共媒体。韩国放送公社的历史可以追溯到1926年，其前身是社团法人京城广播电台（Kyeongseong Broadcasting Corporation）。目前，韩国放送公社共有14个电视频道、7个广播频率和3个网络平台。其国际传播业务主要是世界电视频道（KBS World TV）和世界24小时频道（KBS World 24），以及世界广播台（KBS World Radio），其中世界广播电台以11种语言面向全球播出。韩国放送公社世界电视频道开播于2003年，目标受众为外国受众，节目多以韩语发音，主要加配英文字幕。为了强化对海外韩裔的传播，韩国放送公社在2019年开播了“世界24小时频道”。该频道以韩语播出，节目内容汇聚了韩国精品节目。

4.日本放送协会。日本放送协会通常也被译为“日本放送协会”，英文全称为“Nippon Hoso Kyokai”。“放送”是一个日文词汇，与之相对应的英文是broadcasting，英文缩写是NHK。日本放送协会前身是1925年3月22日播出的东京广播电台，1926年8月20日与大阪广播电台和名古屋广播电台合并后，正式成为全国性广播电台组织。目前，日本放送协会播出4个全国性电视频道和3个国际频道，其中4个全国性电视频道分别是综合频道、教育频道、卫星1频道（BS1）和卫星精选频道（BS Premium）。日本放送协会在国内47个县拥有54个分台，在海外设有31个分支机构，员工总数约为10200。在国际传播方面，日本放送协会播出国际电视频道和广播频率，其中英语国际频道为日本放送协会世界电视频道（NHK WORLD-JAPAN）。该频道在全球约160个国家播出，触达约3.5亿个家庭。除了世界频道，日本放送协会还以商业方式向海外播出两个日语频道JSTV1和JSTV2。在广播方面，日本放送协会世界广播频率以17种语言播出，针对对象国受众接收特点采用短波、中波、调频和卫星广播等不同方式。

二、BBC、RT、KBS和NHK电视国际传播的定位策略

1.英国广播公司。英国广播公司在国内是公共媒体，在政治上保持独立，在运营上实现自主，不播广告；在国外定位为商业媒体，开展广告、频道版权销售等经营，同时也接受政府资金支持，从2016/2017年度开始获得了英国外交和英联邦办公室（FCO）2.91亿英镑拨款。基于这笔资金支持，英国广播公司在2017/2018年度扩招了1000多名员工，新增了包括韩语、塞尔维亚语、旁遮普语等在内的12种对外播出语言，并在拉各斯、曼谷、仰光等地新设了多个海外机构和驻外站点。在国际传播方面，英国广播公司承担着向世界塑造英国形象、传播英国文化和价值观的使命。基于这一目标，英国广播公司世界新闻频道定位为西方新闻专业主义的商业化频道，着力强化市场运营。2020年度，英国广播公司全球新闻公司（BBC Global News）在境外的频道分发和广告销售业务营业收入达到了1.15亿英镑，[①] 此前在2019年实现了1.14亿英镑的营业收入。通过强化市场化和专业化发展路径，该频道着力构建独立、公正、平衡、专业的品牌形象。或许，这正是其在表1-4中的四个维度都位居第一的原因所在。

值得一提的是，尽管该频道自我宣传为新闻专业主义定位，但实际上致力于服务英国外交政策，紧扣英国外交重点开展精准传播。以阿富汗为例，英国非常注重阿富汗，哈里王子曾在英军驻阿富汗部队中服役。英国广播公司不

---

① BBC：*BBC Group Annual Report and Accounts* 2019/20，p.56.

仅面向阿富汗播出世界新闻频道，还重点播出波斯语电视频道（BBC Persian TV）。波斯语电视频道通过卫星面向阿富汗观众直接播出，同时也在阿富汗当地的雅克电视台（Yak TV）播出。另外，英国广播公司制作了多档普什图语新闻栏目和谈话节目，如“世界商业新闻”（*Da Iqtisad la Naray*）、“一周新闻回顾”（*Ownay Pa Kaharono Ki*）等周播新闻栏目，以及“思想之路”（*Da Fikr Lari*）等月播谈话类节目。这些节目在阿富汗当地的多家媒体平台上播出，如沙姆沙德电视台等。

2.今日俄罗斯电视台。今日俄罗斯电视台是由俄罗斯政府创办的，为“自主性非营利机构”，以此来彰显其公信力。就定位而言，该台国际传播主要基于政治维度。为此，俄罗斯政府通过立法来确保这一定位。根据俄罗斯法律，今日俄罗斯电视完全独立于它的创始人，其最高管理机构是监督管理委员会（董事会）。为了扩大国际影响，今日俄罗斯电视台在海外落地覆盖等方面进行了大量投入，在传播效果方面取得了一定成效，这在表1和表2中有所体现。

尽管今日俄罗斯电视台在国际传播中一方面坚持“独立”于俄罗斯政府的定位策略，甚至在报道俄罗斯国内新闻时并不避讳政府的“负面”新闻，但在很多重大国际问题上，俄罗斯总统普京都会亲自到“今日俄罗斯”电视台录制节目或接受采访，使之成为普京就重大国际问题发表讲话的“第一出口”，俄罗斯外长拉夫罗夫以及副手更是“今日俄罗斯”电视台的常客。另外，俄罗斯驻外使馆的新闻官很多都是由今日俄罗斯国际新闻通讯社派出的，直接以外交官身份开展工作，协助今日俄罗斯电视台对接当地媒体资源。这些都为其蒙上了浓厚的政府色彩，这也导致其深陷俄罗斯外交的纷争之中。例如，俄罗斯与阿根廷外交关系在2016年因为美国干涉而渐行渐远，阿根廷国家广播电视协会（RTASE）当年6月宣布停播今日俄罗斯电视台。为此，俄罗斯驻阿根廷大使科罗涅利、俄上院国际事务委员会主席科萨切夫以及今日俄罗斯电视台西班牙语频道负责人沃龙佐娃纷纷发声。在英国，今日俄罗斯电视台更是频频受到英国通讯管理局的调查甚至处罚，背后的政治动因极为明显。或许，这正如表3和表4所示，其好感度、满意度不及知名度、接触率的原因。

3.韩国放送公社。韩国放送公社的电视国际传播定位非常明确，即“娱乐”，致力于助推“韩流”走向海外。就定位而言，该台国际传播主要基于文化维度。在韩国放送公社世界电视频道的节目构成中，娱乐节目的占比高达48%，电视剧的占比也达到了45%，新闻仅占4%，其他节目占3%。为了强化内容供给能力，韩国放送公社近年来着力强化自制能力。以电视剧为例，韩国放送公社在2016年6月创建了巨人联合公司（KBS Monster Union），主要从事电视剧和节目制作等业务，制作了《太阳的后裔》等多部热播影视剧和其他节目，这也增加了其在国际市场中的创收能力。另外，为了做好内容销售业务，韩国放送公社在包括中国在内的多个国家和地区设立了办事处或分公司，负责频道和节目销售业务。例如，韩国放送公社美国公司（KBS America）主要负责北美地区的频道落地与节目销售等业务，它还在美国和拉丁美洲国家播出了韩国放送公社美洲频道（KBS America），根据当地观众的特点重新编排韩国放送公社世界电视频道和国内频道的精品节目；韩国放送公社日本公司（KBS Japan）主要从事日本地区的频道落地与节目销售等业务，它在日本运营韩国放送公社日本频道（KBS Japan），根据日本观众的特点重新编排和播出韩国放送公社节目，并在节目中增加日文字幕。囿于资金实力，韩国放送公社电视国际传播的海外落地和宣推力度相对较弱，但娱乐化定位和商业化模式，为其赢得了较高的好感度和满意度（如表3和表4所示）。

4.日本放送协会。作为公营媒体机构，日本放送协会开展电视国际传播的定位是传播日本文化；换言之，该台国际传播主要基于文化维度。日本放送协会世界电视频道播出的节目中，关于文化的栏目占据了较大的比例，涉及不同的主题。有些栏目偏重传递具有浓郁日本文化特色的内容，例如，《开动！与厨师一起用餐》（*Itadakimasu! Dining with the chef*）与《你的小型日餐厨房》（*Your Japanese Kitchen mini*）是推介饮食文化类的节目；《见面和交谈》（*Meet and Speak*）是语言文化类节目；《日本学起步》（*BEGIN Japanology*）是一个介绍日本文化的节目。在文化类节目中，日本放送协会世界电视频道注重推介包括音乐艺术等在内的当代日本文化，其中，《美的印记》（*The Mark of Beauty*）着重从审美的角度介绍日本艺术品和生活用品，对日本文化进行深度阐释；《想象中的国度》（*imagine-nation*）则是一档长度为半小时的介绍日本漫画、动漫和游戏的杂志类节目。从2014年开始，日本放送协会世界电视频道中继续增加日本文化方面的内容，包括关于日本传统歌舞伎等方面的栏目。值得一提的是，日本放送协会世界电视频道在开播之初曾经存在定位不明确的问题，直接导致播出语言和节目内容都缺乏针对性。当时，频道在播出语言方面以日语为主，在节目内容方面主要重播国内节目，这大大制约了国际影响力的提升。针对这些问题，日本放送协会对国际电视频道进行了改版，英语节目的比重增加到80%以上，日语节目也配有英语字幕；推出了大量针对外国受众的原创节目，充分践行内外有别的节目编排原则。和韩国放送公司一样，日本放送协会在国际传播的落地和宣传推广方面投入非常有限，这让其知名度和接触率不及今日俄罗斯电视台，但凭借精准定位，其好感度和满意度则实现了反超。

第三章

国际传播政治维度与国际话语权建设

国际传播具有很强的政治属性，在一定程度上是国际政治在媒体领域的镜像与延伸。在国际政治斗争的背景下，国际舆论斗争、媒体交锋日趋激烈。2021年2月5日，中国国际电视台官方微博发布的《中国国际电视台（CGTN）关于英国通信管理局对CGTN英语新闻频道在英国落地许可所作裁决的声明》中表示，2020年初，英国通信管理局在一些极右翼组织和反华势力的操纵下，突然对中国国际电视台英语新闻频道在英国落地许可发起调查。[①]2021年2月4日，英国通信管理局在其声明中公布了对此事的裁定：中国国际电视台英语新闻频道2020年有关“香港示威事件”的新闻节目未遵守“公正原则”，因此违反了该局相关播出法规（In 2020 we found CGTN in breach of the Ofcom Broadcasting Code for failing to preserve due impartiality in its coverage of the Hong Kong protests，and also found a serious breach of our fairness and privacy rules）。[②]对此，《人民日报》评论说，“令人不解的是，CGTN英语新闻频道客观报道乱港分子使用暴力的行为，竟被英国通信管理局无理扣上‘违反中立规定’的帽子；然而，英国广播公司频频播出的那些涉港节目，刻意隐瞒乱港分子暴力行为和分裂香港的政治意图，早就把英方所谓‘中立规定’弃置一旁，英国通

① https://news.cgtn.com/news/2021-02-05/CGTN-statement-on-Ofcom-s-ruling-on-CGTN-s-UK-broadcasting-license-XCk5DF7QnC/index.html.

② Ofcom：*Ofcom revokes CGTN's licence to broadcast in the UK*，https://www.ofcom.org.uk/about-ofcom/latest/media/media-releases/2021/ofcom-revokes-cgtn-licence-to-broadcast-in-uk.

信管理局却根本不闻不问。”[①]可以看出，英国通信管理局关于播出许可的决定，背后逻辑是意识形态，而非专业性、技术性的评判。中国与欧美等西方国家在政治制度及传媒制度方面存在巨大差异，美英国家近年来积极运用这些制度差异来制造“制度折扣”，以此来攻击、打压甚至诋毁中国和中国媒体。从研究角度来说，政治维度与话语建设密切相关，政治影响力与国际话语权更是互为支撑。政治维度是理解国际传播的基础，而国际话语权建设则需要有效解决政治制度差异、强化共识。

第一节　政治维度与政治折扣

中国共产党领导是中国特色社会主义最本质的特征。在中国共产党领导下，中国取得了历史性发展奇迹，跃居为世界第二大经济体、第一大工业国、第一大货物贸易国、第一大外汇储备国。随着中国的崛起，以美国为首的西方国家在对华态度上进一步恶化，打压、围堵中国的战略意图更为显著。美国国务卿布林肯（Antony Blinken）2021年3月3日在其任内首场外交政策演讲中，就把中国表述为美国21世纪最大的“地缘政治考验”、唯一能对现有国际秩序构成“挑战”的国家，并将中国与击退新冠肺炎疫情等事项并列为美国外交所谓“八大优先事项”之一。美国前助理国防部长、尼克松总统首席中文翻译傅立民（Charles Freeman）指出，美国的政治精英正在将中国刻画成“经济盗贼、军事侵略者和极权主义的推广者”，大肆宣扬“中国黑客窃取美国技术”等子虚乌有的事。受精英舆论的引导，美国媒体推波助澜加深大

① 《坚决反对英方蛮横打压中国媒体》，《人民日报》（2021年2月6日第3版），https://weibo.com/ttarticle/p/show?id=2309404601546905354513。

众对中国的误解，给美国大众戴上了“有色眼镜”。[①]长此以往，世界对中国将会形成“刻板印象”，中国国际舆论环境将更为恶化，与之相关，中国媒体的国际存在和发展也必然充满挑战。政治制度差异是美国等西方国家和媒体攻击和抹黑的重要原因，政治制度区别也是其炮制各种“中国威胁论”的主要依据，中国共产党的国际形象更是被某些国家恶意扭曲。这都是美国等西方国家“制度霸权”思维在作祟。正如中国国务委员兼外交部长王毅于2021年3月7日在十三届全国人大四次会议记者会上所说：“制度的选择需要量体裁衣，不能削足适履。一个国家的路走得对不对，关键在于是否符合本国国情。抹黑、打压与己不同的制度，甚至鼓吹唯我独尊，本质上是一种‘制度霸权’。”

在国际传播中，媒体是话语权建构与传播的主体；在国际舆论斗争等视角下，媒体的政治属性往往被高度关注。在政治维度之下，国际传播需要解决“传”与“受”的制度差异问题，尤其是媒体“制度折扣”问题。所谓“制度折扣”是指政治制度差异及相关原因影响媒体的引领力、影响力、公信力，从而削弱传播效果。中国和西方国家在传媒体制上存在本质上的差别。西方国家多为“公私并存”体制，公共媒体和商业媒体同时存在，仅在实力、地位等方面存在差别，例如，美国公共媒体（如PBS等）在资本实力与市场竞争力等方面都无法与私营媒体匹敌，但英国公共媒体（如BBC）则要强于私营媒体。相比之下，中国传媒制度采用单一结构，媒体都为公共事业单位。中国的传媒体制是基于中国的政治体制。中国共产党是中国的执政党，中国共产党领导是中国特色社会主义最本质的特征，也是中国《宪法》确立的基本原则。中国媒体重要的职责使命是宣传中国共产党的理论、政治路线和政策，在国家建设和社会发展中发挥“鼓与呼”的作用。中国的国际传播是国内传播的延伸，媒体属

① 曾筱凡:《刚柔并济应对复杂形势下对美舆论博弈》,《对外传播》2019年第2期，第14页。

性自然就成为英美等西方国家的攻击重点。

当前，国际舆论斗争日趋激烈，西方政府和媒体对于中国的遏制、打压，正在从媒体报道延伸到了媒体机构，其本质是国际政治斗争。以中国国际电视台2021年在英国的遭遇为例，英国通信管理局2021年2月宣布吊销中国国际电视台英语新闻频道在英国的落地许可，终止了该频道在英国18年的落地播出，造成该频道成立以来在全球的首个全国性停播事件，引发广泛关注。中国国际电视台英语新闻频道开播于2016年12月31日，其前身是中央电视台英语国际频道。历经20余年发展与变革，中国国际电视台英语新闻频道已成为当前中国最具权威的国际电视频道之一，在国际舆论场上形成了一定知名度和影响力。该频道进入英国是2002年，当时鲁伯特·默多克（Rupert Murdoch）及其新闻集团（News Corporation）正致力于进入中国市场，大力推进与中国媒体的合作。在此背景下，新闻集团旗下的星空卫视与中央电视台及其子公司中国国际电视总公司签署转播合作协议，授权星空卫视在英国天空平台转播中央电视台英语新闻频道。其中，星空卫视就是星空华文公司（SCML）的前身，亦是中央电视台英语新闻频道在英国落地许可的持有方。英国通信管理局2021年2月4日在其声明中表示，星空华文公司仅是中国国际电视台英语新闻频道在英国的内容分发方，不具备持有落地许可的资格；虽然中国国际电视台已经申请将该许可转至中国环球电视公司（CGTNC），但英国通信管理局认为它最终受控于中国共产党（as it is controlled by a body which is ultimately controlled by the Chinese Communist Party），因此不具被转持资格。[①]对此，在中国外交部2021年2月5日记者例行招待会上，新闻发言人汪文斌指出，“英方一方面强调英国通信管

① 参考文献：Ofcom：*Ofcom revokes CGTN's licence to broadcast in the UK*，https://www.ofcom.org.uk/about-ofcom/latest/media/media-releases/2021/ofcom-revokes-cgtn-licence-to-broadcast-in-uk。

理局是独立专业机构，有关事件没有政治考量，另一方面又以所谓政党属性为由对CGTN在英落地横加阻挠，充分表明有关行径纯属政治打压，也暴露了英方的双重标准和虚伪面目。”[①]他还表示：“中国是共产党领导的社会主义国家，对于中国媒体的属性，英方一直是清楚的。从18年前CGTN在英国落地传播的第一天起，英方就清楚地知道这一点。英方现在拿中国媒体属性说事、对CGTN在英落地传播横加阻挠，这完全是政治操弄。”[②]

面对西方的政治打压和媒体在国际传播中的政治折扣，随着中国国际地位提升，中国和中国媒体的国际话语权也会随势增长，是不容剥夺、也不可抵挡的。中国国际传播要奋发有为，强化顶层设计，优化发展布局，尤其要做到以下三个方面：首先要提升专业性和国际化水平，充分尊重媒体发展规律、信息传播规律和产业发展规律；其次，中国媒体要基于“人类命运共同体”理念打造“世界公共媒体”，做到“为世界观众制作节目”和“立足世界市场”，着力强化媒体公信力；另外，中国媒体强化体制机制创新，在海外通过公司化运营来强化商业属性，以商业合作模式与西方媒体集团建立起“利益共同体”关系，有效应对媒体攻击和政府打压。契合国际传播规律、跨文化传播规律、新闻传播规律、媒体产业发展规律、国际媒体市场运行规律，着力构建同我国综合国力和国际地位相匹配的国际话语权，为我国改革发展稳定营造有利外部舆论环境。

① 外交部官网：《2021年2月5日外交部发言人汪文斌主持例行记者会》，https://www.fmprc.gov.cn/web/fyrbt_673021/t1851701.shtml。

② 同①。

第二节　国际话语体系建设主要挑战

随着中国国际地位的稳步提升，国际社会对中国的关注度也在迅速增加，中国需要面对和应对的国际舆论变得日趋复杂。由于历史发展、文化传统、政治制度等方面的差异，中国与外国尤其是欧美国家在国家治理和社会发展的理念、模式、方式等方面存在巨大差别，以至于中国长期习惯和沿用的话语表达模式在国际舆论场域中无法实现有效转换，产生交流和理解障碍，由此造成在国际舆论博弈中的被动局面。2020年新冠肺炎疫情在全球蔓延后，美国等西方国家对中国的舆论攻击无所不用其极，即是最佳例证。美国诸如“封城损害人权”“信息不透明”等诸多不实指责都带有明显的意识形态色彩，但这些言论在国际舆论场中仍然有市场，长期以来困扰中国国际舆论斗争的话语体系短板再次显现。法国思想家米歇尔·福柯（Michael Foucault）认为，话语体现着特定的权利意向和权力关系。比如，媒体的报道是一种话语，人们常说的新闻自由也是一种话语。以“新闻自由”为例，这套话语在历史上曾十分典型地显示了资产阶级与国王贵族“争权夺利”的本质，其实质是为了维护、巩固和推行自己的权力意志。[①]当前，中国的话语体系建设仍难以有效支撑势均力敌地开展国际舆论斗争，也不足以破解当前国际传播格局中西方国家话语霸权和信息垄断这一难题。为此，中国必须强化话语体系建设，从国家治理、传媒体制和传播内容三个层面力求实现创新突破，为构建人类命运共同体营造健康、有益的国际信息传播和舆论环境。

一、国际传播话语权的内涵

“国际话语权”是指国际政治传播中就某一特定问题表达自己看法并且

① 李彬：《媒介话语：新闻与传播论稿》，北京：新华出版社，2005年，第92页。

影响国际社会舆论的行为能力[①]。话语（discourse）是在社会互动过程中呈现的丰富和复杂的语言和言语方式，具有特定的意图、主观意向或特定的目标，与社会权力关系密切关联，并受到传者、受众、文本、语境、传播方式等诸多要素的制约。[②]20世纪80年代末，“话语”概念进入国际关系研究领域，对它的研究主要集中于结构主义与后结构主义，并深受法国后现代主义思想家米歇尔·福柯（Michael Foucault）话语权力理论的影响。[③]1970年12月，福柯在其就任法兰西学院院士时的演讲《话语的秩序》之中，提出了“话语即权力”的著名命题，他深刻地认识到话语不仅仅是思维符号和交际工具，而且是人们斗争的手段和目的，“话语是权力，人通过话语赋予自己权力”。[④]在国际传播领域，话语意味着国际信息博弈和舆论斗争中的“话语权”，需要从国际政治、国际关系等高度进行理解。近年来，美国等西方国家不断运用其价值观、政治理念及话语体系来攻击中国，不断通过种种手段将中国建构为“他者”。有学者认为，这种建构在本质上是转移国内注意力、消解国内矛盾时惯用的伎俩，会产生较大的社会影响。[⑤]美国学者约瑟夫·奈认为，在信息时代，我们必须要意识到，有时候真正的赢家不是看哪个国家拥有最强大的军力，而是看哪个国家的故事讲得最动听。因为在互联网上，没人知道你有多少武器，只有讲好一个故事才能吸引别人。围绕国际话语权展开的竞争越来越成为当今国际政治中的一个重要现象。诸如恐怖主义的概念界定、国际人权准则和人道主义干预、气候变化和国际温室气体减排标准、汇率争端和国际金融体系改革方

---

① 张通生、张彦哲：《提升中国媒体国际话语权的思考》，《青年记者》2012 年 12 月下。

② 孙英春：《跨文化传播研究与中国的国际话语权》，《攀登》2010 年第 2 期，第 23 页。

③ 王啸：《国际话语权与中国国际形象的塑造》，《国际关系学院学报》2010 年第 6 期，第 58 页。

④ 张志洲：《话语质量：提升国际话语权的关键》，《红旗文稿》2010 年第 14 期，第 22 页。

⑤ 李洋：《从当前国际舆论环境看国际传播着力点——基于对新冠肺炎疫情期间海外舆情的分析》，《对外传播》2020 年 4 月刊，第 14 页。

案，以及在利用核能与防扩散等问题上的争斗，无不首先表现为国际话语权之争。对于中国来说，当前经济快速崛起和综合国力不断增强，对国际话语权产生了前所未有的需要。另一方面，中国国际地位的提升并未带来相应的话语权，有时甚至存在着话语缺失，在国际上处于“话语被动”“形象他塑”的不利地位。长此以往，世界对中国将会形成“刻板印象”，中国国际舆论环境将更为恶化，因此强化国际话语权刻不容缓、势在必行。

媒体在国际话语权竞争中发挥着重要作用，因此中国近年来大力开展国际传播能力建设，以强化国际舆论领域的主动权、主导权，形成与中国国际地位相称的国际话语权。需要指出的是，媒体在国际传播中的目标与作用是多元的，包括建构国际话语权、促进文化交流、发展媒体产业等。与之对应，媒体角色定位和业务形态也有所差异。就促进文化交流和文明互鉴而言，媒体要注重纪录片等软性题材的传播；就发展媒体产业而言，媒体要强化影视产品出口，积极推进国际文化贸易。就国际话语权建构而言，媒体则要强化新闻采编和评论能力，尤其要确保重大国际新闻自采率、涉中国的重要新闻首发率，同时具有强大的议题设置和舆论引导能力，能快速有效反击和回应西方对我国的攻击抹黑。因此，从国际话语建构来说，媒体国际传播的核心就是新闻传播。

国际话语建构涉及话语本体和话语主体两个方面。其中，话语本体是指新闻传播的内容，包括新闻报道和评论；话语主体是指新闻内容的传播者，本书中主要是指专业媒体机构，不涉及民众在社交媒体平台表达观点等传播形态。

中国国际传播是在“内宣”的基础上发展起来的，传播理念、内容形态、方式方法等多年来一直具有较为浓厚的“内宣”色彩。当然，近年来国际传播在顶层设计、体制机制、业务形态等方面都大有改进，传播效果也稳步提升。但毋庸置疑，与西方国家知名媒体机构相比，我国媒体在国际话语建构方面仍然存在较大差距，例如，仍然存在通稿多、首发少等现象，在涉华舆论事件中还没有建立起牢固的“第一定义者”地位，在重要国际事务报道中也还没有成为“首先发声者”。这些问题需要积极采取有效的应对策略，着力破解话语本体困局。

首先，话语权建构的首要目标就是讲好中国故事，尤其在涉中国的重要新闻报道中能在首发率方面确保全球首位，能有效快速地反击和回应西方对我国的攻击抹黑，抢占国际舆论制高点。为此，我国媒体在话语本体建构方面要力求做到海外受众能方便快捷地从中国媒体获取他们感兴趣的信息。根据2018年在16个国家对17706位受访者（其中1738位受访者在一年内收看过CCTV/CGTN）开展的受众抽样调查报告（以下简称“16国报告”），就外国受众希望从中国媒体获取的内容题材而言，23.1%的受访者期望通过CCTV/CGTN收看“中国新闻”节目，选择比例位居第四。排名前三位的内容题材依次为：“国际新闻”（28%），“科技类”（25.7%），“历史文化类”（23.7%）；排名第五到第十位的内容题材为：“电影类”（22.7%），“纪录片”（22.6%），“旅游类”（20.6%），“本地新闻”（17.2%），“财经类”（17%），“体育运动类”（14.8%）。[①]另根据2018年在21个国家对85972位受访者开展的受众抽样调查报告（以下简称“21国报告”），就CGTN受众近期接触CGTN有关中国的新闻报道类型而言，“外国领导人访华”为53.9%，“中国国内发生的大事件”为48.6%，“中国领导人出访”为45.6%，“在中国举办的国际会议”为45.3%，“有关中国外交关系的大事件”为44.6%，“有关中国国内发展状况的标志性事件”为44.2%，“有关中国军事的大事件”为38.4%。[②]从目前中国

① 中央电视台海外传播中心：《中央电视台 / 中国国际电视台 2018 年度全球 16 国满意度调查报告》（内部资料），2019 年 1 月，第 59 页。

② 中央电视台海外传播中心：《CGTN 开播两周年全球传播效果和受众需求调研报告》（内部资料），2019 年 2 月，第 121 页。

媒体的内容分析来看，契合程度并不理想。例如，中国外语类媒体中“电影”类的内容很少，“本地新闻”也不多。另外还有一个特点是“以我为主”，倾向于向海外受众“灌输”中国的内容。为此，中国媒体在对外讲述中国故事的时候要做到“真实、立体、全面”，要摒弃“以我为主”开展主题策划和议题选择，同时要力求做到本土传播、分众传播，充分在有效平衡“传”与“受”的需求中强化话语权建构。

其次，要着力提升讲故事的能力、技巧和策略。国际媒体领域的竞争态势持续增强，注意力争夺、话语权争夺异常激烈；媒体的专业能力固然重要，但传播策略也很关键。例如，俄罗斯今日俄罗斯电视台和半岛电视台英语频道（AJE）分别依靠观点传播和深度报道在国际媒体激烈竞争中实现“逆袭”。其中，半岛电视台英语频道的深度报道节目比重超过七成，并凭借深度报道获得了联合国卡多奥尔特加纪念奖、皮博迪奖、国际艾美奖、亚洲电视奖等100多个国际奖项。[①]中国媒体在国际传播中也要探索适合自身特点的传播策略，有针对性地补齐短板。在涉中国的重大事件报道中，中国媒体一定要做到“第一时间、第一现场”，通过“首因效应”来有效建构话语权；提高议题设置能力和评论水平，提高在国际舆论场上的被转发率和被转引率。另外，在涉中国以及国际重大事件报道中，中国媒体要力求做到“第一解读、独特解释”，以此引导舆论、有效把握话语主动权；着力强化评论和深度报道的能力，通过“观点传播”和“故事传播”来强化话语的张力和厚度。

另外，媒体在专业性方面要具备国际水准，在整体内容方面持续强化吸引力，才能在国际上真正立足、有效构建起话语权。就新闻报道专业性而言，中

---

① 江和平：《CGTN 英语频道话语权国际竞争力建设研究》课题报告（内部资料），2019年，第 66 页。

国媒体要不断提升四大能力：持续报道能力、获取核心资源的能力、体现编辑思想的能力、采访关键人物的能力，才能在话语权建构中赢得优势。以CGTN为例，它在抢占国际突发新闻方面的能力整体落后。CGTN在2018年1—6月的12个重大国际新闻事件报道中，仅2个事件的报道超过其他知名国际媒体，首发时效排名占比为16.7%；相比之下，英国广播公司世界新闻频道为66.7%。CGTN在6个事件报道中落后于英国广播公司世界新闻频道、美国有线电视新闻网国际频道（CNN International）和俄罗斯今日俄罗斯电视台国际频道（RT International）。[①]可见，我国新闻竞争力的提升仍需要时日，需要步步为营、苦练内功。另一方面，新闻报道内容要有效契合受众需求，受众能"愿意听、听得进"。新华社2013年一项针对30个国家的62位媒体人士和中国问题专家的访谈结果显示，中国媒体国际传播当前存在的一个主要问题就是内容与海外受众需求契合度低，缺乏吸引力。[②]另外根据21国调查结果，CGTN电视端受众希望通过国际媒体收看的新闻类型如下：经济新闻为55.9%，科技新闻为53%，时事新闻为48.8%，体育新闻为46.5%，文化新闻为46.1%，社会新闻为46%，娱乐新闻为45.6%。[③]但目前CGTN和我国大多数媒体对外播出的新闻节目国际传播内容多以时事新闻为主，"硬新闻"仍被视为构建国际话语权的主要策略。内容建设始终是媒体国际传播的基础性工程，只有通过提升专业性和针对性，才能有效夯实基础，具备构建和争夺话语权的先决条件。

---

① 江和平：《CGTN 英语频道话语权国际竞争力建设研究》课题报告（内部资料），2019年，第 111、112 页。

② 唐润华等：《中国媒体国际传播能力建设战略》，北京：新华出版社，2015 年，第 115—117 页。

③ 中央电视台海外传播中心：《CGTN 开播两周年全球传播效果和受众需求调研报告》（内部资料），2019 年 2 月，第 96 页。

二、国际传播话语体系建设的主要挑战

国际话语权建构是一个综合性、系统性工程，不能一挥而就、立竿见影，需要步步为营、久久为功。与此同时，我们也及时总结经验、研究不足，寻找问题、补齐短板。于是，美国政府和媒体对制度差异大做文章，强势打压中国媒体国际话语权的建构能力。当然，中国媒体自身在体制机制上也确实存在一些需要改进的问题，对国际话语权的话语主体和客体产生了诸多不利影响，需要不断强化顶层设计，优化体制机制，有效契合国际传播规律、跨文化传播规律、新闻传播规律、媒体产业发展规律、国际媒体市场运行规律等。当前，中国话语体系建设面临的挑战主要是西方对中国的误解和敌视，在国家治理、传媒体制和传播内容三个层面都存在着困局，需要基于系统性思维对话语进行理论研究与实践创新。

1.国家治理层面上的话语困局

在国家治理层面，话语体系涉及政治制度、选举制度、少数民族地区治理制度等内容，其中政治制度是当前国际话语体系中的核心之一。长期以来，西方国家一直致力于在国家治理领域进行话语构建，并通过话语构建来强化或凸显自身意识形态、价值观、社会制度方面的优越性。早在19世纪，东西方之间在政治、文化等方面的差异就被人为诠释为“西方的自由”与“东方的专制”。冷战中，西方再次大力凸显“自由”这一概念，并着力构建“自由世界”与“共产主义”的二元对立。[①]胡佛在担任美国杜鲁门政府联邦调查局局长时曾这样描述“共产主义”：“共产主义不是一种政党，而是一种生活方式”，以期激起媒体和民众的负面情绪。2016年，特别是2020年以来，美国基于遏制中国发展、鼓动国际社会对抗中国等图谋，再次运用这一话语对立大做

---

① [美]简·尼德文·皮特尔斯：《全球化与文化：全球混融》（第二版），王瑜琨译，北京：中国传媒大学出版社，2014年，第145页。

文章。2020年以来，美国政客在提及中国时开始直接用“中国共产党”，而非“中国”“中国政府”“北京”等国际社会通用方式。这显然有其用心。2020年7月，美国国务卿蓬佩奥在其涉华演讲中通篇使用充满了冷战色彩的词语和概念，并仿效胡佛高调使用“美式生活方式”等话语表达，将今天的世界定义为正在经历“自由世界与暴政之间的战争”。他的通篇演讲都将中国共产党与中国人民对立起来，对中国进行肆意污蔑，并毫无根据地指责中国在中国共产党领导下对西方自由世界进行的所谓“渗透”和“扩张”。

实事求是，当前“共产党”或“共产主义”等概念体系确实在国际上存在一定的话语困境，其根源部分在于“历史负担”。在近现代历史上，“共产党”和“共产主义”在政治实践中存在多种形式、多种路径、多种方案，有很多成功实践，也不乏失败案例。西方媒体的报道和著作对成功实践基本上视而不见，但对于失败案例则不遗余力地进行夸大甚至妖魔化。例如，在《巴尔干两千年》一书中，作者罗伯特・D.卡普兰就把共产党领导下的南斯拉夫、罗马尼亚等国塑造为残酷、阴暗、腐败、落后和无能的形象。书中说，“从20世纪60年代开始，前南斯拉夫领导人齐奥塞斯库就像对待匈牙利人那样对待萨克森人，利用一切可以利用的机会摧毁他们的生活”，“在前南斯拉夫的蒂米什瓦拉地区，当地记者在20世纪80年代时抱怨，即使是第一次和第二次世界大战时的食物配给，都比齐奥塞斯库统治之下的食物配给要好。在德国皇帝和希特勒统治下，有新鲜的面包，偶尔还有橘子。在齐奥塞斯库的统治下，这些东西根本都不存在”，“齐奥塞斯库执政的最后五年就是一场无所顾忌的破坏狂欢会。布加勒斯特南部的大部分地区，蒂姆堡维察河以外，包括16座教堂和3座犹太教堂——都是建筑艺术的杰作——被强行用推土机推倒。在其废墟上矗立起了齐奥塞斯库斯大林主义的禁区‘市民中心’”。[①]类似的作品和报道不胜枚举。

---

① [美] 罗伯特·D. 卡普兰：《巴尔干两千年》，赵秀福译，北京：北京大学出版社，2018年，第214、217、219页。

2020年以来，蓬佩奥所代表的极端反华势力极力调动西方冷战记忆，把中国共产党渲染为“自由世界的威胁”，意图拉拢西方世界站队。从话语表达来说，他们是在偷梁换柱、偷换概念，运用修辞手段来全力抹黑中国共产党和中国政府。蓬佩奥之流的话语策略并非新创。20世纪90年代，当时西方国家为了攻击中国优生优育政策，也曾运用这一方法，将中国的“优生主义”与二战期间德国纳粹提出的“优生主义”进行概念互换。希特勒掌权后，运用极端手段对他所谓数以千计的低等人群展开清除，最后导致“优生”（wellborn）一词与妨害基本人权、滥用科学协议联系在一起。1995年，中国出台了《母婴保健法》，一些批判中国政策的人就优生主义概念来攻击中国政府。①不容争辩的事实是，中国共产党带领人民坚定捍卫国家主权、安全和发展利益，成功探索出一条不同于西方的现代化新路。中国共产党为中国的发展、进步、崛起和复兴建立了历史功绩，得到了中国人民衷心拥护和坚定支持，并与中国人民建立了血肉一体、不可分割的关系。中国共产党领导是中国特色社会主义最本质的特征，也是中国特色社会主义制度的最大优势。美国的极端反华势力把矛头指向中国共产党和中国制度，目的就是要削弱中国共产党的权威和领导力，破坏中国发展的治理之基、制度之源、成功之本。

2.传媒体制层面上的话语困局

在媒体体制层面，中国国际传播话语体系面临的话语困境主要是基于中国国情的媒体管理模式和运行方式，具有很强的政党属性和政治特征。当中国媒体走出国门之后，就会存在与对象国的监管体制和运行方式“水土不服”的问题。尤其在欧美国家，媒体体制更倾向于市场化、商业化，并从立法角度限制政党控制和政治化操作。

---

① [美]迈赫迪·萨马迪：《国际传播理论前沿》，吴飞、黄超译，北京：中国传媒大学出版社，2016年，第238页、241—245页。

欧美国家在媒体发展历史上曾经历了“党派媒体”的阶段，在多个党派竞争执政权的背景下，媒体成为谋取选民支持和政治利益的重要工具。在党派媒体制度下，政党力量不均会影响到媒体控制力量的强弱，进而形成对国家政治议程设置能力的不同影响力。基于这种担忧，欧美国家通过立法或其他方式杜绝政治党派对媒体的控制。到了电视媒体时代，鉴于电视在大众中的影响力，欧美国家又致力于规避政党或政治事务受制于电视媒体。例如，英国一些主要政党在20世纪40年代就开始担心英国广播公司成为一处争辩国家事务的论坛，与国会抗衡。有鉴于此，英国政府于1942年2月10日开始执行“十四天条款”（Fourteen-day rule），一直持续到1957年。基于该条款，对于下议院（House of Commons）或上议院（House of Lords）即将进行辩论的议题，英国广播公司不得在议会辩论的十四天前做任何报道或讨论。[①]20世纪90年代，英国通过立法要求任何电视媒体不得受控于政党，包括在英国播出的境外电视频道。根据《2003年通信法》（*The Communications Act 2003*）、《1990年广播法》（*the Broadcasting Act 1990*）和《1996年广播法》（*the Broadcasting Act 1996*），任何频道在英国播出都必须获得英国通信管理局或相关欧洲监管机构授予的许可证；根据《1990年广播法》第13（1）条，未经许可提供电视服务的行为即属刑事犯罪。另外，《 1990年广播法》明确要求媒体不能具有政治属性或受控于政治属性主体，电视频道播出许可不得授予“以政治目的为全部或主要目的的团体”及“关联团体”“高管个人”等。[②]

与欧美资本主义政治体制不同，共产主义政治体制下的国家实行人民民主专政，媒体是人民政党的“喉舌”。马克思、恩格斯最早提出人民报刊的“喉

---

① [英]斯图尔特·阿兰：《新闻文化》，陈雅玫译，台北：书林出版有限公司，2006年，第38页。

② https://www.ofcom.org.uk/__data/assets/pdf_file/0019/8326/service-provider.pdf.

舌”作用。1849年，马克思指出：“报刊按其使命来说，是社会的捍卫者，是针对当权者的孜孜不倦的揭露者，是无处不在的耳目，是热情维护自己自由的人民精神的千呼万应的喉舌。”[①]在中国亦是如此。中国共产党是中国的执政党，中国共产党领导是中国特色社会主义最本质的特征，也是中国《宪法》确立的基本原则。中国的所有机构都必须遵循这一中国特色社会主义制度。中国媒体重要的职责使命是宣传中国共产党的理论、政治路线和政策，在国家建设和社会发展中发挥“鼓与呼”的作用。在中国的媒体体制下，国有媒体同时担负着对内传播业务和对外传播业务；而且进入21世纪以来，对外传播业务得到了飞速发展。在此背景下，中国媒体在欧美国家就面临“政治逻辑”的差异，其传播由此产生“制度折扣”。例如，2020年以来，中国媒体在英国遭遇了多次审查，在此过程中，英国监管机构带有非常明显的政治倾向，并基于“以政治目的为全部或主要目的的团体”这一条款来审查中国媒体机构。

欧美国家的政治体制固然是基于其政治实践的发展历史，其媒体体制亦是根植于政治体制的形成与发展。中国的媒体体制是基于中国政治体制的历史发展与现实需要，已经成为中国国家治理方式和社会发展模式的核心要素。换言之，欧美国家和中国的媒体体制不具备互通性，更不具备互换性。欧美国家采用其国内媒体监管规则来理解、审视和约束中国的媒体机构，既不尊重历史，也不符合现实。但另一方面，中国媒体在“走出去”的过程中，尤其是在欧美国家的业务拓展中，必须要理性对待、科学应对这些传媒制度层面上的话语困局。

3.媒体内容层面上的话语困局

在媒体内容层面上，中国国际传播的话语困局在于概念生成能力和话语

---

① 冼致远：《中英电视媒体国际传播软实力比较研究》，北京：中国传媒大学出版社，2017年，第84页。

修辞技巧等方面。中国的国际传播脱胎于国内传播，或者说“内宣”。从新中国成立初期开始，中国的内宣始终服务于国家建设大局，采用凝聚人民内部力量的“建设性”话语体系，而非西方基于党派对立、阶级对抗、利益相争的“对抗性”话语体系。中国媒体在国际传播中的话语体系整体上是立足于传播自己、彰显自己、讲好中国故事，而非像西方媒体那样批判别人、唱衰别人、讲差别人的故事。另外，中国媒体的话语建构起步较晚，缺乏与西方对抗的实力和经验。从世界各国的经验来看，媒体的话语建构是一个综合性、系统性工程，不能一挥而就、立竿见影，需要步步为营、久久为功，其中涉及国际传播规律、跨文化传播规律、新闻传播规律、媒体产业发展规律、国际媒体市场运行规律等方面的理论研究和实践经验积累，尤其要在价值构建、表达修辞、概念生产等方面实现突破。

中国媒体在话语体系建设方面首先存在“自说自话”的问题。话语体系建设一方面是为了提升说明自己的能力，另一方面也为了提升驳斥对手的能力。以话语叙事为例，中国媒体缺乏对西方价值体系和表达逻辑的深入研究，还没有做到“以其人之道还治其人之身”。反观日本，为了在国际上赢得话语权，它充分研究西方话语体系来强化话语权，在关于其侵略历史等方面进行狡辩。日本深入研究了欧洲在奥斯维辛集中营历史的报道中所遵循的逻辑，即“屠杀犹太人是现代性病态的产物”。现代性表现在工业技术进步上，但它却为大规模屠杀提供了条件；化学等现代技术本应用来造福人类，但却被用来杀害人类。日本套用这一逻辑用在广岛和长崎核爆炸问题上，即这样的技术同样应该被用来造福人类，结果却被用来杀人。这一结果是同奥斯维辛一样的，应该得到纪念。日本在国际上运用这套叙事逻辑不断开展宣传攻势，并取得了成效。早在三四十年以前，欧美国家已经接受和认同日本的这套逻辑。例如，欧美国家的历史教科书中运用最多的二战照片，一类是奥斯维辛集中营里面的图片，另一类就是广岛核爆炸的图片。[1]另外，以西方“新闻自由”为例，这套话语从来也没有真正兑现，事实上也不可能兑现它所说的美丽目标，它不过是新兴资产阶级为了自身利益而生发的一个话语，他们通过这套话语夺取并把持了统治权。在全球化时代（这又是一个体现特定权力关系的流行话语），西方特别是美国在国际传播领域又进一步为之摇旗呐喊，而其实质说穿了还是为了维护、巩固和推行自己的权力意志。[2]相比之下，中国媒体在很多历史问题上尚未在国际上建立起充分的话语权，在很多现实问题上仍停留在不断反驳、重复解释的被动状态。

中国媒体在话语体系建设方面使用单一的综合性思维，在国际传播与舆论斗争中不善于兼用二元对立思维。二元对立思维在美国媒体话语领域一直居于主导地位，统领着媒体的议程设置和日常报道。早期文化研究理论的先锋、美国加州大学洛杉矶分校的道格拉斯·凯尔纳（Douglas Kellner）指出，美国媒体在海湾战争中的叙事方式是一种被简单化了的“好人—坏人对抗”。这种框架需要制造英雄和恶棍，这与美国文化工业的逻辑和诉求一以贯之。[3] 中国的综合性思维，固然有其优点和长处，但与二元对立思维的话语对抗中仍存在策略与技巧方面的不足。因此，中国媒体要积极探索二元对立思维的文化内涵，强化综合性思维和二元对立思维的兼容并用。

中国媒体在话语体系建设方面还存在操作简单化、方法论不足、策略性不强等问题。西方媒体在国际传播中往往综合运用多种策略、手段和方法，从新闻学、传播学、心理学、社会学等方面进行多学科联合作战，协同提升话语

---

① 上海广播电视台总编室编：《生命的宽度：节目创新与人文思考》，上海：上海三联书店，2017 年，第 93—94 页。

② 李彬：《符号透视：传播内容的本体诠释》，上海：复旦大学出版社，2003 年，第 323 页。

③ [美] 埃姆·格里芬：《初识传播学》（第七版），展江译，北京：北京联合出版公司，2016 年，第 364 页。

能力、强化话语优势。艾尔弗雷德·李与伊丽莎白·布顿恩特·李著曾经编辑了一部名为《宣传之艺术》的著作，提出了西方媒体在国际传播话语建设和舆论竞争中常用的七种手法。（1）恶名相加；（2）美名相联；（3）刺激想象；（4）名人到场；（5）自居平民；（6）只提一面；（7）号召从众。[①]以恶名相加为例，美国媒体擅长对一个事物不经论证便给它贴上坏标签，使人不假思索就对该事物产生反感；简单点说，就是只有罪名，没有罪状。我们在美国的国际舆论斗争中经常可以看到这种策略或手段的痕迹。西方国际传播经验丰富，手段多样，中国媒体在应对西方媒体挑战的同时，也要善于识别并慢慢学会应对。在可期的未来，中国媒体要力求做到：（1）要努力将自己的优势观念转化为国际主流话语；（2）要努力增强设置国际议题和制定国际规则的话语能力；（3）要努力摆脱中国的国际身份“被定位”的状况。[②]中国媒体只有强化了话语策略和话语技巧，才能在国际舆论竞争中逐渐提升话语生成和运用能力。

第三节 国际传播话语体系建设三个层面

一、国家治理层面上的国际传播话语体系建设

在国际治理层面上，中国的国际传播话语体系建设的核心是要讲清楚、讲明白和讲好中国共产党治国理政的故事。毋庸置疑，中国对于西方国家而言只是一个“他者”，中国的国际传播要从国家治理层面来重新表述一个不同于西

① 李彬：《媒介话语：新闻与传播论稿》，北京：新华出版社，2005 年，第 57—59 页。
② 张志洲：《话语质量：提升国际话语权的关键》，《红旗文稿》2010 年第 14 期，第 23 页。

方世界的“他者”，其难度可想而知。西方的中国观真正的意义不是认识或再现中国的现实，而是构筑一种西方文化必要的、关于中国的形象，其中包含着对地理现实的中国的某种认识，也包含着对中西关系的焦虑与期望，当然更多的是西方文化自我认同的隐喻性表达，它将概念、思想、神话或幻想融合在一起，构成西方文化自身投射的“他者”空间。[①]即便都是民主，中西方的话语内涵也相去甚远。马克思认为，共产主义是“争取民主”，而这里的“民主”是一种特定的民主形式——参与式民主。[②]而一些政客与学者为了煽动对抗，也在不断制造新的话语概念。例如，亨廷顿提出“文明冲突论”，公然将安全利益和对文明差异的粗略理解混同起来，这个观点具有很强的煽动性，明显属于“新式敌人”这一范畴。[③]为此，要从话语逻辑方面深度辨析原有话语概念，尤其要重新建构出一些与中国历史发展和现实特点相匹配的新概念、新表述、新逻辑。

在话语辨析方面，中国国际传播要有效回应甚至回击西方“乐于”套用在中国身上的西方话语概念，如“专制”。在2020年2月14日的德国慕尼黑安全会议上，美国众议院议长佩洛西在慕尼黑安全会议的首日活动中讲话称，“中国正试图通过其电信巨头——华为，来输出其‘数字专制’。”她在谈话中反复提及“专制”两个字，就是利用了欧美的共识，那么就是中国是专制国家，那么来自中国的华为，输出中国的“数字专制”就是可能的。另外，2020年欧美国家媒体曾多次探讨中国国家治理体制与新冠肺炎疫情防控效果之间的关系，一些媒体虽然认可中国国家治理体制在动员能力、凝聚能力和高效性等

---

① 周宁主编:《世界之中国: 域外中国形象研究》, 南京: 南京大学出版社, 2007 年, 第 7 页。

② [英] 克里斯蒂安·福克斯:《社交媒体批判导言》, 赵文丹译, 北京: 中国传媒大学出版社, 2018 年, 第 231、234 页。

③ [美] 简·尼德文·皮特尔斯:《全球化与文化: 全球混融(第二版)》, 王瑜琨译, 北京: 中国传媒大学出版社, 2014 年, 第 40 页。

方面的优势，但同时也强调“专制”等特性。世界是多元的，国家治理方式也是多种多样的，需要根据各国自身的历史发展和社会现实而定。政治制度不是以一种意识形态的标准来衡量的，其实制度是“好”或“不好”，完全取决于是否符合时代的需要。[①]另一方面，“专制”这个概念本身就是一个文字游戏。在英语中，“专制”实际上有“东方专制”（despotism）和“西方专制”（absolutism）是两个不同的词。despotism是个贬义词，absolutism则隐含有褒义。在西方话语中，absolutism是其一个历史阶段，并不是受批判的对象。相比之下，despotism是指一种独断的权力，比如中国皇帝的专制统治。中国的皇权大一统是一个古代的产物，而西方的专制王权则是走向现代国家的第一步。[②]因此，中国国际传播的话语体系建设需要充分研究西方的话语概念和表达方式，尤其要深入分析针对中国的话语表达特点，进行针对性强、有效性高的话语对抗。

在话语建构方面，中国国际传播需要针对各国政治、社会、文化等特点，强化话语概念生成能力和表达逻辑建构能力。以西方国家为例，无论是政治体制、价值观还是社会发展，他们都不断创造出一些新概念和新表达方式，来维护其利益拓展的合法性与正当性。从20世纪40年代开始，西方国家为了适配“后殖民时代”的新需要，又创造出“现代化”“社会发展”等概念。卢克（Luke）认为，现代化与社会发展是帝国主义词条中最后的诡辩之词。曾用来为殖民统治辩护的“殖民主义”与“西方化”。[③]当前，中国进入历史发展新

---

① 钱乘旦：《西方那一片土：钱乘旦讲西方文化通论》，北京：北京大学出版社，2015 年，第 185 页。

② 同①，第 215—217 页。

③ [美] 迈赫迪·萨马迪：《国际传播理论前沿》，吴飞、黄超译，北京：中国传媒大学出版社，2016 年，第 60—62 页。

阶段，需要用一套新的话语概念和表达方式来解释、说明、强调中国的政治体制、发展道路和外交理念。2019年8月15日，任正非接受英国天空新闻电视台记者采访时就非常好地表述了关于中国共产党的话语概念。当英国记者问道："成为一个党员需要宣誓。我记得承诺里面是'对党忠诚，积极工作为共产主义奋斗终身，随时准备为党和人民牺牲一切，永不叛党'，现在还是遵循这个诺言吗？"这本是一个政治意图很明显的问题，但任正非深入浅出地进行了回应。他回答道："当然。共产党宣言是为全人类服务，不只是为中国人民。任何一个政党的宣言都是要为人民，如果政党宣言不是为人民的，这个政党站不住脚。无论是英国的保守党还是工党，宗旨都是为英国人民，也可以提为世界人民，否则不会有立足之根，一样的。华为的理想和使命也是为全人类服务，比如，在非洲很艰苦、很荒凉的条件下，为非洲人民奋斗，不是为了挣钱，体现的就是为人类在奋斗，而不是像华尔街为金钱奋斗。我们为了理想而奋斗，奋斗很有成效。这就履行了党的委托。"在国家治理层面，中国需要更多"任正非式"的话语体系，强化概念生成能力和话语表达创新能力，尤其在全球"后疫情时代"和"后危机时代"的新语境下，中国亟须把握有利时机运用新概念、新逻辑、新表述来讲好中国政治制度和国家治理的故事。

二、传媒体制层面上的国际传播话语体系建设

传媒体制层面上的国际传播话语体系建设在于强调中国媒体的公共服务事业性质。中国媒体都是公共事业单位，是以服务社会和人民为最终目标。中国媒体是名副其实的"公共媒体"，而非西方资本主义话语体系中的"党派媒体"。为此，中国国际传播媒体要参照西方话语体系和话语构建逻辑，强化"公共媒体"的属性和特征。虽然中国媒体接受中国共产党的领导，但"领导"不等于西方话语体系下的"操纵"和"控制"。中国国际传播媒体在管理上遵从中国政府的传媒管理规定，如广播电视需要遵守国家广播电视总局的相

关规定，包括广播电视条例等。中国国际传播媒体在内容编辑和内容整体控制权方面具有独立性。在具体话语建构策略上，媒体在国际传播操作中需要参照西方传媒话语体系和运行方式来制定相应的策略和路径：

一是公共服务的目标定位。在国际传媒语境下，媒体是服务于政党政治意图还是服务社会大众存在本质区别。需要强调的是，中国媒体在政党喉舌和服务人民之间具有高度统一性。中国国际传播媒体可以通过订立章程，如《年报》等方式向世界说明其公共属性和公共功能，强调自身目标定位（包括传播价值观、促进文明互鉴等），以此宣示其服务人民、担当社会责任、构建国际信息公共平台的定位。例如，英国广播公司在《年报》中明确表示，其目标是向世界传播英国的价值观。另外，日本放送协会也对外宣称六个核心公共价值目标，即“提供准确、公平、公正的信息”“促进稳定与安全”“创造高品质文化体验”“服务社区”“强化日本与国际的联结”和“促进教育与社会福利”。这些做法都值得参考和借鉴。

二是建设性的新闻理念。中国国际传播媒体在新闻采访和编辑方面奉行建设性新闻理念，而非西方的批判性、对立性新闻理念。“建设性”的核心宗旨是通过新闻报道来促进社会发展，在暴露问题、揭露问题的同时提供解决问题的方案。换言之，新闻报道的目的不是通过暴露问题、揭露矛盾来获得注意力，并以受众的注意力来赚取广告收益；而是唤起大众的关注，通过提供建议、讨论等方式协商出解决方案，从而达到解决问题、促进社会良性发展的目的。

三是专业性的运行方式。中国国际传播媒体在业务管理和运行方面具有专业性和独立性，包括新闻采访、编辑、播出等环节上都遵从专业规范，与国际知名媒体机构并无不同。在体制机制上，中国从事国际传播的媒体机构组建编辑委员会，通过组织架构来强化新闻编辑独立的概念。

四是透明公开的内部信息。中国媒体在信息公开方面可以更好地通过体制机制建设来加强公开性、透明性，包括面向全球发布年度报告（annual report），公布管理架构、运行模式、内容构成、获奖情况、资金情况等信息。在这方面，中国媒体可以参照英国广播公司、日本放送协会、韩国放送公社等公共媒体机构的操作方式，每年发布年度报告。英国政府拨款给英国广播公司开展国际传播业务，在2016年至2020年四年间英国外交和英联邦办公室每年向英国广播公司拨款2.91亿英镑，用于在国际传播中拓展业务，传播英国的价值观。换言之，国际传播业务得到政府资金支持是西方国家的惯例，西方媒体通过财务公开来彰显透明度。中国从事国际传播业务的媒体要强化信息公开意识，由此增进世界各国对中国媒体的了解和认知。

三、传播内容层面上的国际传播话语体系建设

在传播内容层面上，中国国际传播话语体系建设要在与西方媒体的舆论竞争中强化话语对抗能力，尤其要强化概念生成能力、表达修辞能力和价值建构能力等。

在概念生成能力方面，中国媒体需要在顶层设计方面加强话语策略研究，尤其要强化概念生成策略的研究。在具体操作层面上，中国媒体根据话语竞争、舆论斗争等方面的实际需要和现实情势，创造性地生成一些具有说服力、斗争性的话语概念。在这方面，西方媒体已经在实践中形成了许多成功案例，也积累了丰富的经验。美国媒体在国际舆论战中通常与公关公司相互策应，采用便于传播、富有煽动性并进行明确定性的概念策略，成为整个舆论宣传“战役”部署的有机组成。在1991年美国入侵伊拉克的战争期间，伟达公司策划了这场战争宣传的所有框架和策略，例如，美国媒体把萨达姆称作“蓄着邪恶短髭的恶魔”。有学者研究后发现，伊拉克战争的宣传策略不过是沿用美国公共关系先驱伯内斯在40多年前颠覆危地马拉左翼政权时的那些宣传套路。①

① [美]爱德华·L.伯内斯：《宣传》，胡百精、董晨宇译，北京：中国传媒大学出版社，2013年，导读。

哈贝马斯认为，有效宣称有三种，即“真理宣称”“正当宣称”和“真诚宣称”。而话语斗争在本质上体现为合法性争夺，也就是发现对方话语所征用的意指概念的破绽，进而按照自身话语的赋值体系发明新的意指概念，或者对原有的意指概念进行意义再造。[①]因此，中国媒体在国际传播中要逐渐强化概念生成能力，为营造有利于我们的国际舆论环境构建出一套专业性强、操作性高的话语概念。

在表达修辞能力方面，中国媒体要分析研究西方的话语修辞理论，以及欧美国家媒体的话语修辞策略。有学者认为，中国当前在提升国家形象上似乎陷入了一个窘境——越想说自己好，越想表现自己，在传播中越是努力往好的方向说，越是加大对国际传播的投入，国家形象的“提升”越困难。[②]其中一个重要原因就是中国的表达修辞能力仍有待提升。同样一件事，如果采用修辞技巧进行有效表达，传播效果就会大大提升；反之，缺乏必要的修辞，话语表达则难以让目标受众接受和信服。2019年6月以来，香港发生多起暴力事件，违法分子冲击立法会、围堵中联办、污损国徽、亵渎国旗、警察执法遭围殴并被咬断手指……中央政府将此事定性为“极端暴力行动”；反对派港媒和美英媒体却将其定性为“和平示威”或“抗议行动”，英国广播公司每次在报道游行示威暴力事件时都会用“Pro-democracy”（支持民主）的这一定语，以此来定性、定调。中国媒体必须运用自身的表达修辞能力予以回应，发挥明辨是非的作用。当然，中国媒体在国际传播中要提升表达修辞能力，并不是要强调媒体像西方媒体那样进行没有底线的鼓吹或攻击，而是要注重表达的技巧。另外，在熟悉并掌握西方修辞规律的同时，中国媒体还要根据中国国际传播的外部环境和内部特点建构起系统化、整体性的表达修辞策略。

---

① 刘涛：《意指概念：环境传播的修辞理论探析》，《现代传播》2015 年第 2 期，第 54 页。
② 张毓强：《国际传播：思想谱系与实践迷思》，北京：中国传媒大学出版社，2017 年，序。

在价值建构能力方面，中国媒体要注重研究价值观念的共享要素和共享方式，尤其要充分分析西方在价值建构方面的策略与举措。当今，“自由”“民主”“人权”“平等”和“文明”等价值观念都是西方建构或弘扬的，同时也成为其话语霸权的重要工具。以“文明”为例，这一价值观曾是20世纪西方国家重要的价值理念，同时也是其推行霸权的重要借口。有研究发现，当时“在欧洲内部，文明意味着和平，而在欧洲以外，文明却意味着暴力。以当时中国为例，不论中国爆发起义的原因是什么，国际联盟军开拓文明的行为已经演变成对中国民族主义反抗运动的镇压，其中以义和团运动最为著名。针对义和团运动，德国军队相比其他国家采取了更为冷酷残忍的立场，当时的中国人非但没有受到法律保护，反而成了德国人疯狂复仇的‘合法对象’……德国人还为此发行了一份刊物，并在刊物中撒了一个弥天大谎，声称在中国的军事行动是为了‘一劳永逸地走向文明之路’”①。纵观近年来欧美媒体对于中国政治、经济、社会等方面的种种评判，其报道视角和分析框架无不都是西方的那一套价值观念，在很多方面与100多年前欧美列强横行中国时的话语伎俩并无太大改观。我国的近邻日本在近代“师夷长技”之后，在运用西方价值观念进行自我辩护方面也取得了长足进步。甲午战争的时候，日本人买通了欧美媒体，把这场战争打扮成文明与野蛮的战争，引导世界的舆论都站在日本这边，不站在清政府这边。②另外，以2020年备受关注的抖音国际版“TikTok”美国禁令事件为例，美国有线电视新闻网虽然在美国国内舆论斗争中站在特朗普政府的对立面，但在国际舆论斗争中则坚定地站在美国立场上。在整个事件的报道中，美国有线电视新闻网在提到中国政府时会频繁使用含义抽象但具明显贬低色彩

① [英]马克·马佐尔：《谁将主宰世界》，胡晓娇等译，北京：中信出版集团，2015年，第65页。

② 上海广播电视台总编室编：《生命的宽度：节目创新与人文思考》，上海：上海三联书店，2017年，第100页。

的价值观标签，如“审查制度”（censorship）、“威权主义”（authoritarian）等。相较而言，美国有线电视新闻网虽然也会对特朗普政府采用负面描述，但此类批判建立在将美国与自由民主画等号的前提之下，如将美国描述为“民主的代言人”（democratic posterchild）。美国有线电视新闻网在新闻报道中还采用“个别与一般”的话语逻辑来进行话语构建。例如，TikTok不过是中国自主创新获得成功的个例，而“盗窃知识产权”则是中国长久以来的常态；关于美国的负面报道，则指称特朗普政府违背民主理念的政策仅为个例，并不能引申成为一般规律。以2020年8月9日视频报道《特朗普网络政策与中国看齐》为例，美国有线电视新闻网在报道中虽然批判特朗普政府的行政命令颠覆了美国数十年来倡导的开放全球化网络政策，但仅仅是特朗普政府“冲动的一时之举”（impulsive ones made in the heat of the moment）。另一方面，该报道强调美国“对于中国的顾虑十分合理”（legitimate concerns），因为“中国政府可以强制索要企业数据、长期以来限制互联网并对他国知识产权实行盗窃”。该报道将中美对立，通过贬低中国的政治与经济制度突出美国所谓“制度优势”。中国媒体在国际传播中并非要仿效西方媒体的这一套，但要善于识破、精于反攻，同时能发展出中国自身的价值建构策略，改变长期以来的被动局面。

话语体系建设是国际传播能力建设的重要内容，也是提升国际话语权的重要途径。当前，中国的国际舆论环境必须要面对美国等西方国家的话语霸权及其对中国的政治偏见、话语歧视。有鉴于此，“中国崛起一定要伴随自己话语的崛起。”[①]话语体系建设的核心就是要着力打造融通中外的新概念新范畴新表述。当前，中国要从国家治理、传媒体制和媒体传播三个层面上加强顶层设计，着力研究提升话语体系建设的路径。其中，媒体在话语体系建设中发挥着

① 杨明星：《中国特色大国外交核心话语对外传播路径与效果》，第五届全国对外传播理论研讨会，2017 年 7 月。

最为直接和前沿的作用，要高度重视概念生成、表达修辞、价值建构等话语领域，不断提升策略技巧，为中国发展营造有利有益的国际舆论环境。

第四节　国际话语权建设与国际传播主动性策略

当前，全球经济格局和国际政治格局都处于深度调整之中，多极化趋势日趋明显，新一轮科技变革则大大削减了西方优势，国际舆论格局也在呈现新的特点，西方国家原有霸权地位面临全方位挑战，例如中国已在“北斗系统”、量子卫星等技术领域呈现反超之势。在此背景下，西方国家尤其是反华势力加大了对中国的遏制和打压力度，正如国际知名语言学家和传播研究者托伊恩·范戴克（Teun A. van Dijk）在接受中国学者访谈时表示的，西方往往会在社会出现危机尤其是经济危机的时候，露出狰狞的面孔；极端右翼势力和保守民粹主义在当下的流行并不是什么新鲜事，它既是西方历史和文化固有的组成部分，也是其在美洲、非洲和亚洲的帝国主义及殖民主义遗产的一部分。[①]有学者认为，中国的崛起将进一步刺激西方保守势力不断通过种种手段将中国建构为“他者”。[②]在日趋激烈的国际舆论竞争甚至舆论斗争的背景下，中国的国际传播体系要全面优化舆论斗争的顶层设计和发展布局，尤其要在叙事策略和话语建构方面强化主动性，着力提升应对西方舆论攻击的技巧性和有效性，在国际传播舆论场中稳步提升话语权。国际传播中的被动与主动代表着一种舆论守势和攻势。面对中国的稳健崛起，西方反华势力对于中国的舆论攻击

---

① 常江、邓树明编著：《从经典到前沿：欧美传播学大师访谈录》，北京：新星出版社，2020 年，第 52 页。

② 李洋：《从当前国际舆论环境看国际传播着力点——基于对新冠肺炎疫情期间海外舆情的分析》，《对外传播》2020 年 4 月刊，第 14 页。

不会减弱、只会增强；而随着中国综合国力和国际地位的提升，中国国际传播的实力和能力也必然得到显著增长。着眼未来舆论斗争发展态势，中国国际传播亟须扭转此前的被动局面，全面提升主动性，从战略规划、顶层设计、体制机制、人才建设和传播策略等方面进行全面布局，强化统筹能力、策划能力和操控能力，尤其要增强“以攻为守”的意识和能力。需要指出的是，国际传播主动性的内涵非常丰富，仅从舆论斗争的角度进行初步探讨，还存在一定的局限性。

一、国际信息传播的双重功能与意识形态宣传战

国际传播起源于国际政治，从诞生之日起就有着意识形态斗争的内核，这在国际“热战”和“冷战”中体现得淋漓尽致。以国际广播为例，大多数西方国家最初设立国际广播都是出于殖民主义的需要，第二次世界大战中被用来为战争服务，二战之后则投入东西方“冷战”，形成“国际广播战”。美国学者哈米德（Wowlana Hamid）认为，推动国际传播学形成和发展的外部环境可归纳为四个主要部分：一是国际冲突、人类战争、宣传活动；二是国际组织和国家外交的发展需求；三是意识形态的竞争、信息传播的使用；四是传播技术的发展和成熟。[①]从战略导向与实践模式来说，国际传播具有双重结构，即跨国信息流动和舆论宣传对抗。这种“二元结构”意味着国际传播的双重功能，但两者具有先天的对立关系：在既要实现“客观性”目标又要发挥有效的宣传工具之间存在着对立；在既要贯彻国家政策又要扮演一个有诚信的新闻产业的角色之间可能出现分歧；以及在既要支持理想的政治制度又要培育反对声音之间也会产生矛盾。[②]

---

① 张开：《全球传播学》，北京：中国广播电视出版社，2013年，第5、8页。

② [美]门罗·E. 普莱斯：《媒介与主权：全球信息革命及其对国家权力的挑战》，麻争旗等译，北京：中国传媒大学出版社，2008年，第204页。

就国际传播的双重功能而言，西方国家长期占据着优势地位，形成“西强我弱”的舆论格局。在国际信息传播方面，西方国家通过控制新闻资源，强化对于其有利及于我不利信息的传播。一项针对新加坡、马来西亚、印度尼西亚、菲律宾、泰国和越南六国大众媒体的研究发现，这6个国家共27家报纸媒体和28家广电媒体在2017年全年的涉华报道中，美联社、法新社、路透社、彭博社为代表的西方媒体成为重要信源，转载报道占据前几位，而转载中国新闻媒体报道的数量屈指可数。受此影响，在报道倾向方面，只要是涉及“自由”“民主”和“人权”等西式价值观语境下主要议题，以及所谓“南海问题”等涉及当事国自身的地区议题，则对中国持批判态度。[①]另外一项对菲律宾媒体的研究也发现，菲律宾各省电视节目中大约90%来自美国，故而在关于中国的报道中深受西方的议程设置影响，经由西方报道立场、标准、观念、逻辑等的“他塑”，中国形象在菲律宾等东盟国家遭到了误读。[②]这种国际信息流通秩序具有极强的不合理性，引起了包括中国在内的广大发展中国家的担忧，并从20世纪70年代起通过联合国教科文组织积极推进构建一个新的世界信息秩序。[③]中国近年来一直在加强国际传播能力建设，其目的就是要改变国际信息传播和新闻报道领域“西强我弱”的局面，变“他塑”为“自塑”，增强国际舆论场上的话语权和主导权。

就双重属性中的意识形态宣传战而言，西方国家具有悠久的历史传统，在历史上的宗教战争、革命和内战中积累了丰富的实战经验，并形成了一整

① 罗奕：《他者眼中的中国形象——基于东盟国家大众媒体涉华报道的舆情分析》，《传媒》2019 年 7 月，第 79—81 页。

② 聂鑫焱、李本乾：《“一带一路”背景下中国对东盟传播的创新路径》，《国际传播》2020 年第 4 期，第 23 页。

③ [美] 叶海亚·R. 伽摩利帕编著：《全球传播》，尹宏毅主译，北京：清华大学出版社，2008 年，第 93 页。

套理论体系和操作模式。例如，“宣传”这个名词就是由格列高利教皇十三世（Pope Gregory XIII）（1572—1585）成立的信仰宣传协会（Society for the Propagation of the Faith）提出的，用于当时不同教派之间的舆论斗争。法国大革命也是一场舆论战，由此在1792年促成了历史上第一个宣传部门的建立：精神宣传局（Bureau d' Esprit）。在美国南北战争中，南北双方都掌握了纯熟的舆论斗争技巧。这一点在双方对战争的命名上便可见一斑。北方称此次冲突是“叛乱之战”（War of the Rebellion），而南方则称之为“州际之战”（War between the States）。[①]基于此，西方国家在进行国际传播意识形态斗争中形成了成熟的模式。以美国为例，这种操作模式被概括为“四连环”：首先由媒体发难，发表文章指责中国的某些政策或某种不符合西方标准的行为，然后美国国会受到影响，推波助澜；接着中国进行反击，造成外交和政府间的不快和冲突；最后常常是时过境迁4至6个月后，这家发难的媒体悻悻然再发表一篇多少赞扬中国的文章，至少看上去是客观公正的，于是整个“争执”复归平静。[②]随着中国国际传播主动性的加强，应对西方这种舆论攻击的力度和效度将会稳步增长。

无论是新闻信息传播还是意识形态宣传战，美国都是遏制、打压和抹黑中国信息的主要源头。美国从国家战略层面持续加大国际舆论“攻”和“守”的力度。从2016年开始，美国先后出台了多部法案来强化美国的舆论守势，如2016年12月美国总统奥巴马签署的《波特曼—墨菲反宣传法案》，以及2021年4月美国联邦通讯委员会（FCC）通过的要求美国广播电台或电视台披露外国政府或其代表租用播出时段情况的规定。另一方面，美国又从国家层面强化国

① [美]爱德华·L.伯内斯：《舆论的结晶》，胡百精、董晨宇译，北京：中国传媒大学出版社，2013年，第34—40页。

② 郭可：《当代对外传播》，上海：复旦大学出版社，2003年，第150页。

际舆论攻势，如2021年4月美国参议院外交关系委员会审议并通过的《2021年战略竞争法案》，计划在2022年至2026年每年投入3亿美元用于采取各种措施打击“中国的全球影响力”，包括资助“独立媒体”和所谓的“第三方”民间团体用于反华报道。可以预见，以美国为主导的西方国家及其反华势力将持续加大针对中国的舆论攻势，中国将面临日益严峻的国际传播挑战和国际舆论环境。

二、意识形态舆论交锋与国际传播被动局面

基于自身利益目标，西方从近代以来就对中国持续不断地进行批评、指责，甚至抹黑、攻击。早在清代，中国就被任意抹黑、贴标签，此后长时期处于一种“被动解释”的地位。英国记者威廉・托马斯・斯特德（W. T. Stead）在1899年第一次海牙和平会议后不久写道，不论中国爆发起义的原因是什么，但国际联盟军的行为是对中国民族主义反抗运动的镇压，德国人还编造谎言，声称在中国的军事行动是为了“一劳永逸地走向文明之路”。[①]在民国时期，中国在国际舆论场上丝毫没有改变极度被动的局面，甚至遭受日本帝国主义侵略的很长一段时期里，也无法在国际上呼号呐喊。日本在1928年的“五三”济南惨案以至“9・18事件”期间，凭着其国际宣传优势在国际上肆意蒙蔽真相，甚至散播“中国为一无组织的国家”等等谣言，结果使中国吃了大亏。[②]新中国成立后，着力强化对外宣传报道，在国际舆论场上逐渐改变被动局面，甚至渐渐赢得了一席之地。

近几年，西方对华舆论攻击呈现愈演愈烈之势，在某种程度上已经悄然发动了意识形态宣传战。对于西方媒体从业人员来说，他们或许是基于自身价值认同

---

① ［英］马克·马佐尔：《谁将主宰世界》，胡晓娇 等译，北京：中信出版集团，2015 年，第 65 页。

② 任毕明：《战时新闻学》（1938 年 7 月），北京：中国传媒大学出版社，2018 年，第 24 页。

和专业认知开展新闻报道，但却是一种舆论操控甚至攻击行为。有专家认为，任何媒体都是有立场、有态度的，所谓职业精神、职业道德都是在一定的意识形态框架下运行，具有某种依附性，在涉及国家重大利益的事件中尤其如此。以香港事件的报道为例，2019年6月以来，香港发生多起暴力事件，示威者冲击立法会、围堵中联办、污损国徽、亵渎国旗、警察执法遭围殴并被咬断手指……对于这样确凿无疑的“极端暴力行动”，美英媒体却将其定性为“和平示威”或“抗议行动”。[①]可以预见，随着中国综合实力的不断增长和国际地位的显著提升，西方对中国的舆论攻击将不断升级，意识形态宣传战将渐成常态。对此，中国必须充分做好应对舆论交锋的准备，不断提升应对舆论斗争的实力和能力。

需要看到的是，虽然中国近年来国际传播能力建设取得了积极成效，但中国在国际舆论较量中仍处于守势，“被动”局面还没根本改变。正如有学者所说的，当前提升国家形象似乎陷入了一个窘境——越想说自己好，越想表现自己，在传播中越是努力往好的方向说，越是加大对国际传播的投入，国家形象的“提升”越困难。[②]这其中有许多原因，包括理念、机制、策略、方法等，也包括西方国家的刻意抹黑。或许，主动性缺乏也是原因之一。因此，中国在意识形态舆论斗争方面的综合能力和整体效果还有待改进，国际话语权和舆论斗争能力仍需继续提升。面对当前日趋激烈的意识形态舆论斗争局面，我们亟须加强国际传播的主动性，为中国发展营造有利的国际舆论环境。

三、强化国际传播主动性的内涵与路径

长期以来，中国的国际传播致力于讲好中国故事、传播好中国声音，核心诉求是对外展示真实、立体、全面的国家形象，向世界说明中国制度、中国道路、中国模式和中国经验。虽然中国“国际传播”惯用表述是“对外宣传”，

---

① 程曼丽：《真相、后真相与舆论引导》，《现代视听》2019 年 9 月刊。

② 张毓强：《国际传播：思想谱系与实践迷思》，北京：中国传媒大学出版社，2017 年，序。

但并不是西方意义上的“宣传”，因为中国的国际传播没有心理战、宣传战和舆论战色彩。面对国际传播新形势新挑战，中国国际传播亟须强化主动性，除了常规新闻信息逻辑下的主动报道、议题策划和话语策略，更要在传播战略上主动出击，在传播策略上进行议题谋划，在传播方法上进行创新话语构建模式。

1.国际传播主动性与以攻为守战略

在当前国际舆论场域中，主动出击有利于把握主动权，形成首因效应。但主动出击需要有战略规划和统筹做支撑，而不是新闻媒体机构单打独斗。主动出击不仅致力于传播新闻信息，而是要“为心灵和头脑而战”（battle for hearts and minds），争夺“心灵的霸权”（hegemony of the heart），本质上是“观念之战”（war of ideas）。①主动出击就是要强化主动策划和主动作为，通过策划有影响的事件和新闻的协同报道来展开舆论攻势。在西方的国际舆论操作模式中，新闻报道基本上是人为导演的结果。1990年10月10日，包括美国有线电视新闻网的大部分美国新闻传媒都报道了一个名叫南依勒斯（Nayirath）的15岁科威特姑娘在美国国会人权秘密会议的证词。她说，伊拉克占领科威特后，将科威特一家医院里的多名婴儿从保育箱内扔在地上。关于这一事件，且不说“暴行”是子虚乌有，讲述“暴行”故事的主人公南依勒斯也是虚假身份，她其实是科威特驻美国大使的女儿，她的所谓“国会作证”是科威特花费1150万美元聘请华盛顿伟达公关公司所做的公关活动。②换言之，按照公关公司的剧本，美国国会、国务院、媒体等联合上演了一出戏，为在舆论上攻击伊拉克“惨无人道”提供依据，更为美国入侵伊拉克营造舆论环境。近年来，

① 李智：《国际政治传播 控制与效果》，北京：北京大学出版社，2007年，第20页。

② 叶再春：《美国新闻传媒与政府关系研究（1990—2010）》，北京：中国人民大学出版社，2013年，第69页。

西方反华势力不断恶意攻击中国，如2021年炮制针对中国新疆的所谓“种族灭绝”“强迫劳动”等谣言，这也是西方国家政府、组织和媒体共谋的结果。2021年4月15日是中国第六个全民国家安全教育日，中国国家安全机关披露了一系列典型案例，其中一个案例是河北某高校学生田某煽动颠覆国家政权案。在大学期间，田某经境外反华媒体记者引荐，成为某西方知名媒体北京分社实习记者，并大量接受活动经费，介入炒作多起热点敏感案件。2019年4月，田某受境外反华媒体人邀请秘密赴西方某国，该国十余名官员指令其秘密搜集并向境外提供污蔑抹黑中国的所谓“证据”。[①]面临西方舆论强势攻击的形势，中国必须要主动出击、以攻为守。为此，我们需要从观念上改变过去对于国际传播的理解，不能将其仅仅定位为对外新闻报道，而是一种综合性传播行动。国际传播需要针对反华势力的固有特征和劣迹，主动策划、精心布局，对其进行有力有效揭批。中国要强化国际传播的主动性，不仅仅是强调态度层面上的主动、新闻报道领域的积极，更是强调战略层面的“以攻为守”，并在顶层设计、体制机制和资源统筹等方面提供支撑。

2.国际传播主动性与靶向议题策略

近年来，中国一直苦于被西方反华势力冠上各种各样的“恶名”和“罪名”。在西方的国际传播中，“罗织罪名”是舆论宣传战的常用策略，它是出于遏制或扼杀潜在敌人和竞争对手的需要，有计划、有步骤地夸大甚至捏造一些莫须有的指责和罪名，设置符合其霸权利益的国际批评标靶。[②]西方国家运用这一策略由来已久，到如今更是炉火纯青。“如果人们不愿意听到残杀妇女和婴儿的消息，你可以说是敌人干的，并且拍摄一些照片或画几幅画来证实；

① 范凌志：《国家安全机关披露：境外反华敌对势力拉拢内地学生内幕》，环球时报官网，2021 年 4 月 15 日，https://world.huanqiu.com/article/42ipUk7QdgG。

② 明安香：《传媒全球化与中国崛起》北京：社会科学文献出版社，2008 年，第 123 页。

如果住在美国的德国人不愿看到在自己的国土上杀害自己的同胞，你可以告诉他们，这场战争就是为了保护他们自己的同胞，就是为了将他们从残酷的独裁政府中解放出来；如果中国人尊重已过世的人，你如果要取得中国人的同情，你可以告诉中国人，德国人用人的尸体做肥皂。”[①] 随着网络化、移动化和社交化的发展，西方国家在这方面借助技术实力有了更多优势。在网络空间中，政治事件总是被制造，社会问题总是被捏造，敌人总是被虚构，防御战略总是被建构；政治事件越奇怪，就越容易吸引观众，越容易产生“沉默的大多数”中的沉默。[②]因此，在国际舆论场域中，中国要争取国际话语权的主动性，绝不能局限于反驳对手的“指责”、澄清“造谣”或揭批“谎言”，而是要根据目标国和目标受众的价值观特征，靶向设置议题，尤其是一些独家议题。以美国的种族问题、枪支问题为例，如果就美国媒体已经报道的事件进行攻击，受众往往会优先选择本国媒体的报道，按照本国媒体的话题设置和观点倾向进行解读，中国的报道会被稀释。因此，中国媒体需要设置议程、找准题材、独家报道，而且能切中美国受众的价值体系要害。在新闻议题策划层面，国际传播的主动性不是常规的新闻报道策划，而是要进行独家事件报道策划，并基于文化特征和价值观体系进行靶向攻击，形成观点引领。

3.国际传播主动性与共识话语方法

美国著名新闻与传播理论家丹尼尔·哈林（Daniel Hallin）提出政治传播话语包括共识、合法性争议和偏离三个范畴。他表示，新闻的客观性是一种政治话语，最中心的是共识范畴，主要建立在一系列为社会各界所共享的价值观

① [美]伦纳德·威廉·杜布：《宣传的心理学方法和原理》，薛启亮、李玉莹等译，石家庄：河北人民出版社，1994年，第241页。

② [美]迈赫迪·萨马迪：《国际传播理论前沿》，吴飞、黄超译，北京：中国传媒大学出版社，2016年，第97页。

和假设的基础上。比如，在美国，言论自由、人权就属于共识范畴。[①]因此，在方法层面，国际传播主动性的关键在于构建共识性的话语。借用中国古代思想，共识性话语是就是要树立起“名”，也就是“师出有名”的“名”。《尹文子》说：“名者，名形者也。形者，应名者也。……故必有名以检形，形以定名；名以定事，事以检名。……名宜属彼，分宜属我。”这是尹文法理学的根本观念，形即是“实”，一切形皆有名称，命名既正当了，自然会引起人心对一切善恶的正当反动，这种人心对于事物的态度便叫作“分”。正名的宗旨只是要“善有善名，恶有恶名”；只是要善名发生羡慕爱做的态度，恶名发生厌恶不肯做的态度。[②]斯图尔特·霍尔认为，意义是在特定情境中通过符号表征和意指实践构建的，参与话语实践的各方都会对符号的表征展开意义的争夺。[③]在国际传播中也是如此，需要根据舆论攻击的目的给对手冠名、给符号定义、给事件定音。西方国家经常给中国媒体冠以各种诋毁性名称，以削减中国媒体的公信力。从操作原理来说，这是一种被称为“可怕的简化者”的手法，即提出带有伪问题或是未经权威证明的事实真相，加以混淆和广泛散布，以引发公众的恐惧和不安。[④]就国际传播中的话语建构能力而言，中国不仅仅是要建设好关于自我阐释的话语体系，还要强化针对反华势力的攻击性话语体系建设。

需要指出的是，面对当前日趋激烈的国际舆论交锋，中国国际传播亟须调整优化原有传播理念和模式，大力强化主动性。但国际传播的主动性不是要

---

① 常江、邓树明编著：《从经典到前沿：欧美传播学大师访谈录》，北京：新星出版社，2020年，第72页。

② 胡适：《中国哲学史大纲》，桂林：广西师范大学出版社，2013年，第264—265页。

③ 于运全主编：《讲好中国故事 传播好中国声音——“第五届全国对外传播理论研讨会”论文集》，北京：外文出版社，2019年，第162页。

④ 同③，第627页。

“恶语相加”，在言语层面上进行简单粗暴的攻击，而是要注重战略战术和策略技巧。新中国成立之初，中国国际传播曾经出现了这类现象。对此，中央领导及时予以纠正。1952年5月18日，周恩来指出了对外新闻报道中直接褒贬的主观主义倾向，“我们的发言和新闻稿件中所用刺激性的词语，如‘匪类’、‘帝国主义’‘恶魔’‘法西斯’等甚多。”1952年6月25日，中共中央在相关文件中要求：少用刺激字眼，口气放温和些，多带说服性，减少煽动性，对英美不必每次都加上帝国主义头衔。①针对当前国际传播中话语表达方式，有学者指出：处于转型期的中国社会和中国政府，需要以更为稳健、成熟的心态面对国际社会的是是非非，面对国际媒体的“负面”偏好。②

① 何国平：《中国对外报道思想研究》，北京：中国传媒大学出版社，2009年，第63页。

② 张毓强：《国际传播：思想谱系与实践迷思》，北京：中国传媒大学出版社，2017年，序。

第四章

国际传播文化维度与跨文化传播能力建设

国际传播具有显著的文化属性，需要强化跨文化意识。曾长期致力于对外传播实务与理论工作的沈苏儒指出：对外传播面临着因文化差异而造成的障碍，必须努力克服这些障碍。这些障碍在媒体领域又可以称为“文化折扣”，即“扎根于一种文化的特定的电视节目、电影或录像因为风格、价值观、信仰、历史、神话、社会制度、自然环境和行为模式的差异在其他地方的观众中很难获得认同，加之电视节目或电影需要翻译和配音，其吸引力会减少。即使是同一种语言，口音和方言也会引出文化折扣问题”[①]。当前，国际传播要讲好中国故事，首先就要正视这种文化差异，积极运用跨文化技巧做好对外传播。从对外传播的实际业务角度来说，面对受众的文化差异，对外传播要注重价值观念、思维方式和表达习惯的差异。

第一节　新闻传播与跨文化传播能力建设

当前，中国面临日趋激烈的国际舆论形势，这是中国稳步崛起以及世界格局加速重构的伴随现象。面对西方国家舆论攻势，中国正在经历一个逐渐适应、调整、反击的过程。有学者认为，中国在国际舆论较量中整体上处于守

---

① [美]考林·霍斯金斯：《全球电视和电影：产业经济学导论》，刘丰海、张慧宇译，北京：新华出版社，2004年，第45页。

势，被动局面没有得到根本改善，例如中国媒体总是跟在国际舆论之后，不能做到先发制人，占领国际舆论的制高点。究其原因，有学者从文化方面进行了分析：中国的文化强调中庸之道，如人不犯我、我不犯人，或多或少造就了我们目前一种潜在的“被动”心态。[①]确实，文化差异对于国际传播中的叙事表达具有影响，更为重要和关键的是，文化差异直接决定着话题设置和话语建构。当前，西方国家的话题设置和话语建构主要基于其价值观，尤其是西方语境下的“自由”“民主”“人权”等。中国在对外舆论斗争中需要充分重视文化差异的客观存在，并在国际传播的话语建构与叙事表达等方面进行创新突破。

一、新形势下国际传播舆论较量与文化差异

随着中国综合实力的稳步增长和国际地位的明显提升，西方国家对中国的舆论攻势持续加码，给中国扣上各种莫须有的“罪名”进行抹黑、造谣和攻击，这在新冠肺炎疫情以及所谓“香港问题”“南海问题”“新疆问题”等事件中得到了充分体现。西方国家试图通过这些手段来贬低中国国家形象、减损中国软实力，达到制约中国发展、维护其国际霸权的目的。在西方国家的舆论攻击中，基于文化差异尤其是差异性价值观的话语建构是重要策略和路径。广义地说，文化指一个社会全部物质文明和精神文明的总和。狭义地说，文化则指一个社会的精神财富，其中高层次的指科学、哲学、文学、艺术等，低层次的指人们的风俗习惯、流行观念、生活方式等。[②]国际传播舆论较量是一种“话术”比拼，核心是话语和文化价值观的对抗。文化影响着话语体系的形成，话语的符号表征与意指实践最终产生认知。在福柯看来，这种认知是被

---

① 郭可：《当代对外传播》，上海：复旦大学出版社，2003 年，第 155 页。

② 段连城：《对外传播学初探》，北京：五洲传播出版社，2004 年，第 230 页。

发明出来的，背后蕴含着某种权力关系的对抗与制衡。[①]在当前国际舆论形势下，西方等强势文化持续把持着形塑话语的霸权。在国际舆论较量中，我们要充分认识文化差异问题，尤其是文化价值观差异对话语建构的影响，通过强化跨文化传播和中华文化价值观来提升舆论对抗能力。

中国国际传播发展历史相对较短，与国内传播语境一体两翼，在一定程度上制约了跨文化传播的意识和能力。尤其在对外新闻报道中，我们有时候会运用“内宣”思维来进行价值设置和话语构建。例如，多年前的对外电视节目中曾经报道了一个先进教师的事迹：广东有个中学招收了40个藏族小学生，由一个女班主任负责，因为要照顾小学生的方方面面，女班主任非常累。结果顾不上照顾自己的女儿，有时便把她反锁在家里。片子里有个镜头，女儿推门推不动，大哭，这时解说词非常豪迈：“她为了40个人牺牲了1个。多么高尚的美德和伟大的精神啊。”在中国国内文化语境中，这确实是“舍己为人”的高尚精神，但是在西方文化语境中，这或许是“侵犯儿童人权”的行为，甚至涉嫌虐待儿童。[②]新华社高级记者翟树耀在20世纪70年代随上海杂技团访问欧洲十国时，曾亲历和目睹了西方民众聚集抗议我杂技演员演出《变鸭子》节目的事件。在这个节目中，演员为了演出效果的需要在舞台上将活鸭子夹在纸箱的夹层中，这竟然触犯了当地动物保护协会民众的感情，他们认为这是“虐待”动物。一个中国人喜爱的杂技节目却在西方遭到了人们的不满和抗议。[③]按照“媒介文化”（mediated culture）研究的观点，新闻是一种文化现象，新闻是

---

① 于运全主编：《讲好中国故事 传播好中国声音——“第五届全国对外传播理论研讨会”论文集》，北京：外文出版社，2019 年，第 163 页。

② 张长明主编：《让世界了解中国——电视对外报道 40 年》，北京：海洋出版社，1999 年，第 36 页。

③ 刘洪潮主编：《怎样做对外宣传报道》，北京：中国传媒大学出版社，2005 年，第 117 页。

一种传播文化和文化传播。[①] 长期致力于对外传播实务与理论工作的沈苏儒也指出：国际传播面临着因文化差异而造成的障碍，必须努力克服这些障碍才可能有效地进行。[②]国际传播要充分重视文化差异，避免授人以柄，在此基础上要系统研究和实施跨文化传播的指导理念、操作规范以及准则。

文化包括多个层级，如《易经・系辞上》所述“形而上者谓之道，形而下者谓之器”，国际舆论较量的跨文化策略也涉及多个层面，包括“形而上”的价值观阐释和“形而下”的跨文化表达等。其中，“道”包括信仰、价值观、思维方式、行为方式等方面，“器”包括器物文化、技术文化等物化形式。[③]关于文化的层级，还有三分法，即价值观文化、制度文化和器物文化；也有四分法等，不一而足。不管如何划分文化的层级，核心关注点是文化的多元化与层次性，以及价值观、意识形态、国家治理制度、社会习俗和生活方式等方面的差异性。例如，我们习以为常的日常花卉、动物等文化符号，其象征意义在不同文化中也千差万别，需要在国际传播的内容制作、品牌形象以及美编包装等方面要加以注意。例如，荷花在中国有“出淤泥而不染，濯清涟而不妖”的美誉，但在日本却被认为是不祥之物；孔雀在我国被视为吉祥和喜庆的标志，而在英国却被看成是“淫鸟”“祸鸟”；仙鹤在中国被视为长寿的象征，而在法国却成为“懒汉”“淫妇”的代名词；蝙蝠在中国是“福”的同义词，而在很多美洲国家认为是吸血鬼和凶神的象征；乌龟在中国是长寿的寓意，但在马来西亚人和印度尼西亚则被赋予“丑陋”“春药”“性”“污辱”等负面意涵。[④]文化差异涉及一个社会通行的风俗习惯、生活方式、行为规范、审美情

---

① 刘智：《新闻文化学》，北京：新华出版社，2001 年，第 1—8 页、137—170 页。

② 沈苏儒：《对外传播的理论与实践》，北京：五洲传播出版社，2004 年，第 45—46 页。

③ 刘继南、何辉等：《中国形象——中国国家形象的国际传播现状与对策》，北京：中国传媒大学出版社，2006 年，第 36—37 页。

④ 冯益谦：《涉外文化管理》，广州：华南理工大学出版社，2006 年，第 233—234 页。

趣、价值观念、思想意识等方面，其中风俗习惯、生活方式、行为规范一般属于浅层文化差别，在有些情况下稍作解释（如西方人不懂何谓春节，需要略加说明）即可，但在有些情况下需要认真回避（如不要向阿拉伯世界发裸露过多的女照，不要对西方人大谈怎样吃狗肉等等）。[①]而涉及价值观、社会制度等深层文化差异，则需要研究一整套的应对策略，包括话语建构和表达叙事等方面。在国际舆论较量中，我们在不授人以柄、坚守阵地的同时，要积极探索跨文化传播语境下的话语构建和价值输出策略，充分利用中国积淀深厚的文化资源和开放包容的文化思维实现“以攻为守”。

二、文化差异与话语建构

话语建构是国际舆论较量的基础，也是关键。话语建构要充分考虑文化差异，包括价值观差异、制度差异、习俗差异等。根据战略需要和目标对象特征，话语建构可以采取话语区隔、话语重置和话语阐释等策略，为舆论较量提供道义制高点、认知共通点和背景解读点。

1.价值差异与话语区隔

中西方在价值观念方面存在较大差异，在国际传播舆论斗争中需要对相关话语概念进行严格区隔，以避免陷入概念“陷阱”。有学者认为，中华文明在价值体系方面与西方的主要差异体现在四个方面：一是“责任先于自由”，如孟子讲“君子自任以天下为重”，就是以天下大事为自己的责任；二是“义务先于权利”，不同于西方社会近代以来非常强调个人权利的优先性，在中国的思想中，特别是儒家思想中，则强调义务的优先性；三是“群体高于个人”，儒家伦理不是个人本位的，而是在一个向着社群开放的、连续的同心圆结构中展现的，即个人—家庭—国家—世界—自然，从内向外不断拓展；四是

① 段连城：《对外传播学初探》，北京：五洲传播出版社，2004年，第150页。

“和谐高于冲突”，春秋时代的时伯提出“和实生物，同则不继”，形成了中国文化“和而不同”的思想。[①]在国际传播舆论场上，西方国家惯用手法是利用价值体系的差异进行“异化”甚至“妖魔化”，正如历史学家诺曼·戴维斯（Norman Davies）所指出的，西方往往喜欢从与其联系起来的一些价值着手，比如，民主、基督教、科学或自由，然后一本正经地与一系列他们认为不享有这些价值的“非西方”国家对比，再就差异提出一种解释。[②]汤因比严厉批评了西方的这种“狭隘和傲慢”，布罗代尔则强调需要努力寻找一个更广阔的视野来理解“世界上伟大的文化冲突和世界文明的多样性”。[③]在国际传播舆论较量中，我们一定要系统辨析西方价值概念的内涵，尤其在诸如“人权”“民主”“自由”等热点舆论话题领域，我们要有效进行话语区隔，阐释清楚这些西方价值概念在中国的含义以及实践内涵，包括相关执政理念、制度举措、发展成效等，据此来辨明差异、厘清不同，有效回应和回击西方的攻击。

2.制度差异与话语重置

在制度层面，话语虽有互通性，但话语内涵往往存在较大差异。以“封建”一词为例，欧洲历史上“封建主义”（feudalism）的主要内涵是相互承担义务的契约关系，[④]骑士与一个或复数的君主签订契约，奉上土地（feud）一部分的手续费（fee）换取君主的保护。相比之下，中国历史上的“封建”指的是武装移民占领新的土地建立城市的意思。可见，欧洲与中国的“封建”几

---

① 陈来:《中华文明的核心价值: 国学流变与传统价值观》, 北京: 生活·读书·新知三联书店, 2015 年, 第 51—56 页。

② [美]伊恩·莫里斯:《文明的度量: 社会发展如何决定国家命运》, 李阳译, 北京: 中信出版社, 2014 年, 第 32 页。

③ [美]缪塞尔·亨廷顿:《文明的冲突与世界秩序的重建》, 周琪等译, 北京: 新华出版社, 1999 年, 第 41 页。

④ 钱乘旦、陈晓律:《在传统与变革之间——英国文化模式溯源》, 杭州: 浙江人民出版社, 1991 年, 第 281 页。

乎没有任何共通点。[①]在当前国际传播舆论较量中，政府模式和政治制度是舆论斗争话题设置的焦点之一。政府模式和政治制度是由一个国家的文化传统、历史发展以及社会实际等密切相关因素综合决定的，只有适合与否，而无优劣之分。虽然西方一些反华势力攻击中国奉行“专制制度”，但也有学者认为中国制度中具有西方值得学习借鉴之处。例如，领导人选择是沿用“贤能制度”（meritocracy），对候选人的素质要求很高，包括教育程度、工作经验、决策能力、清廉和个人美德等方面，只有在满足了这些基本条件之后，才可以交予人民选举。强调“美德”，也可以促成政治精英之间重新达成共识，而无须诉诸民粹主义，讨好选民。精英之间的共识政治，可以促成政治人物去考量国家和社会的长远利益。[②]在国际舆论较量中，我们需要坚定“四个自信”，按照中国的国情对话语进行重置。

3.思维差异与话语诠释

就思维差异而言，中国推崇综合性思维，而西方青睐“二元对立”思维。西方“二元对立”思维有其宗教根源，如《启示录》中所主张的“世界是善与恶的战场”。[③]从国际关系来说，“二元对立”思维构建出一个冲突的世界，相比之下，中国综合思维则强调世界和谐共处。英国汉学家葛瑞汉（Angus Charles Graham）指出：“正如人们早已知道的那样，中国人倾向于把对立双方看成互补的，而西方人则强调二者的冲突。”人类世界的一切问题都根源于如何处理各种对立面的关系，中华文明的古老阴阳平衡思维不仅是古代中国的根本思维方式，在现代仍然有普遍的意义。[④]在国际舆论较量中，我们要充分认

---

① [日]冈田英宏：《世界史的诞生》，陈心慧译，北京：北京出版社，2016年，第191页。

② 郑永年：《中国崛起：重估亚洲价值观》，北京：东方出版社，2015年，第114页。

③ 同①，第50页。

④ 陈来：《中华文明的核心价值：国学流变与传统价值观》，北京：生活·读书·新知三联书店，2015年，第18页。

知和把握西方“二元对立思维”的特点，并据此应对其话语建构策略和话语生成逻辑。我们在对西方的舆论较量中熟练运用西方的话语逻辑，通过话语诠释做好关于中国制度、中国文化和中国道路等方面的解释说明，在国际舆论领域构建中国特色的话语体系。

三、文化差异与叙事表达

叙事表达涉及叙事的内容、方式和逻辑等，需要基于文化差异的客观现实而有所选择、有所扬弃和相互借鉴。

1.文化价值差异与叙事内容

对于叙事内容来说，文化差异要求尽可能选择那些“共享性话题”和“共鸣性话题”，而不能自说自话地去传播那些不适宜的内容，尤其要避免“禁忌话题”。外文出版社原总编辑李振国举例说，大多数西方人不喜欢吃海参，因此我们就不必在图书等对外传播媒介中大谈海参如何烹调，如何烹调才能色香味俱佳。[①]在价值观念层面，即便是“道德”这类看似具有一定客观性和很强共同性的话题，其实也存在文化差异，在传播话题选择时需要予以注意。大卫·休谟（Davin Hume）在其《人性论》（*A Treatise of Human Nature*）中提出“道德的区别不是从理性而来的”这一论证。休谟认为，关于善恶的判断并不存在于事实中，而存在于我们的“情感、动机、意志和思想”之中。哲学家罗素（Bertrand Russell）也论述道：“关于‘价值’的问题完全在知识的范围以外，这就是说，当我们断言这个或那个具有‘价值’时，我们是在表达我们自己的感情，而不是在表达一个即使我们个人的感情各不相同但仍然可靠的事实。”[②]从国际舆论斗争的需要来说，叙事内容更要精心选择和传播那些有高

---

① 刘洪潮主编:《怎样做对外宣传报道》，北京：中国传媒大学出版社，2005 年，第 281 页。

② 王金礼：《新闻德行轮：原则框架》，北京：北京大学出版社，2016 年，第 8 页。

度共享性和感召力的深层次价值观念。新华社高级记者翟树耀认为，我们对外宣传报道在涉及中外文化方面的差别时应当做到：多求同，重释异，少对抗。这三句话的含义应该是，多方面而放手地宣传我国文化与外国文化相同或接近的部分，报道我国为处理和解决人类面临的共同问题所采取的政策和获得的成就；重视解释我国文化与外国文化的差异部分，通过解释增加外国读者对我国的理解、同情和友谊；少报道或不报道我国文化与外国文化中冲突或对抗的部分。[①]

2.文化语境差异与叙事方式

中西方在文化语境方面具有重大差异，其中最显著的差异是“高语境”与“低语境”。中国属于高语境文化，很多时候通过“弦外之音”传递关键信息。有研究者认为，中国高语境文化的形成深受佛教影响，因为中国佛教禅宗一向主张用静坐打禅来领悟佛教的真谛，所以“悟”是修行的重要方式之一。[②]相比之下，美国则属于低语境文化。美国学者H. P. 格莱斯在讨论低语境文化区传播方法时指出了“会话准则”：一是说话明确而直接，假定他人不了解你的想法；二是只说当前语境下所要求的话语，不多也不少；三是说话的内容要相关而清楚，不说同语境无关的内容，避免歧义、含糊或喋喋不休。[③]在国际舆论较量中，我们需要把观点陈述清楚，尽量不用不易理解的修辞和语言技巧。有一则逸事具有一定启迪意义：1970年，埃德加·斯诺最后一次访华，毛泽东谈到中国革命时，告诉他这位老朋友，自己是“小和尚打伞”。斯诺不知道也不理解这句歇后语的意思（小和尚打伞——无法无天），回到西方后报道：毛

① 刘洪潮主编：《怎样做对外宣传报道》，北京：中国传媒大学出版社，2005年，第114—115页。

② 郭林：《电视产品在中西文化语境中的对话》，北京：中国传媒大学出版社，2011年，第125页。

③ 同②，第131页。

泽东是一个感到孤独的、谦逊的老人，像小和尚打着一把破伞，行走在茫茫世间。[①]在国际舆论较量中，我们要充分考虑不同语境中的接受习惯，避免依靠“弦外之音”来传递关键信息。

3.文化习俗差异与叙事逻辑

不同文化的习俗相去甚远，这会影响文化符号的诠释方式和解读结果。以“大拇指朝上”这个手势为例，这个非言语符号在不同文化中有着相去甚远的解读：澳大利亚是“由你决定”，德国是“第一”，日本是“数字第五”，沙特阿拉伯是“我注定赢了”，加纳是“侮辱”。[②]关于拯救溺水者的行为，在中国被理解为义举，但在一些文化中则有着完全不同的认知，例如印度人不会去拯救一个淹没在神圣的恒河中的人。[③]新几内亚坎布里人（Chambri of New Guinea）中少数男性涂脂抹粉、弄卷毛发，玛格丽特·米德（Margaret Mead）根据西方文化将其解读为一种逆性别文化，却完全不知道这些男子是在杀死对手部落的成员之后，才有资格给自己装扮上这些外界认为的“女性化装饰”。[④]斯图尔特·霍尔认为，意义是在特定情境中通过符号表征和意指实践构建的。符号具有任意性，意义始终处于协商和改变状态，参与话语实践的各方都会对符号的表征展开意义的争夺。[⑤]因此，国际传播需要通过叙事逻辑来设定内容的解读方式，尤其在国际舆论较量中要注重叙事逻辑的针对性和有效

---

① 周宁:《世界是一座桥: 中西文化的交流与构建》, 桂林: 广西师范大学出版社, 2007 年, 第 236 页。

② [美] 约瑟夫·A. 德维托:《人际传播教程（第十二版）》, 余瑞祥等译, 北京: 中国人民大学出版社, 2010 年, 第 179 页。

③ [英] 爱德华·泰勒:《原始文化》, 连树声译, 桂林: 广西师范大学出版社, 2005 年, 第 87 页。

④ [美] 斯蒂芬·平克:《人性中的善良天使: 暴力为什么会减少》, 安雯译, 北京: 中信出版集团, 2015 年, 第 59 页。

⑤ 于运全主编:《讲好中国故事 传播好中国声音——“第五届全国对外传播理论研讨会”论文集》, 北京: 外文出版社, 2019 年, 第 162 页。

性，符合目标受众文化中的解读方式，以确保意义的准确生成。

当前，中国对于西方反华势力的舆论抹黑和攻击要进行有力反击，同时也要注重策略路径和方式方法，尤其要重视文化差异及其对话语建构、意义生产的影响。其中，价值差异、制度差异和思维差异是关键点，叙事内容、叙事策略和叙事逻辑是重要路径；无论是国际传播还是跨文化传播，这些都是核心要素，是话语权生成的基础和软实力传播的支撑。中国的国际传播源自对内宣传且发展时间较短，在应对文化差异方面缺乏足够的意识、机制和举措。在国际舆论较量和斗争中，我们需要逐步提升跨文化的意识、改进跨文化的技巧，要擅于运用对方的价值观念、话语逻辑和叙事方式进行回击、出击，在有效应对“文化折扣”的基础上不断增强国际话语权。

第二节　影视传播与跨文化传播能力建设

近年来，中国影视产业稳步发展，成为中国文化“走出去”的重要载体，在传播中国国家形象、讲好中国故事、诠释中国文化价值、促进文明互鉴和加强国际传播能力建设等方面发挥了独特而重要的作用。随着中国影视产业综合实力的提升，影视产品出海的内容供给能力和整体竞争能力也随之增长。以电视剧、纪录片、动画片及综艺节目出口为例，2018年出口总额达到了1.25亿美元，比2013年翻了近一番。另一方面，随着全球化、信息化和网络化的深度推进，中国影视出海面临前所未有的发展机遇。为此，我国影视出海需要强化顶层设计，在策略和路径方面充分学习借鉴西方国家成功经验与模式，着力提升出海的效能、效率和效果。

一、影视产品出海与跨文化传播

影视产品或作品具有商业属性、政治属性、文化属性等多重属性。从商业属性来说，影视出海的核心要务是实现市场价值最大化；从政治属性来说，影视出海的目标是为了构建国家形象、营造良好国际舆论环境；从文化属性来说，影视出海的任务是弘扬本国文化，尤其要传播本国主流价值观。基于多重属性的存在，影视出海会面临市场规则的不匹配问题，会面临意识形态差异导致的制度折扣问题，也会面临文化差异导致的文化折扣问题。其中，跨文化传播问题在电影、电视剧等影视作品的出海过程中尤为显著。

根据编码解码理论，影视作品在不同文化间传播时会有一个编码解码的过程，传播者和接收者会根据本国文化的“码本”对节目中的价值观等分别进行编码和解码。因为风格、价值观、信仰、历史、神话、社会制度、自然环境和行为模式等方面的差异，基于一种文化的影视作品在其他文化的观众中很难获得认同，加之影视节目需要翻译和配音，其吸引力会进一步减少。即使是同一种语言，口音和方言也会引出文化折扣问题。[①]因此，影视出海要强化跨文化意识，充分认识到不同文化在价值观、社会制度、日常生活等方面的差异性，在编码解码时选择适合的价值观和文化元素。以对阿拉伯传播为例，中国和阿拉伯世界分属不同的民族，有着不同的历史与文化，跨文化间的冲突有时也会影响我们的传播效果。如阿拉伯民族信仰伊斯兰教，反对偶像崇拜。[②]故此，对阿拉伯地区传播的影视作品需要加以高度重视。

中国影视出海在跨文化传播方面面临的另外一个主要问题是价值观念不

① [美]考林·霍斯金斯：《全球电视和电影：产业经济学导论》，刘丰海、张慧宇译，北京：新华出版社，2004年，第45页。

② 霍娜：《人类命运共同体理念的对外传播及相关策略——以中阿命运共同体为例》，《天津外国语大学学报》2020年3月第27卷第2期，第34页。

同与意识形态差异。有学者认为，中国一些影视作品存在过度意识形态化的问题，究其原因，或许是缘于20世纪特殊历史背景下形成的宣传观念与教化思想。过度宣传所形成的刻板印象成为提升中国影视文化软实力面临的主要困难与巨大障碍。[①]另外，一些影视作品为了跨越文化差异走向了另一个极端，即过度迎合西方受众的文化认知，结果造成影视作品自身的价值迷失。例如，张艺谋、陈凯歌20世纪90年代所创作的影视作品在西方世界取得了成功，张戎的《鸿》和郑念的《生死在上海》在欧美得以畅销，与其说是西方世界开始了解中国、认可中国，不如说，它们仅仅再次印证了西方人的东方/中国想象。另外，西方世界对中国第六代影人的盛赞也是如此的，他们不仅无视影视作品中所直接呈现的中国文化现实，也无视第六代影人的文化意愿，但也反身印证了西方影坛误读的“真理性”；一处意识形态的壁垒，同时又是一次对话：因其彼此参照，且有问有答。[②]换言之，中国影视出海一方面要避免文化差异所导致的“传而不通”的问题，另一方面也要力戒为了赢得文化认同而“迷失自我”的问题。

二、影视产品制作的跨文化策略

影视国际传播的跨文化策略是一个系统工程，需要在主题、制作、翻译配音等环节强化跨文化意识、具备跨文化技巧、采取跨文化举措。

1.共享性策略

影视出海在内容方面要注重题材的选择，好题材是好故事的基础。对于不同文化背景的受众来说，题材的共享性特征和低语境特征至为重要。影视选

---

① 胡志峰、张承志主编:《中国影视文化软实力: 理念与路径》，北京: 中国传媒大学出版社，2016 年，第 5 页。

② 戴锦华:《隐性书写：90 年代中国文化研究》，北京：北京大学出版社，2018 年，第 150—153 页。

题需要强化不同文化的共享性元素，尤其要强化价值观方面的共享性，保持文化的互通性。价值观的共享性能让外国观众更容易理解、接受和认同影视节目中传递的价值观。北京大学关世杰教授针对“普世价值观”或“普适价值观”存在的诸多争议提出了“共享价值观”的概念。他认为，我国对外传播的重中之重在于价值观的传播，所传播的价值观要能在不同文化或国家间“求同存异”，双方或多方都能在精神上认可、接受、追求、笃信这些原则和信念。关世杰教授认为，共享价值观主要由三个部分组成，即共同价值观、外来共享价值观和中华共享价值观。共同价值观包括“自由、平等、团结、容忍、尊重大自然和共同承担责任”等，主要依据是联合国等全球性国际组织通过的、我国签署的文件，如《人权宣言》《联合国宪章》《世界文化表现形式多样性公约》等国际法文献通过的共同价值观。外来共享价值观是源自外国的价值观，对中国而言是“进口货”，如自由、平等、民主、人权、法治这些价值观。中华共享价值观是源自中国本土的价值观，是中国传统文化发展至今被广泛认可和接收的那些核心价值观念，如仁、义、礼、信、恕、孝、和等。五四运动之后，中国文化在面对外来文化冲击、因应社会发展的过程中进行了一些改良、创新，并产生了一些新的价值观，如共同富裕、和谐世界、人民至上、集体主义、集体人权。20世纪80年代早期，日本电视剧《阿信》轰动一时。该片讲述了一个日本女孩被拐卖为奴役，后来又奋力摆脱卑贱贫苦的故事。《阿信》在1987年被引进到伊朗播出，一举创造该国引进剧收视历史。当时，在每周一晚上播放《阿信》的时候，德黑兰街道随即变得冷冷清清，由此可见《阿信》大受欢迎的程度。[①]该剧在伊朗的成功得益于片中女主角英雄般的品质及其典型的日本女性文化特征，这都与伊朗价值观具有很高的兼容性。与此同时，选题

① [加]马修·弗雷泽：《软实力：美国电影、流行乐、电视和快餐的全球统治》，刘满贵等译，北京：新华出版社，2006年，第172—173页。

有效避免目标文化中在价值观、思维方式、社会习俗等方面的禁忌性元素。土耳其节目《完美新娘》（*Perfect Bride*）2004年在土耳其首播，大获成功。节目内容是由12个想要结婚的年轻女士和6位年轻男士组成，不过，男士是带着他们的母亲一同前来的。所有参与者共同生活13周，每周通过观众投票选出大众最喜爱的婆婆和新娘。获得大众投票最多的新娘可以淘汰一位婆婆，但是她的儿子必须跟她一起离开。在节目的最后，如果母亲同意，并且新娘新郎情投意合的话，他们将得到一个豪华婚礼、蜜月旅行等奖品。该节目后来被6个国家改编，其中包括韩国、印度、俄罗斯等，也取得了较好的反响。但该节目未能被引进西方国家市场，文化差异是主要原因之一，因为一些西方国家中的未来婆婆无权选择儿媳。①

题材的共享性特征是指影视作品的主题价值观能最大限度地被不同文化背景的受众所认同和接受。这也是美国影视作品风靡全球的重要原因。以影片《疯狂动物城》为例，该片在主题和价值观方面可谓老少咸宜，儿童观众从片中看到了善良勇敢的主人公战胜了恶势力，成年观众看到的则是一个弱小的从农村出来的小型动物实现“美国梦”的故事。《变形金刚》等电影则采取了另外一种价值观传播路径和叙事方式，关注全球性问题，如保卫世界和平等。立足于跨文化传播，中国影视在内容题材选择时要注重不同国家受众的文化互通性，尤其要强化价值观方面的共享性，注重“共享价值观”的传播。所谓共享价值观是指：在当今两种文化或两国民众中都接受或追求的价值观，就是使大家在精神上都得到满足的原则和信念。②比如，每个人都希望自己成为英雄，想要克服困难直到取得最后的胜利。《一代宗师》不仅在国内创造了近3亿元

① [法]贝内特维尔吉斯等:《全球节目模式养成计》,北京:中国传媒大学出版社,2017年,第109、110页。

② 关世杰：《试论对外传播中的共享价值观问题》，《全国第二届对外传播理论研讨会论文集（上册）》（2011年，南京），第500页。

的票房成绩，并成功登陆北美主流市场，以697万美元的票房收入成为当年在北美市场排名第二的外语片。该片将极为东方化的电影美学表达与中国传统武术文化相结合，描摹着上一辈武学大师的精神气质，精美到犹如油画般的影像和构图，充盈着传统文化的气韵与风骨，成为近年来最具东方气魄和灵魂的电影之一，而其中所蕴含的“孝”“忠”“义”等价值观也增加了厚重感。因此，影视节目的主题及其展现的文化价值、人文理念等都必须具有共享性，必须能满足其他文化的需求。比如，每个人都希望自己成为英雄，想要克服困难直到取得最后的胜利。

另外，爱情、亲情、友情，以及职场奋斗和财富梦想等主题都具有较好的共享性。2019年，中国一些国产影片在国际上具有较好的影响力，其中主题构建和价值观设定发挥了积极作用。例如，《流浪地球》通过凝聚全人类的共识解决地球的生存危机，凸显“人类命运共同体”的理念，展示了中国文化和价值观念的伟大力量，具备巨大说服力和感召力；《中国机长》通过崇高美学的平民化表达与类型化书写，塑造了平民英雄群像，表达了“敬畏生命、敬畏职责、敬畏规章”的理念，呈现“我为人人，人人为我”的命运共同体价值观。①2019年，华人影业在北美发行了《流浪地球》等11部中国电影，票房总额截至当年年底超过1066万美元，大幅超过2018年发行5部中国电影、票房总额73万美元的成绩。②就题材选择的跨文化策略而言，中国影视作品要注重选择文化互通程度高、跨文化能力强的题材，例如动作冒险、科幻和魔幻等。另外，中国影视作品的题材选择在强化自身文化资源使用的同时，也要注重国际合作，充分吸纳各国文化中的精华，从而强化影视作品的

① 《2019年中国电影：力攀高峰谱新篇》，https://baijiahao.baidu.com/s?id=1653934063097795667&wfr=spider&for=pc。

② 《2019，中国电影在北美市场砥砺前行》，http://www.xinhuanet.com/ent/2020-01/02/c_1125413234.htm。

跨文化能力。概言之，中国影视作品在题材挖掘和选择方面要着力强化全球视野，寻求观众市场的最大公倍数和价值取向的最小公分母，最大限度地提升跨文化传播能力。

2.低语境策略

题材的低语境特征，概言之，是指影视作品对于其他文化背景下的受众文化没有太多的背景信息、文化经验等方面的要求。爱德华·霍尔提出了两种文化情境的概念，即高语境文化和低语境文化（也译作高情境文化和低情境文化），其中低语境文化强调“自我”，信息的发送者和接收者缺乏共同的经验。[①]以喜剧为例，喜剧因为扎根于独特的文化环境，文化折扣现象尤为严重，这就是所谓的“喜剧不出门”现象，它反映出的更多是文化背景和文化读解方式的迥异。例如，中国人的幽默是含蓄内敛的，而以好莱坞为代表的美式幽默往往是极其夸张和奔放的。[②]换言之，喜剧具有高语境特征。相比之下，唱歌等音乐题材属于低语境，毕竟唱歌是一门不分国籍、没有对错的艺术，是人们情感交流的另一种表达方式，无需太多文化背景或文化体验来感知音乐中的情绪、情感。无论哪种语言和哪种风格，只要你的歌声好听，便能得到观众的喜爱和赏识，歌唱应该是大众最普遍的娱乐需求，这也就是为什么《好声音》等歌唱类节目及其模式在国际上畅销的原因。我们在影视出海中需要力推的是具备低语境特征的影视作品。尽管美国和很多国家之间并没有类似的文化体验，但美国影视作品依然能在包括中国在内的其他国家广泛流行，这与其影视剧作品的低语境特征不无关系。

---

① 胡志峰、张承志主编:《中国影视文化软实力：理念与路径》，北京：中国传媒大学出版社，2016 年，第 72 页。

② 同①，第 96 页。

3.移情策略

影视精品创作还要注重情感的共通性，也就是跨文化理论中所谓的“移情”，以此增加外国观众的情感认同感。2016年1月，阿拉伯语版电视剧《父母爱情》在埃及国家电视台黄金时段“中国剧场”栏目播映。根据埃及广电联盟的统计，此剧收视率高达3.8%，观众人数达400多万。埃及国家电视台台长马吉德·拉辛表示，埃及和中国都是历史悠久的文明古国，两国在传统价值观上有相似之处。埃及资深媒体人侯赛因表示，埃及播出的中国电视剧都是反映家庭关系和社会现实的，容易让埃及观众产生共鸣，埃及市场对这类电视剧有强劲需求。阿拉伯语版中国剧连续在当地热播，培养了良好观众基础，在埃及电视市场树立了中国品牌。影视作品源于生活，又要高于生活。对于跨国传播的影视产品而言，生活的共鸣、情感的共通要融入作品之中；影视作品不仅能反映相同或相似的生活经验，更要体现共同的情感追求、价值观念以及人生感悟等。中国影视作品要真正走向世界，就必须有世界胸怀，真正关心和反映人类共同面对的社会问题、环境问题、情感问题等，并充分运用中华文化的智慧来探讨问题的解决之道。除了情感认同，还要充分解决表达方式的问题。好的思想需要恰当的影视表达手段，好的内容需要到位的影视表现方式。在这方面，李安的电影提供了有益的参考。他在拍摄《喜宴》时就充分考虑西方观众的理解方式和接受特点，通过美国影视界人士的参与，用西方人能接受的商业娱乐包装来表现浓厚的东方文化韵味，最终取得了可观的商业成就。中国影视对外传播曾陷入过一个误区，认为要“强制性”地向国外观众灌输中国文化，循序渐进地在影视作品中引导和强化他们对中国文化的认同。但“移情”理论表明，在跨文化影视传播中，“推己及人”往往不如“换位思考”更为有效。影视创作需要充分了解和认识目标国的文化，站在对方的立场进行背景、内容、角色的定位，这样才能增进不同文化间传播的共通性，强化外国观众的接受度和认同感。

4.中性策略

中性策略（Neutral Strategy）是指影视节目制作充分考虑国内外文化、市场等方面差异，在对白口音、拍摄取景、演员构成等方面尽量满足目标市场观众的文化特点和心理需求。例如，影视作品在演员对白中特地融入多个国家的流行用词和时髦表述，拍摄场景选在多个国家代表性城市或景观，演员阵容也来自多个国家。以2010年拍摄的美国《南方女王》（*La Reina del Sur*）为例，该剧讲述了一个西班牙女毒枭为了给男友报仇、与跨国毒品网络周旋的故事，剧本是根据西班牙作家阿托罗·派瑞兹·雷文特（Arturo Perez Reverte）的畅销小说改编的，演员来自多个国家，拍摄场景选在哥伦比亚、美国、墨西哥、西班牙和摩洛哥等国多个地点。目前，世界各国都非常重视影视合拍，通过合作拍摄、合作制作来提升作品的国际化、跨文化特征。例如，智利电视机构为了有效地把影视剧出售到美国市场，非常注重与美国电视媒体的合作。2014年，智利国家电视台（TVN）与美国世界电视网（Telemundo）共同拍摄一部名为《天堂之主》（*Owners of Paradise*）的电视剧。《天堂之主》改编自智利作家巴勃罗·伊蓝斯的同名小说，在美国迈阿密、纽约和智利多个地方取景拍摄。通过跨国合拍和合作制作，这部电视剧有着更为丰富的视觉元素和文化内涵，在智利和美国都有不错的收视表现。

三、影视产品出海的译制配音策略

影视译制，顾名思义就是影视作品的翻译制作，是对影视作品中的语言进行加工转换的艺术创作或专业制作活动。影视译制是一种语言转换，是跨文化传播的重要手段。[①]影视译制主要包括字幕和配音两种形式，字幕翻译对原片

① 杨明品主编：《中国广播电影电视发展报告（2014）》，北京：社会科学文献出版社，2014年，第164页。

进行的修改较小，配音则属于语言表演艺术的再次创作。

译制配音是影视出海的必要环节。翻译水平不高或配音质量不精会影响受众的观赏、接受，会制约中国影视作品出海的效果。在译制质量方面，影视作品力求准确对照不同文化中的历史、政治、社会等方面信息，力求精准表达。电视剧《外交风云》于 2019 年 9月在北京卫视、广东卫视播出后，受到国内观众的热烈追捧和多方好评。但阿语圈观众对该剧却颇有微词。因为剧中出现欢迎周恩来总理访问阿拉伯联合共和国背景中对应阿文完全乱码，且将阿拉伯联合共和国（由埃及、叙利亚、北也门短期合并而成，简称阿联）误译成“阿拉伯联合酋长国”。在阿联首都开罗举行的欢迎活动中，阿联人所穿的竟然是沙特等海湾国家服装，典型的张冠李戴。若该剧在阿拉伯地区播出，或会引起负面影响。[①]

在译制配音的指向策略方面，“归化”（domestication）是首选。“归化”是与“异化”（Foreignization）相对应的一个概念，它们最早可以追溯到德国诠释学家施莱尔马赫（Friedrich Schleiermacher）。他于1813年在“论翻译的方法”演讲中首次提出了两种翻译路径：一种是译者尽可能不惊动读者，让作者去适应读者，即为“归化”；另一种是译者尽可能不惊动作者，让读者去适应作者，即为“异化”。美国著名翻译理论家劳伦斯·韦努蒂（Lawrence Venuti）在《译者的隐身》一书中对归化和异化现象进行了更深一步的探讨，他认为所谓的异化就是在翻译的过程中尽量向源语靠近，尊重源语的话语习惯和风俗人情，以确切体现源语文化为目标，使读者能够最大限度地感受异域文化的风情；而归化则是与之相反的一种翻译策略，即在翻译过程中尽量向目的语靠近，使读者避开不同文化的差异，通过读者耳熟能详的事物来帮助读者更

---

① 霍娜：《人类命运共同体理念的对外传播及相关策略——以中阿命运共同体为例》，《天津外国语大学学报》2020 年 3 月第 27 卷第 2 期，第 34 页。

好地理解译文。[①]对于影视译制来说，归化策略有助于跨文化传播。以中国第一部译制片《亚历山大·马特洛索夫》为例，该片由东北电影制片厂于1949年5月译制，同年8月以《普通一兵》为名公映。原片中有一个情节是男主角高呼“乌拉！”冲入敌阵时，“乌拉”是俄语，翻译成中文是“万岁”；苏联战士在冲锋打仗时通常就这么喊。然而如果这样翻译，中国观众就会很费解，因为在中国，战士冲锋时从来不这样喊。最终，东北电影制片厂决定用具有同样语言文化功能的汉语“冲啊”替代“乌拉”。这样不但中国观众易于理解，而且“乌拉”和“冲啊”口型相近，从配音口型效果方面来看比较完美。直到今天，“乌拉”这个词的译制都是跨文化传播语言翻译的经典案例。[②]相比之下，中国电视剧《孔雀东南飞》的片名被翻译成“Peacocks Flying Southeast”，一部爱情主题的电视剧会让人觉得这是一部关于动物的电视剧。笔者曾就此访谈了美国电视业界人士，他们认为这种翻译方式不利于受众理解，更有碍于影视节目的海外销售和传播。相比之下，韩国电视制作商非常注重跨文化表达问题，影视剧在出口前都要认真研究如何翻译的问题，包括片名翻译，例如《大长今》被翻译为“Jewel in the Palace”，《新进职员》是“Super Rookie”，《玫瑰与黄豆芽》是“Roses in the Kitchen”，《我的爱人》是“Love of My Life”。[③]这些翻译既能较好地诠释电视剧的主要内容，也能强化受众的文化认同。对于中国影视国际传播而言，片名翻译反映出影视表达的一个深层次问题，需要逐步改进翻译配音理念、方式、技巧等，提升目标受众对影视作品的理解水平和接受程度。概言之，影视作品译制的归化策略，就是要注重目标国受众的文化

---

① 赵玉宏:《影视产品跨文化传播与我国文化软实力建设》,北京: 经济日报出版社,2015年,第149—150页。

② 马建丽:《中国译制片研究》，北京：中国传媒大学出版社，2017年，第14页。

③ 郭镇之等:《第一媒介：全球化背景下的中国电视》，北京：清华大学出版社，2009年，第254页。

特征，在表达方式尤其是翻译配音方面充分尊重目标国受众的习惯。

在译制配音的操作策略方面，影视出海要充分考虑目标国受众的文化水准和接受习惯。影视译制主要有包括配音和添加字幕两种方式。不同地区的受众对于译制方式有着不同需求，例如美国观众倾向于“原声+字幕”，而中东地区和较不发达地区则需要以本土化语言进行配音。译制是影视内容跨国传播的重要方式。不同国家对于译制内容的接受度不尽相同，另外对于译制的方式，如配音或加字幕的倾向性也不一样。安普公司（Ampere）在2020年发布的研究报告显示，相比其他年龄段受众，18—24岁年龄段的年轻受众对于加字幕的外语片有着更高的接受度。就国家或地区来说，美国、英国、澳大利亚、加拿大等英语国家以及南非更倾向于本国语言制作的节目，对于译制片（包括配音和字幕）的接受度较低，都不足30%。法国对于配音译制片的欣赏度约为30%，但对于字幕译制片的接受度不足25%。波兰和日本对于外语节目的接受度也不高，其中配音译制片的欣赏度在30%左右，字幕译制片的接受度在30%至40%之间。印度、土耳其、墨西哥、阿根廷和沙特对于两种方式译制片的欣赏度较高。印度、土耳其和墨西哥较为倾向于配音方式的译制片，对于配音译制片的欣赏度达到了50%左右，对于字幕译制片的欣赏度在40%至50%之间。阿根廷和沙特则较为倾向于字幕译制片，对于字幕译制片的欣赏度超过了50%，沙特对于配音译制片的欣赏度甚至接近60%。印度尼西亚在所有调查国家中对于字幕译制片的欣赏度最高，达到了70%；但对于配音译制片的欣赏度不足30%。西班牙、德国、意大利和巴西对于配音译制片的欣赏度超过了40%，但对于字幕译制片的欣赏度不足40%。其中，德国对于字幕译制片的欣赏度仅为17%，但对于配音译制片的欣赏度达到了44%。意大利和巴西对于配音译制片的欣赏度超过了50%，在所有调查国家中居于首位。丹麦、芬兰、瑞典、挪威和荷兰对于字幕译制片的欣赏度显著高于配音译制片，对于字幕译制片的欣赏度超过了45%，但对于配音译制片的欣赏度不高于15%。[①]

目前，美国媒体巨头在进入海外市场时都会根据受众特征、市场需求以及成本等因素来确定译制方式。以美国奈飞公司为例，该公司是全球最大的网络视频点播业务平台和首屈一指的影视内容投资方，每年在全球制作或采购大量的电影、电视剧等，译制后再通过网络平台进行全球分发。例如，2020年1月，美国奈飞公司从日本吉卜力工作室购买了21部电影的全球播放权（除美国、加拿大和日本外），其中包括奥斯卡金像奖最佳动画片《千与千寻》，及《幽灵公主》《借东西的小矮人亚莉亚蒂》《魔女宅急便》《龙猫》《辉耀姬物语》等众多作品。美国奈飞公司以28 种语言的字幕及 20 种语言的配音对这些电影进行全球发行。由于奈飞公司是全球运营的，配音或添加译文字幕的译制策略是实现本土化传播的关键。美国奈飞公司的译制方式因目标市场的语言文化特点和用户规模等情况而定。在英语国家中，美国奈飞公司平台上所播出内容中有70%是本土语言，30%需要添加翻译字幕。在法国、德国、意大利和西班牙，奈飞公司平台上所播出内容中90%是外语，配音更为普遍，配音比例达到了60%。而且，那些使用法语、德语、意大利语和西班牙等语言配音的内容可以继续分发到拉丁美洲、非洲以及加拿大等其他市场。在日本这样的用户规模相对较大的市场中，美国奈飞对40%的内容进行了配音，同时对所有内容添加了字幕。在俄罗斯、土耳其等用户规模相对较少的市场中，美国奈飞公司基于成本考虑下调了译制内容的比例，仅有13%至28%的内容进行配音或添加字幕。[②]为了强化自身译制能力，美国奈飞公司从2019年开始持续推进配音演员和制片团队建设，以建立一套工程化生产线，着力提升国际节目的英语版本

---

① https://www.rapidtvnews.com/2020111559400/english-speaking-nations-least-willing-to-watch-foreign-language-content.html#ixzz6dv0YD9E1.

② https://www.rapidtvnews.com/2020033058275/netflix-prioritises-localisation-in-major-eu-markets.html#ixzz6IE6r5XJC.

品质，借此吸引更多美国订户，同时通过建立英语配音流水线来推进其他语种的配音工作。美国奈飞公司国际配音总监黛布拉·钦恩（Debra Chinn）2019年曾表示，美国奈飞公司想为世界各地的人们提供娱乐，无论用什么语言、来自何处，最重要的是“说故事的方式”和“说故事的人们”。译制是整个电影产业的重要组成部分；对于中国电影来说，在着力强化电影制作产业的同时，也要逐步建立健全译制产业，提升整个产业链的运行质量和整体效果。

随着全球化深入推进和媒介环境深度变革，中国影视出海的规模、质量、范围、影响等方面都稳步增长。但另一方面，中国影视出海仍处于初级阶段，在全球市场占有率相对较低，而且大部分作品的市场售价也不尽如人意。为此，中国影视出海要“狠练内功”，强化内生动力。在提升作品质量的同时，影视出海要在题材规划、制作技巧等方面与国际市场深度对接，在遵循“中国主题，世界元素”的原则下，大力提升影视译制水平和技巧，提升跨文化传播技能技巧。

第三节　案例研究：韩国电视国际传播中的文化策略

随着韩国经济崛起和国际地位的提升，韩国在电视国际传播领域也加大了力度，从20世纪90年代开始先后开办了阿里郎电视台（Arirang TV）、韩国放送公社世界电视频道等国际电视频道，同时全力推动电影和电视剧、综艺节目出口。总体来说，韩国电视国际传播主打电影、电视剧、综艺娱乐等节目类型，新闻舆论类节目相对较少。借用新闻节目中“硬新闻”和“软新闻”的划分方式，传播策略可以划分为“刚性路径”和“柔性路径”：如果注重新闻传播的传播策略称为“刚性路径”，注重影视综艺类节目的传播策略则可以称为“柔性路径”。而韩国国际传播采用的是典型的“柔性路径”，注重通过影视、综艺娱乐等节目类型来塑造韩国形象，讲述当代韩国故事。另外，韩国电视国际传播注重向海外出口电影和电视剧，通过文化产业路径来强化商业收益、传播韩国价值观以及构建国家形象。韩国国际传播大力实施柔性路径和产业路径，除了基于国家战略和发展规划之外，也是基于海外受众调查和市场研究结果的发展策略。例如，韩国放送公社2015年针对119个国家的12100名观众的问卷调查结果显示，31.6%的观众收看韩国放送公社世界电视频道的原因是“收看韩国综艺节目”，27.6%是“收看韩国电视剧”，22.4%是“收看韩国K-POP节目”，仅有5.9%是“了解韩国”。基于这一调查结果，韩国放送公社世界电视频道进行了有针对性的节目编排，其娱乐类节目的比例为48%，电视剧为45%，新闻类为4%。

一、韩国电视国际传播概况

韩国非常注重电视国际传播，目前较有影响力的国际传播频道是韩国放送公社世界电视频道和阿里郎电视台。韩国放送公社世界电视频道在上一章中有介绍。除了韩国放送公社之外，阿里郎电视台是韩国另外一家重要的对外电视机构。该台创办于1996年4月，1997年2月正式播出，总部设在首尔，台名源自朝鲜民歌“阿里郎”。该台在开播之初的目标受众是在韩国的外国人，1999年8月开始面向亚洲13个国家和地区播出，由此成为韩国电视国际传播的重要渠道。2000年9月，阿里郎电视台的节目信号覆盖全球。2004年8月，该台推出了阿拉伯语节目，面向阿拉伯地区的国家播出。目前，阿里郎电视台共有三个频道，即面向国内播出的韩国频道、面向海外播出的国际频道和阿拉伯语频道。其中，韩国频道和国际频道都是24小时英语频道，其中部分时段配有中文、西班牙语等其他语言的字幕。阿里郎电视台由韩国国际广播基金（The Korea International Broadcasting Foundation）直接负责运营，属于公共电视机构。阿里郎电视台的运营主要依靠自有资金和广播电视发展基金，两者的比例为4：6。

在机构设置上，阿里郎电视台主要有两个总部构成，即广播电视总部和管理总部，下辖10个团队和2个中心，共有员工217人。阿里郎电视台的节目内容涵盖新闻、文化、纪录片、语言教学和娱乐节目。该台覆盖了全球188个国家和地区，家庭用户总数达到1.03亿。阿里郎电视台积极推进海外落地。除了亚洲国家，该台近年来加大了在欧美国家的落地力度。2013年3月，阿里郎电视台进入了德国有线电视公司（Kabel Deutschland）基础数字电视层（basic digital service）播出。德国有线电视公司是德国最大的有线电视播出平台，总用户达到了820多万，基础数字电视用户为195万。2015年4月，阿里郎电视台进入哥伦比亚最大的有线电视系统“克莱欧”（Claro），并被纳入高级数字节目套餐，由此触达200万名用户。

另外，韩国文化广播公司（MBC）等其他媒体机构和影视公司也积极参与到国际传播中来。2014年10月，韩国文化广播公司和美国特纳广播公司亚太公司（Turner Broadcasting System Asia Pacific）合作开办了一个名为“Oh!K”的频道，该频道主要播出韩国文化广播公司的节目，包括首轮播出节目和独家节目；特纳广播公司亚太公司主要负责该频道的运营。韩国希杰集团（CJ）也在海外从事节目出口和频道运营等业务。

二、韩国电视国际传播的文化策略与柔性路径

国际传播的文化策略主要是通过影视剧、音乐等非新闻类节目的传播来强化文化认同、提升文化软实力、构建国家形象。一直以来，韩国在国际传播中非常重视柔性路径，充分发挥国内影视产业的优势来进行文化输出。韩国向国外大量输出节目，其中既有基于经济和文化产业考虑的销售性节目输出，也有基于外交和文化用意的赠送性节目输出。例如，韩国为了强化对塔吉克斯坦的政治和文化影响，近年来向该国赠播了500余部影视剧，其中包括热播的《大长今》。值得一提的是，韩剧在当地颇受好评，成为韩国提升国家影响、传播

文化的有力武器。以《大长今》为例，该剧在塔吉克斯坦播出后，大量民众用的购物袋上都印有大长今的头像，甚至将中国制造的微面车也称作“长今”，影响力可见一斑。韩国媒体机构在国际传播中同样采取柔性路径，这与中国媒体国际传播策略形成鲜明对比。

韩国放送公社是韩国主要的国际传播机构之一，相当于中国的中央广播电视总台。根据韩国放送公社2019年数据，韩国放送公社世界频道的节目构成为：电视剧45%，新闻4%，娱乐48%，其他3%。阿里郎电视台也采取了相似的传播策略，频道中关于传统和现代文化类的节目占50.6%，关于韩国的新闻资讯占节目总量的26.6%，有关国际合作的节目占22.8%。韩国放送公社世界频道以电视剧和娱乐节目为主，而且这些节目都是国内频道中的精选节目，播出时间仅比国内频道延后3周。相比之下，中国国际电视频道播出的电视剧都较为陈旧。正是得益于“柔性”传播策略和高品质内容方针，韩国广告公司世界频道在海外取得了较好的收视效果。以东南亚地区为例，该频道的收视率在日本J：COM平台上的52个频道中排名第9位（2017年9月），在新加坡星港平台（StarHub）上的168个频道中排名第16位（2018年1月），在泰国珍视传媒公司（True Visions）平台上的110个频道中排名第28位（2016年11月），在马来西亚全亚卫星电视和广播公司（Astro）平台上的140个频道中排名第31位（2016年11月），在菲律宾天空有线公司（Sky Cable）平台上的117个频道中排名第23位（2015年7月），在印度尼西亚印视公司（Indovision）平台上的114个频道中排名第33位（2014年1月）。[①]

三、韩国电视国际传播的文化策略与产业路径

近年来，韩国非常重视影视产业出口，而且出口规模逐年增长。韩剧的海

① 参见《KBS WORLD PROFILE 2019》（内部资料）。

外出口额在2001年为790万美元，2008年突破1亿美元，达到了10536万美元。与此同时，韩剧在亚洲乃至世界都培养了一批热衷收看韩剧的“韩剧迷”，这批“韩剧迷”带动了消费韩剧的“文化瘾”，而这种“文化瘾”又进一步促进了韩剧的传播，也加速了韩剧的发展。①

在国际传播的文化产业路径方面，韩国影视集团凭借自身内容制作实力和资源优势体现出更大的发展动能。韩国希杰集团在韩国通信和影视传媒领域都颇具影响力。希杰集团的总部位于首尔，创建于1953年8月1日，是一家综合性集团，媒体业务包括影视制作、有线电视、宽带互联网、网络电话（VoIP）、移动电话、网络电视（Web TV）、国际电话及广告刊登等。近年来，希杰集团大力在海外输出其电影频道“tvN”。该频道以韩国最新热播电影和精品电影为主，配以英文、中文、马来文字幕，每月资费约为4.9美元。用户除了可以观看该频道，还可以进入韩国希杰集团的视频点播平台Zone观看其影视节目。该频道2016年进入了新加坡播出，2017年进入马来西亚播出。该频道的影响力基于韩国影视产业的综合实力，该频道会定期播出韩国国内的热播电影、电视剧和综艺节目，例如该频道进入马来西亚市场后即播出当时大热的电影《釜山行》，随后在2018年又播出韩国烹饪真人秀节目《尹厨房》第二季，该节目在韩国国内播出时取得了16%的平均收视率，峰值收视率为19.4%，高居韩国同时段所有电视节目的榜首。这些优质节目有力推动了韩国电视频道在当地的市场竞争力，为国际传播的产业化路径提供了有力保障。

除了内容方面的产业化，韩国媒体机构还通过本土化运营来强化市场竞争能力。韩国放送公社于2004年7月16日在美国洛杉矶成立了韩国放送公社美国频道（KBS America），根据美国观众的特点重新编排精选自韩国放送公社世界电视频道以及韩国放送公社国内主要频道（KBS TV1、KBS TV2和KBS Sky）的

① 赵晖：《中韩两国电视剧产业战略与策略研究》，北京：中国电影出版社，2012年，第67页。

节目，在节目中增加了英文字幕后播出。韩国放送公社在日本成立了韩国放送公社日本频道，节目内容也是根据日本观众的特点对韩国放送公社主要频道的节目进行筛选和编排，在节目中增加日文字幕后播出。韩国放送公社日本频道充分考虑日本当地观众的生活习惯，有针对性地进行节目编排，使收视率和广告销售不断上升。

随着新兴媒体发展，韩国媒体机构还充分利用网络电视平台来强化国际传播的产业化水平。韩国三大广播公司（KBC、SBS和MBC）联合推出了名为“普克”（POOQ）的网络电视平台。2019年，该平台在韩国国内的用户规模已经超过了400万。在东南亚地区，该平台与印度尼西亚第一传媒公司（First Media）合作，开始在印度尼西亚市场开展付费业务。另外，该平台进入了马来西亚等其他东南亚国家，并具有了一定市场规模。就东南亚地区的网络电视业务市场份额而言，“普克”排在美国奈飞公司、马来西亚艾菲公司（Iflix）和威意公司（Vie）之后，位居第四，市场份额为8%。另外，韩国KCP全球集团（KCP Global）2017年在美国推出了网络电视平台“寇寇瓦”（Kocowa），主要播出韩国三大电视台（KBS、MBC、SBS）的电视剧以及其他综艺、音乐节目等。值得一提的是，这些电视节目在韩国播出后6小时，即完成英语翻译并在该网络电视平台上播出。该平台包括付费和免费两种收看模式，付费模式的价格为单日价0.99美元、月价6.99美元和年价69.99美元，节目中不包含任何广告；免费模式则在节目中夹带广告。可以看出，韩国媒体机构和影视公司通过网络电视等新兴媒体平台开展影视节目输出，提升了产业化效能，有效实现了影视资源在海外市场的商业化转化。

第五章

国际传播商业维度与市场竞争能力建设

国际传播发展是基于政治、文化、商业和技术这四大维度，但国际传播主要目标则聚焦于其中的三个，即政治、文化和商业。从商业维度来解构的话，国际传播属于国际服务贸易，即不同国家之间所发生的服务买卖与交易活动，包括“跨境交付”（Cross-border Supply）、“境外消费”（Consumption Abroad）、“商业存在”（Commercial Presence）和“自然人流动”（Movement of Natural）四大类别。例如，“跨境交付”是指从一国境内向另一国境内提供服务，国际传播领域的卫星传送与传播、卫星影视服务、版权交易等都属于此类别；“商业存在”是指一国的服务提供者通过在另一国境内的商业存在（指任何类型的经营企业或专业机构），国际传播领域的本土频道、海外分台等属此类业务范畴。长期以来，中国国际传播的实践探索和理论研究都较为忽视商业维度，也较少关注国际传播的市场竞争力建设问题。以影视国际传播为例，中国的国际传播更为看重其国家形象塑造与文化软实力传播功能。相比之下，美国一直运用影视产品为政府宣传服务。例如，美国政府在2001年向恐怖主义宣战之后，美国哥伦比亚广播公司（CBS）、家庭影院频道和华纳兄弟公司（Warner Bros.）等在极短时间内就和美国政府官员建立合作关系，制作宣传性的纪录片和影片，在美国国内和国际上营造舆论。其中，哥伦比亚广播公司制作了一部13集的纪实电视系列片，美化和宣传阿富汗战争。[①]这些影视产品都是以市场模式制作，也是以商业方式向世界各国输出。随着中国国际传播

① 陈卫星主编：《国际关系与全球传播》，北京：北京广播学院出版社，2003年，第25页。

的稳步发展，与世界的交互程度也在显著提升，需要从商业维度来全面认知和理解各国的传播环境，这就涉及各国的媒体监管体制、治理模式、传媒法律、市场规则等。在此基础上，中国国际传播需要不断优化发展模式、运行方式和传播路径，尤其要强化市场意识、商务意识、法务意识，稳步提升运用商业化手段能力，为国际传播可持续发展以及激发国内传媒产业外向型发展提供内生动力。

第一节　市场竞争力与国际传播能力

随着中国国际地位的提升，国际传播被赋予了日趋重要的使命，媒体机构也着力探索适合于中国媒体特征的国际传播发展路径。随着国际格局深度调整，中国媒体的国际传播面临着更为复杂、更具挑战性的外部环境，亟须进一步厘清思路、明确路径，提高国际传播能力建设的效能，有效强化市场竞争力。市场竞争力是国际传播能力的有机组成，是国际传播能力的直观体现，更是提升国际传播能力的有效路径。

一、市场竞争力是国际传播能力的关键要素

在国际传播语境下，媒体的市场竞争力实际上是指国际传播竞争力。国际传播在狭义上是指媒体跨越国界开展的传播活动，竞争力是相对于他国或地区同类媒体在生产效率、满足受众与市场需求、实现营利或传播目标等方面所体现的竞争能力。竞争力实质上是一个比较的概念，其内涵涉及两个基本问题：一是比较的内容，二是比较的范围。竞争力理论基础主要有两个来源：一个是比较优势原理，一个是竞争优势原理，其中竞争优势原理最具代表性的是美国

哈佛大学商学院教授迈克尔·波特（Michael Porter）。[①]市场竞争力是国际传播能力的重要构成要素，也是国际传播能力的直观体现。

市场竞争力体现在国际话语的控制能力，这也是中国国际能力建设的核心目标。在当前的媒体国际竞争格局中，美国等西方国家无疑居于优势地位。以美国为例，美国的哥伦比亚广播公司、有线电视新闻网和美国广播公司（ABC）等媒体机构所发布的信息量，是世界其他国家发布的总信息量的100倍。[②]正是基于强大的市场竞争力，美国媒体在一定程度上左右着全球媒体市场格局，也决定着世界舆论走向。以非洲的舆论格局为例，根据学者在2020年1月30日至4月30日对非洲媒体关于中国新冠肺炎疫情报道的抽样调查结果，消极负面报道占比为28%，积极正面报道占比为14%，客观中立报道占比为58%。研究发现，非洲媒体涉华负面报道的解读视角从非洲自身出发的并不多，占比仅为21%；随机抽样的新闻报道信源统计显示，非洲媒体的引用信源更多来自西方媒体机构、西方官员等，引用量均多于中国方面以及非洲本土的信源。[③]相比之下，中国在国际话语的影响力方面仍有较大提升空间。

市场竞争力体现在媒体产品的海外市场占有率，这是中国国际传播能力建设的努力方向。毫无疑问，当前国际媒体市场上的主角是美国。数据显示，美国的电影生产总量占世界电影产量的6.7%，却占据了世界电影总放映时间的一半以上。[④]2021年数据显示，就营业收入规模而言，欧洲第一和第二大电视集团都来自美国。第一大电视集团是康卡斯特公司，它在欧洲拥有天空集团（Sky Group），天空集团2020年的营业额在整个欧洲电视市场的份额为

① 孙铭欣：《电视剧国际交易研究》，北京：中国传媒大学出版社，2016年，第20—22页。

② 同①，第37页。

③ 毛伟：《非洲媒体涉华疫情报道的话语建构与框架分析》，《对外传播》2020年第6期，第72、75页。

④ 孙铭欣：《电视剧国际交易研究》，北京：中国传媒大学出版社，2016年，第37页。

12%。美国奈飞公司已经取代德国电视一台，成为欧洲第二大电视集团，其营业额的市场份额为6.1%。德国电视一台营业额的份额为5.7%，位居第三。英国广播公司为4.2%，位居第四。法国威望迪集团（Vivendi）旗下的凯勒普拉斯集团（Canal+ Group）位居第五，营业额的份额为3.2%。美国奈飞公司在欧洲市场的发展可谓一路向前，2016年营业收入即达到了10亿美元大关，2017年又在订户规模方面跃居欧洲首位，2020年又成功在营业收入方面跃居欧洲第二位。①

二、国际传播能力微观上依存于多维度的市场竞争力

在中国的国际传播语境下，媒体的国际传播能力往往聚焦于新闻领域，或者说国际话语权领域，因而传播资源往往会向新闻类的电视频道、广播、报纸、网站、社交媒体等倾斜。在经济全球化和技术变革的大背景下，媒体的市场竞争力是一个复合概念，是一种平行的多维度的结构模式，新闻类频道的竞争力往往需要其他类型频道的竞争力进行呼应、策应和支撑。以英国广播公司世界新闻频道为例，该频道固然在争夺国际话语权方面具有强劲的竞争力，但它并非独自前行，其竞争力也需要借力其他姊妹频道的市场竞争力和品牌影响力。这些频道包括英国广播公司地球频道、幼儿频道（CBeebies）等34个品牌频道，以及与美国、加拿大等媒体机构合作在海外运营的英国广播公司美国频道、英国广播公司加拿大频道（BBC Canada）等。换言之，国际新闻舆论场上的国际传播能力根植于多维度的市场竞争力，这些维度之间互为支撑、多轮驱动，共同促生和构建媒体的国际传播能力。

相比之下，中国的国际传播并未着力构建多维度的市场竞争力。媒体的市

① https://www.digitaltveurope.com/2021/01/14/netflix-overtakes-ard-to-become-the-second-largest-tv-group-in-europe/.

场竞争力往往是单一维度的，缺乏通过顶层设计来构建多个维度、互为支撑的竞争力体系。不同媒体机构之间，以及媒体行业与其他行业之间，在国际上更是缺乏互相借力的机制。在当前国际传播日趋激烈的背景下，中国媒体以及相关行业之间应探索合力建设，构建起多维度竞争力体系，在整体上提升中国媒体的国际传播能力。

三、国际传播能力宏观上源自媒体集团的市场竞争力

国际传播能力是媒体自身综合实力的对外投射，换言之，国际传播能力是媒体市场竞争力的自然呈现。因此，提升国际传播能力的前提和基础是建设具有强大市场竞争力的媒体集团。以电视为例，欧美国家知名电视频道无一例外都依附于一个拥有强大市场竞争力的媒体集团。例如，美国有线电视新闻网隶属于特纳广播系统公司（Turner Broadcasting System）。特纳广播系统公司集聚了一批国际知名频道，除美国有线电视新闻网之外，还有TNT、TBS、卡通电视网（Cartoon Network）、布莫让频道（Boomerang）等，涵盖了新闻、娱乐、卡通、儿童等类型，互相构成资源支持和品牌支撑。美国有线电视新闻网的“祖父辈”公司是时代华纳集团（Time Warner Company），即特纳广播系统公司的母公司。除了特纳广播系统公司，时代华纳集团旗下还有家庭影院公司（Home Box Office，Inc.）和华纳兄弟娱乐公司（Warner Bros.）。其中，家庭影院公司主要在海内外经营付费电视频道业务，华纳兄弟娱乐公司主要从事电视、电影、录像和视频游戏等的制作和分销业务。时代华纳集团拥有诸多家喻户晓的经典影视作品，如《卡萨布兰卡》《黑客帝国》《哈利·波特与死亡圣器》《盗梦空间》《大侦探福尔摩斯》《欲望都市》《蝙蝠侠》《老友记》等。换言之，时代华纳集团的影视内容资源以及海外市场营销、渠道等资源为美国有线电视新闻网的市场竞争力提供了强有力的支撑。美国有线电视新闻网的“曾祖父辈”公司是美国电话电报公司。美国电话电报公司还拥有付

费电视运营、移动通信和宽带业务，并在墨西哥等海外市场经营付费电视业务。显而易见，美国电话电报公司为美国有线电视新闻网提供了丰富的用户资源、技术资源和渠道资源等。

与西方国家相比，中国媒体机构的市场竞争力仍存在一定的差距，这在一定程度上限制了国际传播能力的提升。究其原因，无外乎是资本、内容、技术、人才、管理等因素。以影视内容为例，西冰在《浅谈开拓国际电视节目市场问题》一文中指出，我国影视内容产品在国际上的劣势或者说发达国家的优势体现在三个方面：一是拥有雄厚的资本，二是拥有先进的制作、传播技术和制作手法，三是拥有多年积累的丰富的市场操作经验。①因此，中国媒体机构要优化和完善国际传播能力建设的理念、模式和路径，要从媒体集团建设入手，通过增强媒体集团的市场竞争力来提升国际传播能力。值得一提的是，中央广播电视总台成立后提出了建设国际一流新型主流媒体的发展目标，集中电视、广播、新媒体等资源提升国际传播能力、影响力和竞争力，其中，对外传播的语言规模达到了44种，具备了很好的发展前景。

市场竞争力和国际传播能力存在紧密的内在关联。在当前的国际媒体竞争格局下，国际传播能力建设要强化整体思维，从媒体集团建设入手、以提升媒体集团的市场竞争力为切入口。英国广播公司前任总裁托尼·霍尔（Toney Hall）曾表示，全球媒体领域正在逐渐高度集中，美国四五家媒体集团凭借技术、资金和创新优势已基本垄断了全球媒体市场。随着中国媒体综合实力的提升，国际传播能力和竞争力都会得到提升，但要与欧美国家媒体进行抗衡，则需要充分参考借鉴其成功经验和有效模式，力求在国际化的媒体集团建设方面实现创新突破。

---

① 西冰：《浅谈开拓国际电视节目市场问题》，《电视研究》2000年第5期，第74—76页。

第二节　影视传播与市场竞争力建设

影视产品兼具政治属性、文化属性和商业属性。早在20世纪20年代，美国商会主席赫伯特·胡佛敏锐地注意到美国电影业具有对外输出宣传美国消费品和美国“生活方式”的潜能。鉴于此，美国政府很早就开始资助、鼓励出口美国电影，于是，按照美国电影协会所宣称的，美国电影随之成了“全世界最炙手可热的商品”。[①]另一方面，在全球化时代，资本和技术的跨境流动，以及节目制作和模式的跨境合作正日益模糊了传统广电节目传播的国界概念。长期以来，我国影视剧“走出去”主要遵循“外宣”模式，被当作宣传品赠送给目标国媒体播出，或者在目标国媒体租赁时段播出。作为文化交流，这无可厚非。但从产业发展的角度来看，只有赋予影视产品“产品”定位，参与国际影视市场竞争，才能倒逼国内影视产业的发展，进而提升影视产业在国际上的整体竞争力，也才能为我国影视国际传播以及文化软实力和国际传播等工作提供有力支撑。在当前形势下，影视作品只有具有国际市场竞争力，才能有效发挥其“宣传品”的作用。我国影视国际传播要立足国际市场，在内容、制作、渠道等方面提升专业化、国际化水平，通过提升影视产品的市场价值来实现其文化价值和政治价值。我国要高度重视影视产业在国际传播和文化交流中的作用，站在全球化竞争的角度推动影视产业的规范化、国际化发展，强化影视产业的整体实力和市场竞争力。我国影视产品要着眼国际市场竞争，学习和适应国际竞争规则，通过多种渠道推进影视国际传播和“走进去”。

---

① [英]戴维·莫利、凯文·罗宾斯：《认同的空间》，司艳译，南京：南京大学出版社，2001年，第301页。

一、中国影视国际传播发展历程与定位变迁

中国影视国际传播与中国电影和电视事业的发展密切相关。在最初阶段，中国影视节目完全是被当作外宣品推送出国门的。从1949年到1966年这17年间，中国共向84个国家和地区输出长短片1231个，7770部次。[①]《平原游击队》《铁道游击队》《万水千山》《红色娘子军》《董存瑞》《白毛女》等影片得到了亚、非、拉美国家观众的欢迎，尤其以《上甘岭》《战上海》和《海鹰》等反美题材的影片最受欢迎。走向国际的影片包括故事片、舞台艺术片、纪录片、美术片、科教片、风光片等。[②]20世纪60年代，我国电视界同世界33个国家的电视机构建立了购买或交换电视节目关系，通过“出国片”这种特殊时代背景下的特殊载体，实现了中国影视作品“走出去”的第一步。[③]“文革”结束后，中国影视节目“走出去”开始面临新的形势和任务，操作的理念和措施也作了相应调整。全球化的稳步推进以及中国融入国际市场程度的稳步加深，中国对于影视作品的理解进一步得到深化。在这方面，美国的影响不容忽视。美国认为影视制作和发行属于娱乐产业，娱乐产业生产的产品与其他行业的产品没有任何差异。[④]在经济全球化、文化产品商业化的形势下，文化产品出口多，自然会使其文化得到传播和弘扬。这加剧了全球文化发展的“马太效应”。[⑤]此后，学界、业界以及政界对于影视节目“走出去”有了进一步的理解，即不仅要把电视节目看成是宣传品和作品，还要看成一种打入国际市场

---

① 吴瑞庭：《当代中国电影与电影的国际交流》，《当代外国影视艺术》1995年第199期。

② 胡正荣、李继东、姬德强主编：《中国国际传播发展报告（2014）》，北京：社会科学文献出版社，2014年，第133页。

③ 张长明：《传播中国：二十年电视外宣亲历》，北京：人民出版社，2011年，前言。

④ [加]考林·霍斯金斯等：《全球电视和电影 产业经济学导论》，刘丰海、张慧宇译，北京：新华出版社，2004年，第9页。

⑤ 关世杰：《中国文化国际影响力调查研究》，北京：北京大学出版社，2016年，第16页。

的内容产品和文化产品。国际市场是检验影视节目的风向标和重要标准，只有受到国外观众的欢迎才能证明你的影视节目不仅“走出去”了，而且“走进去”了。因此，中国电视必须创建对外传播新的运营模式，建立一个跨国界、跨体制、跨行业的国际传媒产业。[①]经过持续探索和努力，中国影视节目的出口实现了稳步增长。即使在新冠肺炎疫情影响下，中国电视剧、纪录片、动画片及综艺节目出口总额在2020年仍然达到了9761万美元。

二、新兴媒体时代影视国际传播的挑战与机遇

新兴媒体发展进一步推动了影视传播的全球化发展，西方发达国家借助技术、资源、资本等方面的优势全面抢占先机，占领全球影视市场竞争高地。其中，美国的竞争优势尤为显著，其互联网、电信和新兴媒体方面的公司已经形成了显著的技术优势、平台优势和媒介生态优势。根据英国欧文公司（Omdia）2021年研究预测，全球网络视频业务订户规模到2025年预计增至16亿，而传统付费电视业务订户规模基本保持在10亿左右。就营业收入而言，2025年全球网络视频业务的营业收入规模预计为1150亿美元，而传统付费电视业务的营业收入规模则有望达到2170亿美元。目前，在网络视频频道集成业务领域，美国亚马逊（Amazon）、苹果（Apple）和柔酷（Roku）是全球最大的三家网络视频频道的集成平台。2024年，三个平台的营业收入有望达到40亿美元。2021年，美国受众订阅各类视频业务的平均数量为8.71个，英国为6.5个，

① 谭天、于凡奇：《从“走出去”到“走进去”——论中国电视对外传播的策略创新》，《中国电视》2009 年第 8 期，第 46 页。

德国为4.91个，日本为3.01个。[①]早在2019年，美国脸书、苹果、亚马逊、奈飞、谷歌（Google）5大公司在全球付费网络电视点播业务领域的营业收入中所占份额高达63%；根据当年的预测，这5家公司的份额到2023年仍能保持在60%左右。在广告支持视频点播业务领域，这5家公司的市场份额为39%，预计到2023年为43%。[②]欧洲视听观察室2019年的数据显示，就单部影视剧在欧洲的播出国家数量而言，一部欧洲影视剧通过付费订阅网络视频点播业务平均在3.3个国家播出，而一部美国影视剧通过付费订阅网络视频点播业务的播出国家数量则为5.8个。[③]目前，美国奈飞公司在网络电视领域居于领先地位。根据2021年4月数据，美国奈飞公司的全球付费订户规模为2.0764亿。2021年第一季度的营业收入为71.63亿美元，净收入为17.07亿美元。[④]在亚洲、拉美、欧洲等大多数国家中，奈飞公司都以显著优势超越当地的网络电视公司成为市场霸主。以乌克兰为例，在该国2020年5月最受欢迎的10部网络影视榜单上，奈飞公司独占9席，仅美国迪士尼公司占据了1席。其中，奈飞公司点播量最高的影视剧是乌克兰电视节目点播平均量的23.85倍。[⑤]近年来，美国影视内容正式凭借美国公司，尤其是新兴媒体公司的超强竞争实力和营销能力得以抢占全球市场。

当前，新兴媒体发展也给中国影视出海带来了前所未有的机遇。近年来，

---

① Stuart Thomson，Streaming to account for all sub growth to 2025，but pay TV still dominates revenue，digitaltveurope website，March 25，2021，https://www.digitaltveurope.com/2021/03/25/streaming-to-account-for-all-sub-growth-to-2025-but-pay-tv-still-dominates-revenue/.

② 参见 https://www.rapidtvnews.com/2019110657647/faang-firms-to-continue-to-take-deep-bite-of-ott-arena.html。

③ www.rapidtvnews.com/2019070956618/european-tv-content-providers-face-stiff-challenge-in-vod-arena.

④ https://www.broadbandtvnews.com/2021/04/21/netflix-misses-subscriber-target/.

⑤ https://www.digitaltveurope.com/2020/05/21/parrot-analytics-netflix-makes-near-clean-sweep-in-ukraine-originals-chart/.

随着中国综合国力的稳步提升和影视产业发展实力的有效增长，中国影视产品整体供给能力得到了较大提升。2019年，全国共生产电影1037部，其中故事片850部，动画电影51部，科教电影74部，纪录电影47部，特种电影15部；电影总票房达到了642.66亿元，其中国产电影总票房411.75亿元。全国制作发行电视剧254部、1.06万集，影视剧类电视节目制作时间12.03万小时；电视剧播出21.11万部，影视剧类电视节目播出时间848.45万小时。全国制作纪录片8.45万小时，播出时间50.19万小时。全国制作发行电视动画片305部9.47万分钟，电视动画片播出时间39.87万小时。影视产业实力的增长和影视产品供给能力的提升无疑为中国影视出海提供了坚实基础。

随着移动互联网、流媒体平台的迅速发展，中国影视节目通过销售版权、点播分成等方式稳步提升了“出海”的规模和效益。腾讯、优酷、爱奇艺、芒果TV等新媒体平台均积极拓展海外市场，打造WETV、IQIYI国际版应用程序APP，“芒果TV国际APP（MangoTV）”下载量已超2450万，覆盖全球超过195个国家和地区的2600万用户。世纪优优（天津）公司在北美新媒体平台VIKI、优兔平台上运营100多个频道，订阅用户超千万。《冰糖炖雪梨》《微微一笑很倾城》等影视精品登陆海外网络视频平台，在当地取得收视佳绩。例如，《冰糖炖雪梨》在越南3大平台联播，并在FPT PLAY平台位列热播剧第一名；《微微一笑很倾城》曾在优兔平台播放量超过4亿次。目前，中国影视出海正积极把握全球新兴媒体发展机遇，加速深化新兴媒体平台布局，为内容产业在海外实现弯道超车提供基础。

另外，国家对影视出海在政策上给予了高度重视，积极提供政策扶持和经济支持。2017年3月1日起施行的《中华人民共和国电影产业促进法》在第四十一条中规定，“国家鼓励法人、其他组织通过到境外合作摄制电影等方式进行跨境投资，依法保障其对外贸易、跨境融资和投资等合理用汇需求。”另外，第四十四条中规定：“国家对优秀电影的外语翻译制作予以支持，并综合利用外交、文化、教育等对外交流资源开展电影的境外推广活动。国家鼓励公民、法人和其他组织从事电影的境外推广。”国家出台了多项扶持政策，鼓励和支持中国影视出海。根据《中国广播电影电视发展报告》（2019）数据显示，截至2018年底，国家主管部门推出的“丝绸之路影视桥工程”共实施项目400多个，其中不乏影视译制和海外推广项目。“中非影视合作创新提升工程”完成英语、法语、斯瓦希里语、豪萨语等多个语言、200多部优秀影视作品配译，在非洲40多个国家播出。“中国当代作品翻译工程”（影视类）也向海外推出了《滚蛋吧！肿瘤君》等多部优秀影视作品。这些政策和扶持举措为中国影视出海注入了新动能，提供了新机遇。

三、商业模式正在成为中国影视国际传播的重要路径

新兴媒体的发展为电视国际传播提供了新的机遇，正如美国哥伦比亚广播公司研究总监大卫·波尔特拉克在2013年底的一次演讲中说的，互联网时代的技术发展极大拓展电视台的节目分发渠道和内容增值空间，电视正进入了一个黄金时代。同样，新兴媒体及其相关技术也为电视国际传播带来新的发展机遇。地理空间距离是国际传播的一个重要制约因素，长期以来限制着国际传播的发展。当前，互联网在物理层面将世界各国联结在一起，成为国际传播的渠道。而且，互联网在节目传输质量和播出效果上已完全可以达到观众的要求。互联网的发展以及移动终端的普及让观众获取国际新闻的途径更为便捷，全球化的媒介环境也推动了新闻的传播和消费，尤其是跨国新闻的流动。可以说，卫星电视、有线电视、数字地面电视、IPTV和互联网共同构建了一个立体的全球性网络体系，传播效率大为提升，电视节目可以较为容易地触达境外观众。

传统电视国际传播的一个重要环节就是“落地”，即进入目标国的有线、卫星、地面等电视播出系统。在传统电视国际传播的落地模式下，一个频道要在目标国落地，需要寻求当地运营商的合作，在一些国家还需要当地政府的审

批，手续烦琐，成本高昂。而在新兴媒体落地模式下，传统电视台可以自主完成针对特定观众的传播，成本低，效率高。与此同时，“搜索式看电视”和“口碑式选节目”逐渐成为主流，电视国际传播要积极适应新的媒介环境，在提升内容的针对性和跨文化传播技巧的同时，更加注重运用社交媒体平台提升频道、节目的品牌知名度，并强化内容搜索与收看的便捷性。

在观众的主动性特征日益凸显的情况下，电视节目的内容成为实现国际传播目标的关键所在。电视节目大致可以分为新闻、体育、娱乐、影视剧和纪实类等类型，其中影视剧是跨文化属性最为显著的类型。与此同时，影视剧在国际传播中的竞争压力也非常显著，成为一个国家影视文化产业市场竞争力的重要标志。北京大学关世杰教授认为，信息技术特别是国际互联网的发展，在全球市场经济中形成了规模生产的文化产品会得到更好的生存和发展空间。一种文化的文化产品的客户越多，产品销售量就越大，就越赚钱，竞争力就越高。反之，形不成规模生产的文化产品的生存空间就受到挤压或被淘汰出局。在经济全球化、文化产品商业化的形势下，文化产品出口多，自然会使其文化得到传播和弘扬。这加剧了全球文化发展的“马太效应”。①因此，在新兴媒体环境中，影视剧（或称影视产品）的重要性得到了高度关注，其跨文化传播的水平成为影响国际传播效果的关键要素。

基于对影视领域国际竞争规则的深刻认识，以及国内影视产业的稳步发展，中国影视国际传播越来越重视市场路径，通过与境外影视机构的商业合作和市场手段，以多元化的方式有力推动中国影视产品的海外发行和播出。以中国国际电视总公司为例，该公司作为中国影视节目出口的中坚力量，近几年开始探索版权销售、频道经营和栏目运营等方式推动中国影视节目的“走出去”和“走进去”。例如，中国国际电视总公司从2015年开始持续在海外开办本土

① 关世杰：《中国文化国际影响力调查研究》，北京：北京大学出版社，2016年，第16页。

电视频道，2015年5月28日开办了印度尼西亚“Hi-Indo!”频道，2016年8月26日在柬埔寨开办了“Hi-Cambo！”综艺娱乐频道和纪录频道。另外，该公司还从2016年开始在南非、阿联酋、捷克、尼泊尔、英国和塞尔维亚等国与当地电视台合作，运营“中国时段”栏目。截至2021年，中国国际电视总公司已实现在印度尼西亚、柬埔寨、印度、阿联酋、尼泊尔、英国、塞尔维亚、缅甸、塞拉利昂、葡萄牙、日本、俄罗斯、南非、荷兰、比利时、卢森堡共计16个国家以13种语言开办了本土化时段、频道，新媒体专区。通过经营频道和时段，中国国际电视总公司拓宽了海外的影视节目出口收益渠道，从单纯的版权销售拓展到了广告收益、付费用户收视费收入等。

除了中国国际电视总公司之外，国内电视台也积极发挥自身资源优势，创新影视节目“走出去”的新模式和新路径。例如，江苏广播电视台在纳米比亚国家电视台第三套节目开办了《中国时段》项目，每周一和周五播出《中国电视剧场》栏目，在周六播出《中国电影》栏目。另外，江苏广电国际传播有限公司与香港电讯盈科媒体有限公司合作，各出资1000万元在香港注册成立合资公司，并基于电讯盈科的now tv电视平台，开办一套整合国内优质综艺节目的付费频道“紫金国际台”，覆盖向中国香港、马来西亚、泰国、新加坡等“一带一路”沿线国家和地区。江苏广电重点负责节目的整合、编辑加工，电讯盈科重点负责平台海外销售和推广。公司通过用户订阅费、广告费、商业项目等方式盈利。紫金国际台在香港、马来西亚、泰国和新加坡都已进入当地主流收费电视平台播出，在已覆盖平台上的用户数位居综艺类频道第一阵营。频道以受海外市场欢迎的娱乐节目为主打内容拓展国际市场，同时注重我国传统文化和现代主流价值观的传播。另外，湖南广播电视台、广西人民广播电台、云南电视台、上海广播电视台等都在积极推进影视节目“走出去”，创新理念，开拓渠道，推动影视产品在国外实现市场销售与文化传播的双丰收。

另外，浙江华策、华谊兄弟、深圳华强等民营机构已经成为“走出去”

的重要力量。长期以来，中国大多数影视文化企业主要关注国内市场，在开拓国际市场方面动力不足、经验也不够。随着中国影视国际化水平提升，部分影视文化企业已经开始拓展国际市场，例如上海克顿文化传媒有限公司提出“制作和发行全世界欢迎的电视剧”。近年来，中国影视业也涌现了多部在国际上取得佳绩的案例，例如《正义红师》这部52集长篇电视动画片以科幻军事为题材、倡导保护地球、发扬正义和维护世界和平为主题，成功输出到多个海外市场，包括泰国Workpoint TV、马来西亚Media Prima、越南HCMC，Hanoi、文莱RTB、缅甸Family Entertaiment Chanel、赞比亚Muvi TV、尼日尼亚OnTV等。另外，52集长篇电视动画片《超智能足球》以全球最受欢迎的足球运动为创作背景，成功发行至海外40多个国家及地区。

四、中国影视国际传播的短板与挑战

长期以来，我国影视国际传播主要以外宣为导向，主要工作方式是免费赠送播出版权，落脚点并不是国际市场。“外宣”导向本无可厚非，毕竟影视产品承担着塑造国家形象、传播中华文化、提升中华文化软实力等方面的使命。但缺乏市场意识的“走出去”往往实现可持续发展，也难以真正扎根当地市场。具体而言，我国影视国际传播主要存在以下几个方面的问题：

1.理念有待完善

我国影视国际传播主要是靠政府推动，政府的核心诉求点是讲好中国故事、加强国际传播能力建设、提升文化软实力、塑造中国形象等，故而主导理念是外宣，商业理念缺乏，市场动力不足。相比之下，美国等西方国家影视国际传播主要靠企业，核心诉求点是利润，主导理念是利润。在国际市场竞争的这个场域中，商业化操作模式更为有效，经济利益的驱动也更为持久。可以说，无论中国影视国际传播想要完成怎样的任务、达到怎样的目标，如果失去对作为市场形态存在的国际传播环境中的商业资源的占有，就必然失去对于观众的占有，文化或政治上的影响力也就可能会被边缘化。

2.机制有待健全

直到最近几年，我国影视产品才真正大规模“走出去”，尤其走进欧美国家。正因为如此，机制尚未健全，无论是国家层面还是媒体或企业层面都还处于探索、尝试和积累阶段。例如，中国影视机构在海外与中资企业之间缺乏合作和互动，在与其他国家开展竞争时无法相互借力。这种状况在韩国就一直存在：中国影视剧进入韩国市场时，因为中资企业并不注重中国影视剧的文化效应，缺乏在中国影视剧中投放广告的积极性和主动性，导致韩国广告代理商一般都参与中国影视剧的广告代理业务；缺乏有效的广告投放保证，韩国电视台极少会在黄金时段播出中国影视剧。相比之下，韩国影视机构在海外往往会得到本国大企业的大力支持，尤其在这些韩国影视剧投放广告方面不遗余力。在海外激烈的竞争中，广告收益也是促使目标国电视台进口韩剧的重要因素之一。另一方面，韩剧对于传播韩国文化具有积极作用，为韩国企业在当地发展营造了良好的氛围。未来，中国影视国际传播和中资企业在海外发展需要携手合作，在谋求共赢的同时对于提升中国在目标国的整体影响力具有相得益彰的效果。

3.模式有待升级

影视国际传播并非简单地把节目送出去，而是一个过程复杂、成本高昂的系统工程，包括版权购买、翻译、国际营销、播出时段租赁等。加之每个国家对于影视剧的内容、制作、译制甚至播出长度都有不同的要求，前期调研和后期改编等都需要人力和成本投入。例如，江苏广播电视台在捷克播出电视剧《最后一张签证》时，捷克方面要求将原来的48集改编为20多集，以照顾当地观众的收视习惯。正因为如此，影视国际传播面临一个市场化、商业化和可持续问题，往往需要在短期宣传效应和长期市场效应之间作出选择，或者说在宣传模式和市场模式之间进行抉择。长期以来的游离不定，导致“走出去”模式上缺乏一种持续完善的过程，也缺乏战略上的长期布局。在全球化时代，节目、资本、人才和技术的跨境流动，以及节目制作和模式的跨境合作正日益模糊了国界概念。纵观欧美发达国家，影视产业相关传媒集团一方面积极利用其节目内容优势、资本优势和技术优势开拓其他国家市场，另一方面大力推进本土化制作和销售模式，制作或改编出符合目标国观众需求的节目。近邻韩国在海外销售影视剧时，其整套操作模式也是相对完善和成熟的，例如韩国在海外销售热播剧时通常会开展宣介活动，并与剧中主要明星一道到海外目标国开展见面会等活动。

4.跨文化技巧有待改进

不同国家和地区的文化特征亦有所不同，这不仅涉及语言的差异，更涉及价值观、宗教、艺术等方面的不同。我国影视剧长期以来将国内观众作为主要的传播对象，对于境外观众了解不多，也就容易出现跨文化的问题。以语言为例，我们通常会把说同样“语言”的国家等同对待，但历史与社会变迁通常会加剧这些同种语言国家或地区在语音、语义等方面的差异。例如，墨西哥通用语言为西班牙语，但墨西哥的西班牙语与西班牙本土使用的西班牙语不尽相同。实际上，墨西哥十分抵触原宗主国殖民地西班牙的影响，所以墨西哥电视台不播放西班牙人或西班牙本土语言配音的影视剧。中国影视剧作品在面向墨西哥开展影视剧译制配音时，除了要保证翻译的准确和语音的纯正之外，还要考虑当地的国情、社情和民情，以提高目标国观众对中国影视作品的接受度、喜爱度、满意度和忠诚度。我国影视剧在面向邻国缅甸传播时，也遭遇了诸多文化问题，其中较为普遍的有三个方面：一是影视剧政治色彩浓厚，如“抗日神剧”等；二是影视剧宗教色彩浓厚，如妖魔鬼怪题材的电视剧；三是影视剧伦理观念较为开放，如暧昧镜头过多的影视剧。因此，我国影视国际传播要采取“一国一策”的跨文化传播方针，减少文化折扣。有非洲受访者认为，中国影视作品本身具有剧本复杂、情感表达含蓄的特点，导致非洲观众的理解困难；而译制后的中国影视剧往往因中文比非洲本地语言简洁而存在台词过于密集的现象，亦不符合非洲观众的收视习惯。[①]对此，中国影视国际传播在主题选择、内容制式、表达方式等方面要提升跨文化水平。

5.国际化水平有待提升

长期以来，中国电视台和影视机构以国内观众为主，较少考虑国际市场。但随着中国与世界交流的增多，中国影视节目越来越多地走向海外，推动中外影视文化交流，也增加中国影视产品的国际销售收入。在这个过程中，影视产业国际化水平偏低的问题日益凸显。例如，中国农业节目主要服务国内观众，但随着中国农业技术提升和农业产业发展，越来越多的国家希望了解中国农业。在此背景下，《致富经》《科技苑》等农业栏目以及《舌尖上的土豆》等农业类纪录片开始走出去，并在老挝等国受到热烈欢迎。随之而来的尴尬局面是，许多农业节目在制作时并没有预留国际声，也没有保存无字幕版，甚至没有保存节目文本，这给翻译配音和改编带来了诸多不便。可见，影视国际传播的前提和基础是国内影视产业的国际化与规范化。

五、中国影视国际传播的策略

影视剧“走出去”首先要充分认识到其政治、文化层面的战略重要性，影视产品国际竞争的本质是文化博弈，与文化阵地、文化安全密切关联。其次，影视国际传播要注重策略，尤其要在“一国一策”方面下功夫，针对不同国家的需求要打造不同类型的影视产品。例如，东南亚对于中国古装剧的需求较大，但蒙古国对古装剧的接受度较低，更青睐中国的现代剧。再次，影视国际传播在重视政治、文化作用的同时，要充分强化市场导向，确保可持续发展。最后，影视国际传播是一个系统工程，要从国家层面加强顶层设计，并在政策方面加以扶持。韩国影视剧的迅猛发展，最重要的一个原因是韩国把文化产业

① 郭镇之等:《中国影视作品在东非的数字化传播》,《电视研究》2017年第1期,第26页。

作为国家战略产业，将“文化立国”作为发展方针，对文化产业给予政策、资金、人才等多方面的扶持。当前，中国影视产业迅猛发展，如果政府主管部门能提供有力的政策引导和市场环境，相信中国影视国际传播的步伐和效果将更为显著。

1.强化政策扶持，优化顶层设计

长期以来，中国电视领域的市场属性相对薄弱，电视被认为是事业体系的一部分，等同于供水、供电等公共事业。受此影响，中国电视业市场特征薄弱，付费电视业仍未起步，电视台营利模式单一，版权交易市场不成熟，等等。就影视作品走出去而言，中国电视产业国际化程度不高，媒体机构和文化企业都以国内市场为主，走出去的能力和动力都亟须提升。其实，美国影视业一开始也不关注国际市场，后来经历了“对内”到“对外”的转变。1930年，美国好莱坞在海外电影票房只占总收入的45%，这种状态一直维持到1970年。当时，美国本国就是最大的电影市场，美国电影制片公司从未想过国际市场战略。后来，美国联邦最高法院禁止好莱坞垄断国内市场，好莱坞电影制片公司开始转向海外市场并在海外开设了自己的附属机构。[①]可见，政策引导和扶持在影视产业发展过程中能发挥决定性作用。

全球影视发达国家的发展历程表明，国家扶持是影视作品提升市场竞争力的重要举措。以美国为例，美国电影制作与发行协会（MPPDA）、电影输出协会（MPEAA）这两大协会在国际市场上均与政府建立了长期的合作；美国商务部在对外贸易司中成立了电影处，专门为美国的影视业提供支持。除此之外，美国政府驻外机构专门负责搜集国外电影市场相关报告，为影视公司拓展海外市场提供决策参考。在外交方面，为了给好莱坞电影创造进入海外市场的

① 刘洪：《中国影视文化产品出口研究》，首都经济贸易大学硕士学位论文，2017年，第25页。

条件，美国不惜使用政治手段和贸易制裁措施，例如在1985年，韩国政府为了保护本国电影产业，规定国产影片放映时间必须为全年的146天以上；对此，美国随即便要求其改变该政策并且要求其允许美国影视公司在韩国建立发行公司。中国加入WTO谈判时，美国将允许美国资本进入中国电影市场及增加中国对美国电影的进口配额数量作为谈判条件。[①]为鼓励影视企业出国参展、拓展国际市场，日本、韩国、俄罗斯等国政府会为本国参展企业提供资金扶持。为了宣传本国影视作品，一些国家政府还会出资做广告推介。当前，我国影视作品走出去仍处在起步阶段，相关主管部门在尊重市场规律的基础上，需要创新体制机制，出台有效扶持政策。另外，主管部门需要为影视作品走出去保驾护航，尤其要深入研究当前影视作品对外传播过程中出现的主要问题和困难，包括税收问题、进出口配额问题、海外盗版问题等，提供精准扶持。自2007年起，商务部、中宣部、财政部、广电总局等机构连续联合公布《国家文化出口重点企业目录》；2018年公布的重点文化企业共有298家，其中一半以上是影视文化企业。虽然机制建立起来了，但对于这些企业的扶持政策还有待优化，扶持力度还需要加强，包括需要协调金融机构对列入重点出口企业、项目优先给予信贷支持，鼓励保险机构创新保险品种和保险业务，开展知识产权侵权险、广播影视产品完工险和损失险等。另外，主管部门需要推动进出口银行继续通过签订战略合作协议的方式，为广播影视出口重点企业和项目提供综合性金融服务。主管部门还可以通过设立影视走出去产业基金等方式，利用金融市场优势支持影视作品走出去。另外，当前海外盗版问题尤其值得关注，在一些国家严重影响了我国影视作品走出去。许多影视出口贸易机构建议参考韩国政府维护韩剧海外版权的做法，协调我驻外使领馆，要求所在国政府监理单位，

① 刘洪：《中国影视文化产品出口研究》，首都经济贸易大学硕士学位论文，2017年，第27页。

约束各类播出平台盗播我影视作品的行为。在版权进出口管理政策方面，影视作品出口企业希望能优化影视进口管理模式，推出“以出带进”政策为影视企业提供更多动力。

当前，中国影视国际传播的竞争力尚不足以与欧美国家抗衡，国家影视主管部门要针对当前发展阶段的特点，加强顶层设计，针对未来发展制定中长期规划、增长路径和区域布局，并提出相应的切实可行的扶持举措。为了做好顶层设计、优化传播布局，国家相关部门要在国家层面上加强四个方面的统筹：首先，要加强影视媒体与外交、商贸、金融等领域的统筹协调，为影视作品走出去构建强大的支持体系。其次，要加强影视行业与电信、建设、交通等领域的统筹协调，为影视作品走出去构建有效的协作机制。再次，要加强影视走出去的地区布局，根据国家外交大局确定优先次序，明确重点国家。最后，要统筹开展海外市场研究和效果评测，以此为基础科学制定影视走出去的时间表、路线图。例如，针对不同国家文化背景及受众内容需求，为影视出口企业在目标国家和区域确定影视题材、译制方式、播出渠道等方面提供有效参考。为此，国家层面需要统筹建设一个国际传播数据库，专题分析世界主要国家的文化特征、影视市场特点、传播渠道特点、受众收视特征、受众内容需求、国家影视作品监管政策等。以此为基础，为全国影视走出去提供科学有效的决策参考，有效优化影视作品走出去的传播布局。国家主管部门还应在行业层面上加强四个方面的统筹：首先要统筹好影视走出去的主体。影视走出去的主体要统筹国有和民营、中央和地方、行业内和行业外等几个方面的关系。要积极协调引导地方传媒机构、民营企业，参与广播影视走出去有关重点项目，并与其他参与主体一样享受同等待遇，对民营机构承担公共服务部分采取政府采购方式予以支持，对民营企业走出去的传输渠道、平台与技术研发、人才培养培训等，予以资金支持。其次要统筹好影视走出去的渠道。中国影视机构自建的海外营销渠道，普遍存在小而弱和专业性较低等问题，彼此之间的合作程度也不高。相关主管部门要统筹建立覆盖广泛、具有强大营销力的海外营销渠道，稳步提升中国影视内容在国际市场上的竞争力。三是要统筹好影视走出去的内容。针对不同国家、地区的文化特点和市场竞争情况，要统筹好影视走出去的内容，避免出现影视作品传播中“制度折扣”“文化折扣”。在同一个国家，要统筹好不同类型的题材，力求丰富、多元，避免同类题材的同质化竞争。四是要统筹好影视走出去的宣介。影视作品走出去的影响力既与单个作品有关，也与整个国家影视产业品牌形象有关。国家相关主管部门要统筹开展影视品牌宣介活动，为中国影视作品走出去营造良好的氛围，提升中国影视作品的国际影响力和竞争力。可借鉴美国电影协会的做法，由影视机构成立的协会在主要国家、主要国际性城市，建立办事机构，负责中国影视节目的海外推广。

2.强化内生动力，促进影视产业的国际化

中国影视国际传播首先要筑牢内容产业基础，着力提升影视内容制作这个核心实力，以此来逐步构建市场竞争力和影响力。在国际市场中，国际化的内容产品是中国影视开拓国际市场的根本要求。中国影视企业应树立精品意识，推出更多思想精深、艺术精湛、制作精良、体现时代文化成就、代表国家文化形象的国际化影视精品。为此，我国要着力提升影视内容产业的专业化水平，包括内容创意、剧本、拍摄、制作等。以美国影视业为例，制片公司为了提升国际市场竞争力，会在每个环节都极为用心，以迪士尼的《疯狂动物城》为例，该部影片于2016年上映，但是其制作时间经历了5年，制作团队有500人。[①]

除了提升专业层面的实力之外，我国影视媒体和企业还要在影视作品的主题内涵和价值观层面提升作品的国际化水平。为了提升国际市场认可度和影响力，影视作品在价值观和理念内涵等方面要充分克服“文化折扣”。在这方

① 刘洪：《中国影视文化产品出口研究》，首都经济贸易大学硕士学位论文，2017年，第26页。

面，美国影视产业提供了很多成功经验。以影片《疯狂动物城》为例，这部影片对于儿童来说是善良勇敢的主人公打倒了恶势力，这是成功的美国影片一贯拥有的英雄主义；对于成年观众来说，主人公兔子朱迪从一个弱小的农村小型动物，到成为一名优秀的警察，呈现了一个实现“美国梦”的故事。①《变形金刚》等电影主题均是保卫世界和平，与恶势力作斗争，选取了积极向上正能量的主题。这样的影片选取的主题是全世界所认同的，不会因国家不同产生理解的差异；这样不仅可以让国内外观众产生情感上的共鸣，还可以减少文化折扣所带来的影响。对于像中国这样影视产业仍在发展中的国家，国际合拍是提升影视产业国际化水平的有益选择；影视文化企业通过合拍吸收借鉴国外的拍摄的技术和经验，同时使得影片的文化更加多元，不同文化的拍摄团队可以兼顾不同国家的观影习惯。②

影视国际传播一方面要在制作技术和方式上与国际接轨，但更为重要的是在影视作品立意和价值观方面赢得不同国家、不同文化的认同。另外，中国影视媒体和文化机构要针对国际市场制定有效的发展策略和可行的实施步骤。考虑到中国文化的独特性，影视作品在国际传播中容易出现“文化折扣”，现阶段可以先重点发展动画片。以广东原创动力文化传播有限公司喜羊羊系列影视作品为例，2009年迄今为止，《喜羊羊与灰太狼》动画系列和电影系列已成功登陆全球100多个国家和地区，包括澳大利亚、新西兰、印度、新加坡、马来西亚、泰国、韩国等市场，使用包括英语在内的17种语言播出。该公司在2010年就《喜羊羊与灰太狼之羊羊快乐的一年》一片与美国迪士尼频道签订了授权协议，将喜羊羊推广至了亚太52个国家和地区，拉开了喜羊羊全面进军海外市

---

① 刘洪：《中国影视文化产品出口研究》，首都经济贸易大学硕士学位论文，2017年，第26页。

② 同①，第32页。

场的序幕。凭借迪士尼频道的影响力，喜羊羊系列在接下来几年迅速成功登陆中东、北美、韩国等地区的播出平台。动画片在角色特征、表达方式、价值塑造等方面具有更强的跨文化能力，可以兼顾不同年龄段的受众，是影视国际传播的重要载体，也是中国影视媒体和文化机构在当前阶段的重要战略选择。

中国影视国际传播的前提是“精品”实至名归，而且颇具规模。中国目前是影视剧制作的大国，但还不是强国。如果要参与国际市场竞争，我国影视产业首先要做大做强，不断完善影视产业的法律体系、市场环境、产业基础等方面，逐步构建起一套涵盖从创意、制作、播出、推广到发行等完善的规则体系、监管机制、竞争机制、激励机制等。国内影视产业只有具备了与国际竞争的实力，才具备了“走出去”的内生动力。究其根本，“走出去”是国内产业综合实力向境外市场的自然辐射，是一个水到渠成的过程。另一方面，国内影视产业要逐渐加强国际化布局。参照美国战略管理学者迈克尔·希特（Michael A.Hitt）等人在《战略管理：竞争与全球化》中的战略管理理论，我国影视国际传播要从战略高度加强产品和服务出口、品牌特许权交易、战略联盟、并购、在对象国设立全新子公司等方面的顶层设计。根据这一理论，产品和服务出口具有高成本、低控制的特征；品牌特许权交易，也可以简称为特许经营，具有低成本、低风险、低回报等特征；战略联盟具有成本分担、资源共享、共同承担风险等特征；并购的特征是能快速进入新市场，在本地进行运作合并，但也具有高风险、谈判复杂等问题；在对象国设立全新子公司较为复杂，通常具有成本高、周期长、风险高等方面的问题，但其优点是能实现最大的控制，而且有着潜在的超平均水平的回报。[①]针对这些特征，我国应立足影视国际传播的长远战略目标，分阶段、分地域、分类型制定相应的实施方案，提升影视国际传播的规划性、有序性和有效性。

---

① 刘新传、冷冶夫：《美国纪录片国际竞争力分析》，《中国广播电视学刊》2014年第11期，第85页。

中国影视国际传播要克服制度、文化等方面的差异，充分考虑目标国的文化特点和民众心理特征，注重选择那些反映人类情感和文化价值观共同点的节目，提升其认同感。例如，《北京青年》《国民大生活》等剧在蒙古国播出时受到热烈欢迎，正是因为剧中主角真诚、友善、勇敢和执着在观众中产生了广泛共鸣。《产科医生》在东南亚取得了较好的收视表现，就因为该剧反映了人类情感中的共同点。不同国家观众对于影视产品的内容需求和欣赏习惯不尽相同，一部电视剧、电影或纪录片并不能包打天下。《媳妇的美好时代》在一些非洲国家广受欢迎，但在智利却遭遇冷门，智利TVN电视台甚至拒绝引进该剧，认为其节奏太慢，不符合当地观众的收视习惯。因此，要强化不同国家传媒政策，尤其是影视节目引进政策的研究，并对观众的文化习俗、欣赏习惯、内容需求等进行深入分析，提高传播的针对性。

3.强化跨文化水平，提升影视译制能力

影视国际传播一方面需要妥善应对国际贸易规则的问题，另一方面需要处理好跨文化传播的问题。1938年，林语堂用英文写的、向西方介绍中国文化的《生活的艺术》一书出版，引起轰动，成为美国畅销书排行榜第一名，且持续时间长达52个星期。后来，此书在美国重印了40余次，并被译成10多种不同的语言。从跨文化传播的角度来看，北京大学乐黛云教授指出林语堂的成功之处在于以下几个原因：首先是林语堂对中国文化有深刻广泛的了解和热爱，能够捕捉到中国文化的神髓，并以简约的形式传达给西方读者；其次，他的家庭背景和经历使他比较容易理解西方读者的文化趣味和内在需求，因此有可能针对他们的兴趣爱好，对中国文化给予准确、到位和贴切的解释；再次，林语堂以平和的心态、自由的精神、杰出的文学才能，从容自若、娓娓道来，在选题方面，不论题目，大到宇宙，小至苍蝇都可以成为其描写对象，做到了“有容乃大”，易于接受。更重要的是他的一切出发点都是基于坚定的跨文化思想的基础。[①]对于中国影视国际传播而言，林语堂的许多做法是值得借鉴的。美国在影视产品出口方面采取了“中性战略”，以克服跨文化的问题。所谓中性战略是指在影视节目制作时，考虑到区域性市场或国际市场的差异性因素，在对白口音、演员构成等方面尽量满足目标市场观众的文化特点和心理需求。

国际影视竞争的核心是内容竞争，为此要稳步提升规模化制作国际水准影视作品的整体能力和工业化水平；而影视译制配音是一个专业性很高的环节，需要国家推动制定译制配音标准、培养译制配音人才、开发相关软硬件等。另外，过去几年走出去工作经验证明，在译制配音方面给予扶持是支持影视作品海外传播的有效机制，需要不断提升支持力度。因此，需要继续优化译制扶持政策，充分发挥其对优秀作品海外传播中的杠杆作用。另外，中国的影视国际传播要有针对性地开拓海外市场，针对不同国家文化背景及受众观影习惯的不同，来选择适合其的影视产品内容，提升影视节目创作和制作的跨文化水平。影视节目译制方面也要着力提升跨文化能力，减少文化折扣。影视国际传播要针对不同地区采取有不同的翻译方式，例如美国可以是“原声+字幕”，而中东地区和较不发达地区则希望以本土化语言进行配音。

4.强化专业化水平，提升分工的精细化程度

中国影视国际传播涉及多个领域，需要不同专业之间加强合作，提升“走出去”的整体专业化水平。有研究者认为，我国电视剧“走出去”的主要问题之一是制片时缺乏国际市场意识，技术标准不符合国际市场规范。[②]过去，我们往往将“走出去”的核心聚焦在制作领域，而忽视海外市场的推广和营销领域。实际上，即便是“前店后厂”的传统模式，也离不开制作与营销的紧密合

① 乐黛云：《涅槃与重生——在多元重构中复兴》，北京：中央编译出版社，2015 年，第 148 页。

② 中国电视剧制作产业协会、综艺报编著：《中国电视剧（2014）产业调查报告》，北京：中国广播影视出版社，2015 年，第 95 页。

作。就影视产品营销而言，西方国家具有成熟的市场运作经验，值得我们借鉴和参考。例如，他们在海外销售方面一般会采用两个战略措施。第一个战略是“泥巴墙”（mud against the wall）模式。这一模式主要是通过不断地增加影片的数量来提高成功的概率。从媒介产品的角度讲，就是制作大量的独特的产品，并寄希望于其中的某些影片可以偶尔获得人们的青睐。在这一战略中，作者进行内容创作的主要动力就是以艺术或灵感的驱动，坚持认为其中一些产品具有一鸣惊人的可能。第二个战略是“大片”模式。这一模式通过在广播影视和娱乐行业集中大量的人力和财力，从而减少了产业的风险。这一模式中内容创作的主要动力来自经济，而非艺术。这就将创作战略和市场战略紧密联系在一起。这一模式有两个前提，第一是在人才、制作以及市场营销上的大量投资就意味着会获取大量的观众，第二则是观众的选择取决于产品的宣传攻势，宣传得越好就会驱使更多的观众选择这一产品。[①]

影视国际传播需要面对国际市场激烈竞争，与欧美、韩日等同场竞技，需要大力强化专业化程度。我国影视产业整体实力还不强，在一些关键领域和环节还存在短板，例如，在数字化、信息化的时代，我们缺少制作高端影视作品的技术，包括拍摄技术、后期剪辑技术和专业的特效处理。[②]有研究者认为，当前我国影视产业链还不完善，国际化程度还不高，例如前期摄制、后期制作、发行放映、衍生品等有形商品的对外贸易还完全没有形成规模。[③]为了推动影视国际传播，影视产业首先要大力提升影视制作领域的专业化水平。2014年10月至2015年6月，中国学者在13个拉美国家以问卷调查方式开展“如何推

① ［英］露西·昆：《媒体战略管理——从理论到实践》，高福安、王文渊译，北京：中国广播电视出版社，2013 年，第 86—87 页。

② 黄华：《我国影视文化产业的出口障碍及对策探究》，《法制与社会》2017 年 4 月刊下，第 100 页。

③ 王鑫：《我国影视贸易企业存在的问题及对策分析》，对外经济贸易大学硕士学位论文，2016 年，第 21 页。

动中国影视作品‘走进’拉美市场”的课题调研。调查结果揭示出，中国影视作品题材过于狭隘，故事性不强，创意新颖性不足。[①]在北美市场上，中国影视作品的接受程度还不理想。研究认为，作为供给侧主要力量的中国创作者和作为消费侧的北美观众之间的良性互动其实还没有很好地建立起来。[②]相比之下，美国影视作品之所以能够在全球范围内广受喜爱是因为其产业化水平高，能通过工业体系实现精细制作。影视产业作为一个高投入的产业，美国始终坚持“高投入、高回报”的理念，着力打造面向全球市场的精品。[③]当然，影视制作的高水准一方面在于投资规模，另一方面也与制作理念、方式、手法相关。这需要影视主管机构在行业发展、作品规范、技术标准等方面加大工作力度，并通过各类评奖评优活动进行引导。

从长远来看，国家主管部门为提升影视专业化水平和整体实力，还需要在其他一些关键环节开展基础性工作，正如华强方特（深圳）动漫有限公司接受课题组调研时的建议：政府着重支持国际化原创影视作品的创作、研发、自主译配等国际性业务工作；开展市场营销、品牌授权等国际化业务培训；在国际化团队建设、贸易人才培育、专业设施筹建等方面予以政策倾斜；随着中国影视国际传播规模的增长，影视版权保护等海外法律支持必将成为热点和重点问题，这也需要提前布局、早作准备。另外，影视产业发展与融资体制密切相关。仅仅依靠影视行业的行内资金，完全无法满足影视的发展和创作需要。风险投资基金仍然没有被我国的影视市场广泛使用，融资难就自然成为我国影视

---

① 栾昀：《中国影视作品走进拉美市场的问题调研与分析》，《新闻传播》2016年8月刊，第85页。

② 高欢：《中国影视作品北美传播研究》，《当代电视》2017年第8期，第92页。

③ 刘洪：《中国影视文化产品出口研究》，首都经济贸易大学硕士学位论文，2017年，第26页。

市场的重要影响元素。[①]由于影视行业属于高风险高投资的行业，若没有健全的法律和完善的投融资体制，只会有较少的投资者进行投资。美国影视产业高度发达，很早就施行完片担保制，这种投融资服务体系极大地调动了银行、创投机构和个人投资者等各方的参与，大大推动了影视产业融资的高效运作。[②]我国要通过政策和体制制度创新，加强专业机构的引导力度，推动国家扶持基金、金融资本和民间资本顺畅地进入影视产业。

5.强化营销能力，提升市场拓展能力

影视国际传播要注重海外市场宣传推介，在影视领域“酒香也怕巷子深”。我国影视国际传播还处在起步阶段，海外宣传推介理念和手段仍在探索之中。“如何推动中国影视作品‘走进’拉美市场”课题调研发现：绝大部分的受访者从未见过中国影视剧在当地投放的户外广告，也未曾在媒体上看过有关中国影星在拉美走红毯的新闻报道。[③]2016年一项针对美国中文学习者等相关人士的小规模问卷调查结果也显示，美国观众对中国影视剧的知晓途径主要是通过媒体宣传和周围朋友推荐。因此，要扩大中国影视作品在美国的传播影响力，除了要提升影视作品的质量以外，还要做好与作品相关的各种宣传工作。[④]目前，我国的影视国际传播大多传承了过去影视营销的方法，如参加电视节、电影节等活动，或与国外影视国家联合举办影展等方式推广我国的影视作品。[⑤]

---

① 刘莹：《中国影视业走出去的现状、问题及对策》，《中国广播电视学刊》2016年第2期，第51页。

② 刘洪：《中国影视文化产品出口研究》，首都经济贸易大学硕士学位论文，2017年，第16页。

③ 栾昀：《中国影视作品走进拉美市场的问题调研与分析》，《新闻传播》2016年8月刊，第84页。

④ 高欢：《中国影视作品北美传播研究》，《当代电视》2017年第8期，第93页。

⑤ 同①，第51页。

毋庸置疑，宣传推介是拓展国际影视市场的必要举措，也是提升我国影视作品国际知名度、影响力的主要方式，不能再有“宣传推介是浪费钱”“宣传推介效果看不见摸不着”等落后观点。课题组在上海、广东调研时发现，海外销售业绩较好的影视文化企业都积极开展海外宣传推广活动，例如参加“中国联合展台”，主动策划和开展节目展映、媒体论坛、社交酒会等宣传推介活动。广东原创动力文化传播有限公司成功将《喜羊羊与灰太狼》动画系列和电影系列发行到海外100多个国家和地区，该公司认为，积极参加海外展会，利用展会契机与海外同行多多沟通，有利于我们更好地了解海外市场，创造更多合作机会。同时，拥有高质量的英文样片、脚本、海报等介质及宣传素材，对于作品走出去也大有帮助。一些企业还通过境外合作伙伴开展本土化宣传，例如上海克顿在日本的合作方在地铁等户外广告平台对中国重点剧目投放广告。当前，我国影视国际传播要认真学习国际同行的成功经验，创新海外宣传推介的理念、模式和手段。

影视国际传播的营销和销售要有的放矢，针对目标观众群体的需求提供相应的节目。美国思科瑞珀斯集团国际业务总裁吉姆·桑珀斯（Jim Samples）表示，其频道和节目在海外市场之所以能取得成功，关键在于他们对于目标观众有精准、严格的细分，基于观众细分进行节目内容制作和编排，从而让每一个专业或主题频道在该领域处于领先地位。中国影视影视文化企业要针对不同地区、国家的文化特点和市场特征选择合适的作品，有针对性地制定销售策略。开拓欧美、拉美等市场时，我国影视文化企业要注重文化差异和制度差异等问题，着重输出有“东方意境”的古装题材作品；针对非洲市场，则要充分利用中国经济社会发展的吸引力，侧重输出体现中国当代精神的影视作品；针对东南亚、东亚等周边地区，要注重历史关联和文化认同，可以兼顾输出古装题材和当代题材的影视作品。另外，中国影视产业整体参与国际市场竞争的意识和能力相对较弱，主要采用一次性打包销售等“省事省心”的方式开展海外销售。随着我国影视综合实力和市场竞争力的提升，影视作品销售策略要逐渐从粗放型向精细化转变，针对不同地区和国家采取相应的销售策略，力求销售量和销售金额最大化。

6.强化新兴媒体平台建设，促进渠道的多元化

随着新兴媒体平台的发展，影视国际传播的渠道得到了大幅度的增加，这既是机遇，也是挑战，因为美国等西方强国已经抢占了先发优势，并且利用新兴媒体的快速发展改变了国际市场规则。例如，美国网络电视巨头奈飞公司（Netflix）在播出原创影视剧时，会在所有国家同步推出，而不像传统电视那样在不同国家安排播出的“窗口期”。这种模式给传统电视内容分发带来的影响被称为“奈飞效应”（the Netflix Effect）。根据2016年IHS发布的数据，美国电视剧在法国市场上播出的平均“窗口期”大幅缩短，从2014/2015年度的159天缩短到2015/2016年度的32天。也就是说，一部美国电视剧在本国播出32天后，就开始登陆法国市场。不过，美国电视剧在法国市场上播出的“窗口期”存在双轨制：在视频网站和付费电视频道的窗口期相对较短，在免费频道的窗口期相对较长。目前，美国电视剧在英国和澳大利亚播出的平均窗口期为37天，此前是120天。美国电视剧在德国播出的窗口期为61天，此前是170天。[①]在基于互联网、移动通信和智能终端等为基础的新兴媒介环境中，影视业在两个方面发生了显著变化：一是制作方面，专业化的拍摄与制作设备不再是必备条件，智能手机等终端可以拍摄和制作一定专业化的影视内容。换而言之，就竞争或发展的重心而言，专业化的设备正在让位于专业化的内容；二是在分发方面，单向传播正在让位于交互传播，传统的视听接收模式正在变为看、听、玩等多种行为的结合。但从影视国际传播的角度而言，渠道多元化是一个核心关注点。

---

① www.digitaltveurope.net/530742/netflix-effect-forces-shorter-windows-for-drama.

7.强化协同能力建设，促进协作的制度化

影视国际传播是影视产业整体实力的海外投射，也是影视机构实施国际化发展战略的必然路径。虽然中国政府主管部门一直致力于推动中国影视国际传播，并在节目创作、译制、海外推广、版权输出等方面出台了鼓励政策和相关措施，但“走出去”的整体协同性仍不足。当前，中国影视产业的国际化之路仍处在起步阶段，相关媒体、机构和企业之间需要加强协作，发挥走出去规模效应、提高国际议价能力，在不断总结经验的基础上进一步研究创新举措，优化走出去的合作机制和平台，通过同业合作形成更强的市场竞争力。

从实际操作来看，后端与前端的协作仍要加强，也就是影视剧制作方和国际销售方需要协同运作。中国影视节目“走出去”主要依托国有媒体和机构，并从政策、资金、人力等方面给予大力支持。相比之下，民营文化企业没有获得足够的重视。民营文化企业在适应国际竞争环境，推动中国节目“走出去”方面具有独特的优势，应该获得与国有媒体相似的支持，并由此推动“走出去”主体的多元化。另外，影视领域与其他领域的协作，尤其是与中资企业的合作存在诸多不足。中资企业在海外发展时，要么走当地政府高层路线，忽视面向市场和民众的推广公关；要么只注重当地热门节目的广告效应，不借助中国文化传播来强化中国整体形象塑造和品牌传播。因此，要积极探索激励机制，鼓励在海外的中资企业积极在中国影视剧精品中投放广告。2016年，中国国际广播电台在埃及国家电视台推动《电视中国剧场》项目时，从内容和市场两方面着手，取得了收视和收益的双丰收。在内容方面，《电视中国剧场》精选《父母爱情》等优秀影视剧，并以本土化方式完成配音。阿语版《父母爱情》在埃及创出3.8%的高收视率。在市场运营方面，《电视中国剧场》成功吸引到长安汽车、百度搜索引擎等企业的广告投放，与埃及国家电视台、影视剧版权方等分享了广告收益。要利用这些电视剧初步占领当地市场的机遇，加强有关剧目的版权销售、广告销售及其他内容、形式的商业合作，促进中国影视

剧的市场化运作，同步增加社会效益和经济效益。

影视国际传播还需要跨行业的合作，延伸和完善影视国际传播的产业链条。目前，我国影视文化的产业关联度较低，尚未达到 20%，影视文化产业未能与相关产业进行融合发挥更大的价值。相比之下，美国的影视文化产业关联度已经达到了60%左右，例如《星球大战》的票房总收入是 18 亿美元，衍生品的收入已经超过45亿美元。[①]可见，我国媒体机构和影视文化企业要强化跨行业合作，为影视国际传播构建更为坚实的基础、争取更多的资源。

8.注重国际合作，荟萃优质资源

中国影视国际传播是一个参与国际竞争、与国际市场接轨的过程，需要不断提升国际化水平，强化国际交流合作的能力。

为了提高中国影视作品的国际市场份额、增强国际传播的针对性和精确度，首先要了解海外观众的文化习俗、文化心理和信息接受习惯，根据国际受众的需求讲好中国故事，讲让世界观众听得懂的故事。在客观条件方面，中外文化差异较大，我国影视创作公司的创作人员对国外的文化并不十分了解或理解不深，在这种情况下要创作出符合西方受众口味的中国影视作品就比较难，而有效的方式之一就是与熟悉国际市场和国外文化的企业合作开展，通过将作品或品牌进行本地化，让国外受众接受和认同，进而才能逐步在国际市场站稳脚跟。而在合作的过程，则是一次文化与创意的大碰撞，来自不同的文化背景的创意和市场人才进行互相的交流、学习甚至争论，都将使国内的影视企业、从业人员更了解国外的文化、习俗和观众口味，对我们讲好中国故事具有非常大的帮助，只有这样我们才能不断地创作出受喜欢的作品，提高国际市场份额，更有针对性地创作和传播中国影视作品。

---

① 刘洪：《中国影视文化产品出口研究》，首都经济贸易大学硕士学位论文，2017 年，第 15 页。

国际合作重点是内容创作领域的国际合作。通过与国外优秀机构的合作，可以稳步提升我国影视制作机构的国际化水平，扩展国际视野，还可以吸收借鉴国外的拍摄技术和经验，提高作品创意制作水准，增强传播精准度。国际合作还可以提升影视作品内容的文化跨越能力，减少“文化折扣”。美国影视产业注重对外来文化的吸收利用，将其他国家的优秀文化嫁接移植在自身文化中，形成了独特的美国影视文化。国际合拍的影片能提升国际市场上的价值认同，不会因国家不同产生理解的差异，这样可以让国内外观众产生情感上的共鸣。

要在体制机制和政策层面上鼓励我国影视文化企业开展国际合作，以我为主，吸引国外机构参与合拍“中国题材、国际表达”的优秀作品；支持有实力的重点企业与海外企业进行品牌合作开发与合拍制片，借助外方创意、品牌资源优势，共同推出品质精良、更具国际竞争的精品；在题材规划、推优、评优等工作中，给予合拍作品与国产作品同等扶持奖励。

第三节　新闻传播与市场竞争力建设

在国际传播中，新闻一直是重中之重。很多国家认为，新闻就意味着表达权和话语权，是国际表达与国际公关的必然选择。另一方面，国际新闻频道是重要的频道类型，市场需求较为显著。早在2014年，一项针对欧洲五国1500名付费电视用户的调查显示，71%的付费电视用户非常看重高品质的国际新闻频道，67%的受访者愿意付费收看国际新闻频道；在5个调查国家中，法国75%的受访者和德国80%的受访者都愿意付费收看国际新闻频道。[①]长久以来，国际

① News channels important to 71% of pay TV subscribers，http://www.digitaltveurope.net/，20141009.

新闻领域一直存在着“西强东弱”的格局，这与经济实力直接相关，也与国家的话语权策略和需求等密切相关。近年来，国际传播整体格局正在变得日益多元，但美英等国仍居于核心地位，正如挪威社会学家高尔通（Johan Galtung）在结构帝国主义理论（Structural imperialism）中所定义的“中心”（core）国家。此外，在全球化的背景下，新闻已经被美英等国定义成了“商品”，并构建了相应的标准和体系，“英美国家主要的野心不是主宰一个特殊的剧场，而是主宰世界每一个剧场演员们生活的环境的结构模式”。[①]

一、新闻国际传播与市场竞争

在新闻的国际竞争中，英语新闻频道的竞争尤为激烈。美国有线电视新闻网和英国广播公司等历史悠久、经验丰富，国际影响最甚。此外，德国之声、半岛电视台、新加坡亚洲新闻台、中央电视台英语新闻频道、今日俄罗斯电视台、法兰西24台、伊朗Press TV、日本放送协会世界电视频道等也在积极谋求一席之地。近几年，国际英语新闻频道还在不断涌现。2011年9月，以色列开播了第一个24小时国际新闻频道JN1，通过有线和卫星电视网络在全球播出。2013年7月17日，以色列又开播一个名为“i24新闻”（i24News）的24小时国际新闻频道。以色列开办这个国际新闻频道就是要强化自己在中东事务报道上的话语权，这也改写了中东地区的舆论竞争格局。在乌克兰与俄罗斯关系恶化后，2014年8月24日，乌克兰的“今日乌克兰”频道（Ukraine Today，UT）开播。8月24日是乌克兰的独立日，该频道选择这一天具有浓厚的政治意味。2014年底，乌克兰真理俄语世界频道（Pravda Russian World Channel）开播。该频道的总部位于基辅，24小时通过Astra卫星播出，主要报道乌克兰、俄罗斯以

① ［美］沃尔特·拉塞尔·米德：《上帝与黄金：英国、美国与现代世界的形成》，徐怡超、罗怡清译，北京：社会科学文献出版社，2014 年，第 128 页。

及前苏联国家的新闻。2015年6月22日，德国之声电视台（DW）开办了一个新的英语新闻和资讯频道，面向全球播出，并致力于将其打造成与英国广播公司世界新闻频道、法兰西24台英语频道等相匹敌的频道。2020年5月3日，美国有线电视新闻网首要新闻频道（CNN Prima News）在捷克和斯洛伐克正式开播。该频道是美国有线电视新闻网与捷克首要集团（Prima Group）合作投资的。

除了英语国际新闻频道之外，阿拉伯语电视新闻频道也发展迅速。除了半岛电视台阿语频道之外，英国天空广播公司在2012年开播了阿拉伯语新闻频道（Sky News Arabia），该频道由英国天空广播公司和阿布扎比媒介投资公司各持一半的股份，总部设在阿拉伯联合酋长国首都阿布扎比。2013年，Al Arabiya阿拉伯新闻频道正式开播。2015年2月，阿拉伯新闻频道（Al Arab News）开播，主要面向中东和北非播出。该频道每天播出24小时，其中有5小时财经节目由彭博电视（Bloomberg）制作。该频道是继半岛电视台、Al Arabiya和天空电视台阿语新闻频道之后，阿拉伯地区的第四个泛区域新闻频道。

如果按照地区来划分，欧洲地区的国际性或区域性新闻频道较为密集。根据欧洲视听观察室2019年数据，欧洲地区电视频道总数为11123个，其中5039个频道为欧洲本土频道，其余为域外机构在欧洲落地播出的频道。就播出方式而言，20%为数字地面电视，其余为有线电视、卫星电视或IPTV。就收看方式而言，41%的电视频道为免费频道，其余为付费频道。在新兴媒体方面，欧洲共有2917个网络视频业务，其中包括1624个电视回放网络业务、1081个付费视频点播业务以及212个免费视频点播业务。在网络视频业务中，相当一部分为域外机构在欧洲市场推出的网络视频业务。[①]而且，欧洲地区还不断有新的国际频道进入或区域性频道开办。例如，2021年12月，今日俄罗斯电视台开办德语频道（RT auf Deutsch）。2021年4月，今日俄罗斯电视台已为该频

① 参见https://www.rapidtvnews.com/2019101157511/uk-europe-s-largest-tv-vod-market.html。

道在卢森堡申请了欧盟播出许可。今日俄罗斯德国制作有限责任公司（RT DE Productions GmbH）在德国为该频道制作体育、脱口秀、访谈等类型的节目，并将信号传回莫斯科，然后由莫斯科统一播出。[①]就新闻频道而言，2014年数据显示，欧洲的新闻频道总数约为300个，其中214个新闻频道是由欧洲国家开办的，86个左右的非欧洲本土新闻频道主要来自美国、亚洲和非洲等。其中，播出范围最广的频道主要是美国有线电视新闻网国际频道、英国广播公司世界新闻频道、半岛电视台英语频道、欧洲新闻台和今日俄罗斯频道。[②]

二、新闻国际传播的市场逻辑与宣传逻辑

现代国际传播肇始于美国，美国媒体在发展过程中主要立足于市场，追求的是商业利益。基于新闻的商品属性定位，西方国家媒体在国际传播中注重市场化、国际化和本土化，以构建一个有效的新闻产品销售体系。

美国有线电视新闻既是新闻媒体，也是商业机构；传播新闻是其业务，而赚取利润是其目标。北京大学杨伯溆教授认为，“把新闻当成商品来看待，这是商业公司的既定目标。当这个目标完成之后，也就为跨国媒体公司向全世界的扩张在节目制作方面定下了基调。”[③]美国有线电视新闻网海外市场运营肇始于20世纪90年代，至今已臻于成熟。凭借其新闻资源、节目制作和运营经验以及品牌影响，美国有线电视新闻网积极开展国际合作，输出节目资源、节目理念和管理模式，拓展市场规模，扩大利润来源。

在拓展国际市场的初期，美国有线电视新闻网主要是与海外媒体机构合作办频道，共享资源，市场逻辑重点是经营品牌。20世纪90年代，美国有线电视新闻网从开始就积极与国外传媒机构合办频道，与西班牙索吉有线电视

---

① https://www.broadbandtvnews.com/2021/06/19/rt-prepares-german-language-tv-channel/.

② Almost 300 News Channels in Europe，www.broadbandtvnews.com，20131113.

③ 杨伯溆：《全球化：起源、发展和影响》，北京：人民出版社，2002 年，第 389 页。

网合作开办了名为“CNN+”24小时新闻频道，其国际新闻则主要来自美国有线电视新闻网总部的共享系统。[①]1999年，美国有线电视新闻网与土耳其传媒机构合作创办了土耳其有线新闻频道，该频道以土耳其语播出。[②]

进入2000年以后，美国有线电视新闻网的海外市场策略不仅注重发挥品牌吸引力，还开始大力发挥节目资源在海外运营中的优势。2005年，美国有线电视新闻网与印度“电视网18传媒集团”（Network18）合作开办了印度CNN-IBN频道。CNN-IBN是一个24小时播出的英语新闻频道，节目资源来源于美国有线电视新闻网，节目制作模式也与美国有线电视新闻网相同。不过，2016年1月两家公司的合作协议到期，并没有续约。2012年10月，美国有线电视新闻网与巴基斯坦联合集团（AG）签署了协议，合作开办一个乌尔都语新闻频道“戴斯频道”（Dais）。根据合作协议，这个频道大量使用美国有线电视新闻网的新闻资源，同时也为美国有线电视新闻提供有关巴基斯坦的新闻素材。2014年3月，美国有线电视新闻网与印尼跨媒体集团（PT Trans Media）合作在印度尼西亚开办一个24小时新闻频道——美国有线电视新闻网印尼频道（CNN Indonesia），该频道总部位于雅加达，以印度尼西亚语（Bahasa Indonesia）播出，并将同步推出一个网站。美国有线电视新闻网是开办这一频道的，这也是美国有线电视新闻网在东南亚地区开办的第一个本土频道。

从2013年开始，美国有线电视新闻网国际传播市场将经营模式输出作为重点，即通过参与管理、人才培训等方式实现节目制作方式和管理模式的输出。2013年4月，美国有线电视新闻网与泰国新闻网（TNN）签署合作协议。泰国新闻网是泰国第一个24小时新闻频道，隶属于真视集团（True Visions

---

① 孙玉胜：《十年：从改变电视的语态开始》，北京：生活·读书·新知三联书店，2003 年，第 402 页。

② [英]达雅·屠苏：《国际传播：延续与变革》，董关鹏主译，北京：新华出版社，2004 年，第 194 页。

Group）。美国有线电视新闻网向泰国新闻网提供直播突发新闻报道、新闻素材以及新闻特写报道。与此同时，美国有线电视新闻网还授权泰国新闻网使用其视频网站。另外，美国有线电视新闻网还将提供编辑培训，并共享新闻信息等。2015年初，美国特纳广播公司宣布与菲律宾九媒公司（Nine Media Corporation）合作开办“美国有线电视新闻网菲律宾频道”（CNN Philippines），节目包括美国有线电视新闻网在全球采集的新闻和当地节目。根据合作协议，美国有线电视新闻网向菲律宾九媒公司提供节目和业务支持，包括在美国总部对其员工进行培训等。为此，九媒公司每月将支付美国有线电视新闻网一定费用。2018年，阿尔巴尼亚Gener2集团与美国有线电视新闻网建立深度合作关系，以独家加盟台的形式开办一个24小时新闻频道A2。A2总部位于地拉那（Tirana），目标观众为国内以及旅居海外的阿尔巴尼亚人。通过与美国有线电视新闻网合作，A2能获取美国有线电视新闻网国际频道、西语频道（CNN en Espanol）、阿拉伯语频道（CNN Arabic）、时尚频道（CNN Style）、财富频道（CNN Money）等节目资源，将其直接译成阿尔巴尼亚语后播出。另外，美国有线电视新闻网还为其提供人员培训、业务咨询和节目创意服务等。Gener2集团是阿尔巴尼亚最大的私营建筑工程公司之一，业务涉及民用建筑、基础设施建设和交通土建、项目管理、能源与通信、物业管理、零售等领域。2020年3月15日，美国有线电视新闻网巴西频道（CNN Brasil）开播。该频道的负责人是道格拉斯·塔沃拉若（Douglas Tavolaro），记者规模超过了300人，包括巴西新闻领域的许多知名记者。[①]2020年5月3日，美国有线电视新闻网首要新闻频道（CNN Prima News）在捷克和斯洛伐克都是以免费开路方式

① 参见 https://www.rapidtvnews.com/2020031058185/cnn-claims-historic-brazilian-launch.html#ixzz6GLMwB43l。

通过数字地面电视平台、卫星电视、有线电视和IPTV等平台面向全国播出。① 该频道是一个24小时新闻频道，国内新闻节目主要由普利玛集团供给，国际新闻则由美国有线电视新闻网提供。该频道总部位于布拉格，通过地面开路、有线和卫星等渠道播出。②2021年11月22日，美国有线电视网葡萄牙频道（CNN Portugal）在葡萄牙正式开播，覆盖430万家庭。

三、借鉴与启示

针对当前国际媒体市场格局与新闻竞争，我国新闻媒体参与国际竞争时需要认真分析自身强势、弱势，并研究当前机遇与挑战，从频道体系、品牌建设以及战略布局等方面有所创新和突破。

1.完善频道体系

当前，我国在国际宣传方面，应着力构建两个体系，一个是宣传属性定位的国际新闻频道体系，一个是商业属性定位的国际新闻频道体系。对于宣传属性的新闻媒体而言，本国立场是媒体存在的前提基础和使命所在；对于商业属性定位的新闻媒体而言，新闻报道的一个选题标准就是关注度。本国既然已被国际广泛关注，本国新闻自然就具有全球传播的价值，不可以狭隘理解为"国际一流媒体都是致力于传播本国"。当前应考虑构建两套国际传播体系，宣传定位的频道与商业定位的频道并行不悖、并驾齐驱；宣传定位的频道按照现有思路和方式开展国际传播，而商业定位的频道则以谋求商业利益为指针，按照国际市场规则进行运营。真若如此，这些在商业定位频道中供职的西方专业人士，应该可以更好地适应和工作了。

2.塑造专业品牌

我国电视国际频道是在国际环境中运作，要直面其他国家以及目标国媒体

---

① 参见 https://www.broadbandtvnews.com/2020/05/04/cnn-prima-news-launches/。

② 参见 www.broadbandtvnews.com/2019/04/02/cnn-teams-up-with-czech-prima.。

的竞争，专业品牌是参与和赢得竞争的关键。有学者指出，“中国官方的海外传媒作业并不是在一个传媒系统固定的社会环境里发送出版物和节目，而是在与数不胜数的所在国的和其他国家的各种各样的媒体进行不间断的竞争。除非你传播的内容（这是主要的）外加传播的风格使人信服和喜爱，否则你是没有办法强使别人听你、读你、观赏你的。”[①]一个国家电视新闻在国际市场上的竞争力往往是国内实力的向外投射，市场竞争力的强弱终究取决于国内新闻的制作、营销推广水平。

3.优化战略布局

国际上意识形态斗争依然激烈，电视媒体开展国际新闻报道时，既要保持高度的政治意识，也要强化全球竞争思维，优化全球战略布局。新闻媒体在开展国际传播时，要针对不同国家的传媒体制和监管政策采取相应的进入策略，因国施策，明晰战略举措和战略步骤。

第四节　国际传播商业维度与境外法律监管法律研究

随着新兴媒体的发展，影视媒体开展国际传播变得更为便捷，成本也大幅降低。与此同时，影视国际传播注重内容、渠道建设，仍疏于法律法规研究，这对国际传播快速发展带来严峻挑战。影视国际传播的媒体监管与法律规制研究包括两个层面的内容，一是国际层面的媒体监管与法律规制研究，包括与传播技术相关的《国际和平利用无线电广播公约》《国际电信公约》等，以及保护知识产权的《伯尔尼公约》《世界版权公约》《罗马公约》《保护工业产权巴黎公约》和《商标国际注册马德里协定》等。二是国别层面的媒体监管与法

---

① 丁学良：《中国的软实力和周边国家》，北京：东方出版社，2014 年，第 86 页。

律规制研究，即各国关于媒体内容监管、市场规制、外媒管理等方面的法律法规，这也是本书研究的重点。另外，随着新兴媒体发展，与国际传播相关的媒体监管和法律规制也呈现新的特点，值得深入研究。

一、传统媒体监管与法律规制的重点内容

各国在传统传媒领域的管制政策通常着重关注以下几个方面。

1.新闻报道

各国对于媒体职责定位和新闻报道理念存在一定差异，这也体现在媒体监管与法律规制方面。近年来，多个国家根据本国新闻报道的法律法规或规范对境外电视媒体采取制裁措施。例如，2015年3月，在欧盟会议召开期间，欧盟国家领导人一致通过了关于抵制俄罗斯虚假信息传播的议案，并决定制定《欧盟战略传播行动纲要》。在这次会议上，还制定了一份针对俄罗斯媒体行业的制裁名单，包括俄气传媒集团、全俄国家广电、第一频道电视台、独立电视台，以及俄塔社、今日俄罗斯国际新闻通讯社主要负责人等。2015年5月，摩尔多瓦电视广播协调委员会（CCA）宣布，永久性禁止“俄罗斯频道”（Rossiya）在摩尔多瓦播出，原因是该频道在报道乌克兰局势时经常扭曲事实和误导公众观点。“俄罗斯频道”属于全俄国家广播电视公司（VGTRK），有3个国际版本、6个时区版本。2015年8月，委内瑞拉国家电信委员会（Conatel）宣布，美国有线电视新闻网在委内瑞拉国内事务上存在“失实报道且煽动暴力”的问题，要对其展开司法调查。委内瑞拉总统马杜罗在内阁会议上也强烈抨击美国有线电视新闻网，指责它在该国所从事的新闻报道是“恐怖主义宣传活动”。

2.内容管制

内容管制主要包括三个方面，一是适合儿童观看的内容；二是性和暴力内容；三是不雅和淫秽内容。在许多国家，如果违反了播放淫秽内容的规定，责

任人会被罚以重金，甚至被判入狱。[①]此外，很多国家为了鼓励本国影视文化发展和弘扬传统文化，要求媒体机构必须播出一定比例的节目，或者对节目播出语言提出要求。根据保加利亚相关法律的规定，保加利亚国家电视台在制作本土电影方面的投资必须达到预算的10%，每天至少60%的节目为本国内容。波兰政府规定，波兰电视台（TVP）每天播出的节目中，15%是新闻和时事节目，10%是教育类节目，10%是艺术和文化类节目，15%是与家庭、儿童和年轻人相关的节目。乌干达通信委员会（UCC）在2013年规定，在每天18点到23点期间，开路电视台必须安排70%的播出时间用于播出本土节目，其中50%为电视剧、喜剧和真人秀节目，10%为纪录片，5%为体育节目，5%为儿童节目；付费电视台必须安排20%的播出时间用于播出乌干达节目。乌克兰国家电视与广播委员会（National Council for TV and Radio Broadcasting）规定，所有在乌克兰播出的境外节目都要增加乌克兰语的配音。拉脱维亚法律规定，该国电视台播放境外电影时，必须增加拉脱维亚语的配音或字幕。根据肯尼亚传媒局（CA）规定，从2018年开始，开路电视频道中播出的本国节目内容比例不得少于60%，否则将受到经济处罚。

3.媒体所有权控制

多数国家对传媒所有权和控制权都有明确规定，通常包括三个方面。一是经营许可。若想经营广播电台、电视台等传媒企业，经营者通常需要事先获得政府颁发的牌照。获得牌照通常需要具有该国国籍，同时要符合一定的财务资质和其他条件。牌照适用于特定期限，到期需要办理更新手续。当传媒企业被出售后，买卖双方需要办理牌照转让手续，以确保新持有人符合相关管理要求。二是所有权限制。许多国家对个人或企业拥有媒体（电台、电视台

---

① ［美］艾伦·B. 艾尔巴兰：《传媒经济》，兰培译，大连：东北财经大学出版社，2016 年，第 138—139 页。

等）的数量进行了限制，这是为了确保所有权和观点表达的多样化。然而，跨国传媒集团的兴起引发了政策制定者的担忧。三是外国投资。许多国家对外国投资者持有本国特定媒体股权的比例作出限制，通常为不超过25%—30%的非控股比例。限制外国投资者媒体所有权的国家包括美国、法国、德国、墨西哥、巴西、智利和厄瓜多尔等。[①]阿尔及利亚政府在2008年规定，媒体领域的外资最高持股比例是49%；外资从事媒体经营时需额外上缴15%的税收。肯尼亚政府规定，外资可以经营传媒业务，但不得以独资形式经营，本国资本在合资公司中的最低持股比例为20%。南非政府规定，外资在私营电台和电视台占有所持股份不超过20%。2012年9月，印度政府开始放松对外资进入传媒领域的限制。其中，外资在有线电视运营公司中所持股份比例提高到了74%，而此前是49%。2014年，俄罗斯将外国资本在媒体中所持股份上限设定为20%，许多外国资本不得不撤离俄罗斯媒体业，例如瑞典摩登时代集团（MTG）就撤离了俄罗斯市场。2017年，波兰政府将外国资本在波兰媒体中所占股份的上限设定为15%。

4.市场调控

市场调控是为了确保竞争的多元化，避免媒体市场垄断，保障受众/用户的权益。另一方面，市场调控也是为了营造有序的市场环境，协调不同行业之间的发展。以罗马尼亚为例，根据罗马尼亚国家电视播出委员会（KRRIT）2017年2月公布的六年发展计划草案，为了确保罗马尼亚媒体多元化，政府将一家媒体的广告收入份额、付费电视营业额份额、电视和广告的受众份额以及网络服务的用户份额都限定在30%以内。根据南非传媒法规的规定，若一家媒体独资拥有一份报纸，且在单一地区的读者占有率达到20%，则不能在该地区

---

① ［美］艾伦·B. 艾尔巴兰：《传媒经济》，兰培译，大连：东北财经大学出版社，2016年，第139—140页。

经营广播和电视业务。在韩国，商业企业和报纸可以同时拥有地面电视频道和有线电视频道，两者的持股比例限制分别为10%和30%。根据乌拉圭2014年版《视听法》，一家付费电视运营商的市场份额不得超过25%，也就是每一家运营商用户规模的上限是该国付费电视用户总数的四分之一。根据罗马尼亚国家电视播出委员会2017年2月公布的六年发展计划，为了确保罗马尼亚媒体多元化，政府将一家媒体的广告收入份额、付费电视营业额份额、电视和广告的受众份额以及网络服务的用户份额都限定在30%以内。

5.广告监管

在多数国家，广告是传媒企业的主要收入来源，一些国家也对广告特别是特定类型的产品广告作出了相关规定，主要包括四个方面。一是广告播出时间限制。多数国家对每小时广告播放的时间作出了具体规定，违反这些规定将被处以罚金，甚至被取消播放权。例如《欧盟视听媒体服务指令》（2016年修订版）放松了对电视台播出广告的限制，从此前限制每小时的广告播出长度，改为7点到23点之间的广告播出总时长不超过20%。另外，电视电影、电影和新闻中允许插播广告的限制也有所放松。二是广告内容限制。一些国家禁止播放某些类型的产品广告，尤其是在广播和电视上，这其中就包括烟草广告。美国于1971年宣布禁止播放烟草广告，英国也禁止烟草广告出现在广告牌和各类体育赛事中。三是面向儿童的广告。对于在节目中播放面向儿童的广告，很多国家政府在数量和类型上都作出了一定限制，瑞典和挪威等国甚至禁止儿童广告的播放。四是虚假广告。在很多国家，含有虚假内容或不准确信息的广告会被处以罚款甚至被起诉。①2014年12月，乌拉圭议会通过了新的《视听法》。2014年版《视听法》主要更新三个方面内容：一是对付费电视运营商的市场份额做了限制，二是对外国资本做了规定，三是对广告播出长度提出要求。根

① ［美］艾伦·B. 艾尔巴兰：《传媒经济》，兰培译，大连：东北财经大学出版社，2016年，第141页。

据2014年版《视听法》，付费电视频道和免费电视频道每小时的广告播出时间上限为15分钟。2015年5月，乌克兰议会修改了与广告以及广播电视相关的法律。根据新规定，对于那些不符合欧盟《电视无国界指令》（*The European Convention on Transfrontier Television*）等相关法律的境外广播电视机构，其频道中只能播出乌克兰注册机构付费播出的广告。对于符合欧盟相关法律的广播电视机构，广告和电视购物节目的播出时长不得超出节目播出时长的15%。对于广播节目，这一比例为20%。

6.境外媒体管控和反外国宣传

部分国家针对境外媒体的传播行为，尤其是宣传行为进行立法。在这方面，美国可谓是先锋。虽然美国以鼓吹“媒体自由”而著称，但美国近年来屡屡通过立法对境外媒体的设立、运营和内容进行严格管控。例如，2016年12月23日，美国总统奥巴马签署了《波特曼—墨菲反宣传法案》，该法案也被称为“反制虚假信息和宣传法”。根据该法案，美国国防部在2017年建立一个跨部门的机构，并拨付专门预算，以加强反对外国政治宣传的能力，尤其是对抗来自包括俄罗斯、中国在内的“敌国”对美宣传。《波特曼—墨菲反宣传法案》着力采取两方面的举措：一是制定一个全联邦政府的反政治宣传和谣言战略，由全球作战中心（the Global Engagement Center）整合全联邦政府资源，对外国政治宣传和谣言进行反制和曝光。二是加强和非政府专业人士及团体合作，通过设立专项基金，向非政府组织、民间社团、智库、私营部门、媒体组织和政府外的专家提供资助，并参与记者培训。2021年4月22日，美国联邦通信委员会（FCC）通过了一项新的有关赞助身份确认要求的规定，该规定要求广播电台或电视台披露外国政府或其代表在它们的播出频道租用时间的情况。这个新的规定被认为是针对越来越多的试图在美国宣传某种叙述方式的外国政府，尤其是中国和俄罗斯。按照最新规定，任何电台或电视台在外国政府或是政党赞助其播放的内容时必须在节目的开始和结尾对此作出清楚的说明。

FCC在一份声明中称，这个规则的改变增加透明度，而且确保在外国政府或其代表利用广播和电视说服美国公众时，受众是知情的。FCC代理主席、民主党人杰西卡·罗森沃尔瑟（Jessica Rosenworcel）提到了中国和俄罗斯在美国赞助节目的实例。FCC说，尽管美国法律限制外国政府及其代表直接持有广播许可证，但外国政府实体越来越多地在美国国内的广播电台和电视台购买播出时间。2021年4月22日通过的规则更新了FCC已存在60多年的赞助身份确认的规则。

二、新兴媒介环境下媒体监管与法律规制的重点

随着新兴媒体的发展，媒体监管与法律规制呈现新的特点和发展趋势。事实上，媒体监管和法律规制处在一个不断修改、变革和完善的过程之中，其中最为主要的影响因素之一是媒介技术变革。以欧盟为例，欧盟层面在视听服务（包括电影、电视、网络视频等）方面的主要法规是《视听媒体服务指令》，其前身是《电视无国界指令》。《视听媒体服务指令》用“视听服务”代替《电视无国界指令》中“广播媒介”，取消了传媒的线性媒介内容传播的定义，将互动传播媒介，如互联网视听服务、电视视频点播服务等互动式视听服务加入了监管范围。在新兴媒介环境中，媒体监管与法律规制的重点包括以下几个方面。

1.产业与文化保护

互联网为跨国内容传播提供了更为高效、便捷的渠道，影视强国通过新兴媒体平台在其他国家构建了更大的市场竞争优势，由此造成对本土内容产业和传统文化的威胁远超传统媒体。2016年5月25日，欧盟委员会修订已生效30年的《欧盟视听媒体服务指令》，以有效应对新兴媒体发展所带来的新挑战。《欧盟视听媒体服务指令》（2016年修订版）对节目内容和资金投入等提出了明确的要求，包括视频点播平台上的欧盟节目内容比例不得少

于20%，积极投资欧盟节目制作等。根据修订后的服务指令，欧盟成员国有权对视频点播服务商提出投资要求，投资可以是直接的资金投入或缴税的形式。新指令随即产生了效果。为了符合《欧盟视听媒体服务指令》（2016年修订版）的要求，美国奈飞公司采取三种方式增加了欧洲节目内容的比例：一是直接投资欧洲节目，二是与欧洲英国广播公司、独立电视台、第四频道、丹麦二台等合作制作了多部影视剧，三是从欧洲多家电视台购买了影视节目，并引进了多部欧洲电影。

2.内容监管

新兴媒体平台上的内容较为多元，其中不乏有害信息。对此，各国都在加强新兴媒体平台上的内容监管。德国《社交媒体基本权利保护管理法》（德文简称为NetzDG）于2018年1月1日起施行。该法针对网络上的“仇恨、煽动性言论、虚假新闻内容”，整合并修订了2015年以来德国司法部颁布的一系列相关法令，对脸书、推特等在德国境内提供服务的社交网络平台提出了更为严格的监管要求。德国也成为全球第一个采用立法方式对社交媒体进行管制的国家。①2018年9月26日，欧洲主要的线上平台、社交媒体巨头、广告主和广告经营者代表齐聚布鲁塞尔，联合发布了欧盟历史上首份《反虚假信息行为准则》（*Code of Practice on Disinformation*，简称CPD），以应对日益严峻的假新闻与网络虚假信息肆虐的局面。②

3.机构设立与资质监管

新兴媒体机构虽不同于传播媒体，但一些国家在设立流程以及执照许可颁发等方面开始参照传统媒体的管理方式。2017年6月，泰国广播与电信委员会

---

① 高伟、姜飞主编：《全球传播生态发展报告（2019）》，北京：社会科学文献出版社，2019年，第21页。

② 同①，第22页。

（NBTC）考虑要求美国奈飞等境外网络电视运营商在泰国开设办公室，并在泰国缴纳公司营业税。由此，泰国成为全球第一个对网络电视运营业务进行监管的国家。2019年，土耳其颁布了新的网络播出法规，要求所有在土耳其运营的网络视频业务平台都需要申请执照。根据新法规，网络视频业务需要在土耳其设立当地办公室，并向土耳其政府上缴0.5%的营业收入。[①]土耳其还着力加强对社交媒体的管理，于2020年10月1日开始施行社交媒体监管法律，要求单日浏览量超过100万次的外国社交媒体平台必须雇用当地代表。[②]

4.市场与税收监管

网络电视等新兴媒体具有跨国运营的特点，运营商可能位于境外，但用户或消费者却在境内，许多境外运营商因此轻松躲避了税收；多国政府一直在研究如何解决征收网络电视业务税收的问题。在这方面，哥伦比亚率先一步，采取了创新的举措。2017年初，哥伦比亚政府颁布相关法规，对网络电视运营商进行征税，包括国内和境外的网络电视运营商。根据该法，银行在处理网络电视的缴费业务时，无论用户是通过信用卡、预付卡、转账或其他方式付款，银行要负责征收税款，税率一概为20%。换而言之，哥伦比亚政府通过银行解决了跨境征税难题，将征税环节前置到了用户，而非锁定在运营商。该举措被一些研究机构认为是具有开创性，很可能成为其他国家竞相模仿或借鉴的对象。

5.青少年保护

相比传统媒体时代，新兴媒体时代向青少年提供了更多接触媒体内容的机会，其中包括不健康内容的机会。2016年，根据智利国家电视委员会（CNTV）的一项调查结果，84%的受访者支持政府对互联网上的视频内容进行管控，防止“不宜”视频在互联网上传播。该委员会负责人认为，网络电

① 参见 www.rapidtvnews.com/2019090457180/netflix-seeks-turkish-license-as-new-online-video-rules-kick-in.。

② https://www.broadbandtvnews.com/2020/12/11/turkey-imposes-social-media-fines/.

视、技术融合和平台多元化等正在给拉丁美洲的媒体监管带来新挑战，例如目前拉丁美洲国家还没有在互联网内容监管方面针对儿童保护出台任何举措。[①]《欧盟视听媒体服务指令》（2016年修订版）将使用社交媒体的法定年龄从13岁提高到16岁。换而言之，青少年若未满16岁，都必须先征得父母同意才可以登录社交媒体账号、下载应用甚至使用搜索引擎。

6.网络中立

美国和一些国家越来越关注互联网中立性的问题，其核心在于联入互联网时的免费与公开，即对内容、平台和接入互联网的设备类型都不设置任何限制。美国在奥巴马政府执政时，联邦通信委员会积极推动建立互联网中立原则。然而，互联网服务提供商对此不断发难，认为联邦通信委员会的互联网中立原则干涉了它们运营网络的权利。欧盟在积极推动有关互联网中立性的法令。意大利已经通过相关法律，保证了互联网的公平公开接入。在亚洲，日本和韩国已经实施了互联网中立原则。在拉丁美洲，由于宽带普及率较低，互联网中立原则还没有提上议事日程。[②]

7.产业地位

新兴媒体快速发展，政府需要明确它的产业属性和市场地位。美国联邦通信委员会在2014年10月正式提出，网络电视要与有线电视、卫星电视、数字地面电视、IPTV享有同样的地位。在与电视台的关系上，网络电视同样可以享有播出电视台节目的各种权利和相关义务。美国联邦通信委员会前主席汤姆·惠勒（Tom Wheeler）是新兴媒体的坚定支持者，他曾于2014年10月在一篇博客中写道："1992年，美国国会通过立法确认卫星电视享有与有线电视同样的

---

① 《智利民众呼吁加强网络内容监管》，http://www.rapidtvnews.com/2016102544817/chileans-call-for-online-content-regulation.html

② [美]艾伦·B.艾尔巴兰：《传媒经济》，兰培译，大连：东北财经大学出版社，2016年，第142—143页。

地位，打破了有线电视对有线网内节目内容的垄断，由此大大促进了行业竞争。……政府监管的最终目标在于促进竞争，并在技术上保持中立。规则的制定要着眼服务本身，而不应拘泥于这些服务是如何提供的。21世纪的用户不能被基于20世纪技术的旧规则所束缚。”

媒体技术变革带来政府媒体监管政策与规制理念的重大变化，并引发整个影视产业的连锁反应，同时深刻影响到影视国际传播。长期以来，我国影视国际传播主要致力于传播策略、内容制作、渠道建设等方面，对于媒体监管和法律规制等方面研究不多，也缺乏相应体制机制提供决策咨询和应急保障。随着我国影视国际传播的长足发展，我国要深入开展国际传播媒体监管和法律规制的研究，同时要针对重点国家进行“一国一策”的研究。需要指出的是，本书囿于篇幅没有全面深入地分析，例如在目标国的国内层面媒体监管与法律规制部分，本书没有分析传媒领域劳资关系等方面的法律法规。

三、英国通信管理局10年以来关于境外媒体监管判例研究

中国媒体的国际传播要充分考虑各国的传媒监管体制特点，在确保合法合规开展传播的同时，最大限度实现传播意图。以英国为例，根据英国传媒法规，外国电视频道在英国的落地播出必须获得英国通信管理局授予的许可证，否则视为刑事违法；该许可证在英国脱欧之前以及之后的过渡期内在其他欧洲国家亦有效力。本章主要以英国通信管理局从2010年1月至2020年6月10年来所有判罚案例为分析内容，聚焦该局对外国媒体机构在新闻报道、言论评论、广告播出、影视内容等方面的判罚特点，以此探究其监管特点和应对策略。

1.英国通信管理局的判例分析

英国通信管理局是英国广播电视领域的主要监管机构，在行政上直接对议会负责，在财务上接受国家审计办公室的审计和监督，其性质属于独立于政府

的公法人（Public Corporation），主席由政府文化媒介体育大臣和贸易工业大臣共同任命。英国通信管理局的监管依据是英国广播电视领域三部基本法律，即《1990年广播法》、《1996年广播法》和《2003年通信法》。2010年1月至2020年6月，英国通信管理局共作出了64个违规判罚和处理决定，其中42个涉及英国媒体机构，22个涉及国际媒体机构。

（1）新闻报道。新闻报道方面的主要关切点是“准确”（accuracy）、“公正”（impartiality）、“公平”（fair）、“平衡”（due weight）、“避免误读”（not be misrepresented）等。新闻报道监管方面的相关判罚共6件，其中英国国内媒体为2件，国际媒体为4件。英国通信管理局关于外国媒体有关新闻报道的判例具有代表性，也具有参考借鉴意义。以英国通信管理局2019年7月26日对俄罗斯“今日俄罗斯电视台”的判罚为例，英国通信管理局针对该频道在2018年3月和4月间6档节目中的“违规”行为处以20万英镑的罚款。这些节目涉及的新闻事件包括：（1）双面间谍谢尔盖·斯克里帕尔（Sergei Skripal）父女二人在英国索尔兹伯里市的中毒案（3月17日和4月7日节目）；（2）叙利亚武装冲突（3月18日，4月13日、16日和20日节目）；（3）乌克兰政府关于纳粹和吉卜赛人的立场（4月26日节目）。在裁决书中，英国通信管理局认定：这6档节目“在重大政治争议事项和与当前公共政策重大事项上未能保持应有的公正性，其中涉及英国政府关于索尔兹伯里市投毒案的政策和行动，以及美国政府及其盟国关于叙利亚冲突的政策和行动”[①]。另外，英国通信管理局在2011年11月1日对伊朗新闻界电视台（Press TV）处以10万英镑的处罚，主要针对2009年7月1日播出的一档新闻节目。2009年，总统候选人侯赛因·穆萨维（Hossein Mousavi）未能获胜，其支持者在6月15日大选后的示威中对德黑兰附近民兵组织巴斯基（Basij）基地发动袭击。伊朗新闻界电视台的节目主

---

① https://www.ofcom.org.uk/about-ofcom/latest/bulletins/content-sanctions-adjudications/decision-tv-novosti.

持人在报道中指责一些西方媒体对此事件进行了歪曲报道，没有播出示威者袭击基地的画面，而仅仅播出警察朝示威者反击的画面。节目中还播出了英国电视四台（Channel 4）新闻节目中有关马齐亚尔·巴哈里（Maziar Bahari）的采访，是他向英国媒体提供了“伊朗警察袭击示威者”的报道。英国通信管理局认为，伊朗新闻界电视台对马齐亚尔·巴哈里的表述，以及未经其允许播出其采访，均有失“公平”（unfair），也侵犯了当时身处敏感环境和弱势境地的当事人的隐私。据此，英国通信管理局援引的法律依据是《播出规范》（*Broadcasting Code*）第7.1和第8.1条，其中第7.1条是“播出机构在节目中应避免对个人或机构的不公正或不公平对待”①，第8.1条是“节目或节目素材获取要确保不侵犯隐私”②。

（2）评论与言论。评论与言论是英国通信管理局判罚的“重灾区”，共21件，其中英国国内媒体为16件，国际媒体为5件。评论与言论监管方面的主要关切点是“冒犯”（offence）、“仇恨言论”（hate speech）、“辱骂”（abusive）、“贬损”（derogatory）等，其中“冒犯”涉及“冒犯性语言”（offensive language）、“暴力”（violence）、“性”（sex）、“性暴力”（sexual violence）、“侮辱”（humiliation）、“损害人格尊严”（violation of human dignity）、“年龄、残障、性别、种族、宗教、信仰、性取向等方面的歧视”（discriminatory treatment or language，for example on the grounds of age，disability，gender，race，religion，beliefs and sexual orientation）。以英国通信

---

① Rule 7.1：Broadcasters must avoid unjust or unfair treatment of individuals or organisations in programmes，https://www.ofcom.org.uk/about-ofcom/latest/bulletins/content-sanctions-adjudications.

② Rules 8.1：Any infringement of privacy in programmes，or in connection with obtaining material included in programmes，must be warranted，https://www.ofcom.org.uk/about-ofcom/latest/bulletins/content-sanctions-adjudications.

管理局2016年12月20日对巴基斯坦“努尔电视台”（Noor TV）的判罚为例，它针对该频道在2015年11月17日一档节目中的“违规”行为处以7.5万英镑的罚款。该节目播出15位宗教界学者和阿訇在传统宗教节日上的祷告、布道以及诵诗等。英国通信管理局认为，其中一位学者的言论是在宣扬仇恨犹太人，包括“你们中间无论谁遇见犹太人，他们都应该立即杀了他”（“whoever amongst you comes across a Jew，they should slay him immediately”）①。

（3）影视内容。影视内容的相关判罚共12件，其中英国国内媒体为5件，国际媒体为7件。评论与言论监管方面的主要关切点是：“不宜”（unsuitable）儿童收听收看的内容、违规播出“成人内容”（adult material）、对公众可能造成“有害”（harmful）或“冒犯”（offensive）的内容，以及暴力、歧视等等。以英国通信管理局2014年7月16日对美国探索发现欧洲有限公司（Discovery Communications Europe Limited）的判罚为例，它针对该公司运营的调查探索频道（Investigation Discovery）在2013年8月两档节目中的“违规”行为处以10万英镑的罚款。调查探索频道在2013年8月16日播出的节目涉及18世纪伊丽莎白·布朗里奇（Elizabeth Brownrigg）的犯罪行为，节目中展现了她以鞭打等方式折磨所收养孤儿的情节，在10分钟里展示了40多次鞭子的特写。另外，8月18日播出的节目是关于美国杰夫·莱特（Jeff Wright）在2003年被妻子谋杀的事件，节目中以场景再现的方式描绘了妻子用蜡烛、刀子折磨其丈夫致死的情节。英国通信管理局认为，这些节目的内容呈现方式会对儿童及青少年造成困扰。②从多起判罚结果以及应用法律依据来看，英国通信管理局在影视内容方面监管的基本出发点是保护青少年。

① https://webarchive.nationalarchives.gov.uk/20190102153152/https://www.ofcom.org.uk/about-ofcom/latest/bulletins/broadcast-bulletins/content-sanctions-adjudications.

② https://webarchive.nationalarchives.gov.uk/20160703015525/http://stakeholders.ofcom.org.uk/enforcement/content-sanctions-adjudications/.

（4）广告与宣传。广告与宣传的相关判罚共7件，其中英国国内媒体为4件，国际媒体为3件。广告与宣传监管的主要关切点是：广告内容不得宣称“有效”（efficacy）或“精确”（accuracy），广告内容不得预言负面经历（negative experiences）或特殊行为（specific events），广告不得针对个人健康（包括怀孕）或财务状况提供“改变人生”（life-changing）的建议，节目中不能播出植入式广告（Products，services and trade marks must not be promoted in programming），节目中不得诱导或误导受众消费、捐款，节目中不得违规播出政治性竞选内容等。以英国通信管理局2012年11月16日对巴基斯坦阿乐雅电视有限公司（Al Ehya Digital Television Limited）的判罚为例，它针对该公司旗下的努尔电视台（Noor TV）在2010年11月13日节目中的“违规”给予7.5万英镑罚款等处罚。该节目呼吁观众捐款，对于捐款达到1000英镑的观众将给予“特殊礼物”，包括为其健康、财富、成功、好运等进行祷祝。英国通信管理局认为，这是在利用宗教信仰诱导观众捐款。其他一些判例涉及广告播出内容违规、播出时间长度违规、播出方式违规等。

（5）许可证。许可证方面的关切点主要是持证者资格、履行持证责任、遵守持证要求等。英国通信管理局与许可证持有条件违规的相关判罚共7件，其中英国国内媒体为5件，国际媒体为2件。以英国通信管理局2018年11月4日对巴基斯坦背景的英国沃萨夫有限公司（Ausaf UK Limited）的判罚为例，该公司因与《沃萨夫日报》（*Daily Ausaf*）存在不当关联而被吊销许可证。英国通信管理局认为，英国沃萨夫有限公司通过公司关联受控于《沃萨夫日报》，而该报多次刊载鼓动冲突、宣扬英国禁止的军事组织和个人，以及鼓吹关于巴勒斯坦伊斯兰圣战组织（Jihad）的暴力解读。另外有两起许可证吊销判例是因为持证者破产或主动停播节目。还有一起判罚是因为没有及时按要求报告股东变化情况，英国通信管理局判罚对其处以7500英镑的罚款。

（6）其他。其他方面的判罚包括节目制作不符合规范、播出出现技术事故（停播）、业务超出许可证允许的范围（如未经允许开展视频点播业务）等。以英国通信管理局2014年5月23日对美国综艺体育电视网欧洲、中东和非洲有限公司的判罚为例，该公司因为未及时报告控制权变更，以及综艺体育电视网在2012年1月1日至12月31日期间节目字幕比例未达标，被给予12万英镑罚款等处罚。根据英国通信管理局规定，该频道在英国播出第一年和第二年的配音字幕比例要达到10%，第三年和第四年要达到35%，第五年和第六年达到60%，第七年、八年和九年达到70%，第九年和十年达到80%；声音描述比例在第一年达到2%，第二年达到4%，第三年达到6%，第四年达到8%，第五年以后要达到10%。

2.传媒监管中的意识形态特征

英国媒介监管和法律体系是国家治理和法律框架的有机组成部分，必然具有意识形态属性和政治特征。无论英国或其他欧美国家如何标榜其媒介监管和法律体系的先进、公平，也无论其媒体监管如何诠释专业主义精神，但其意识形态属性和政治动机始终存在。以英国传媒监管法律法规中关于新闻公正性、公平性、真实性、平衡性等条款为例，任何一个条款都是可以从多方面解读的，在实际操作和执行中具有很大的“再诠释”空间。例如，英国通信管理局在三部广播电视主要法律的框架下援引《播出规范》作为处罚决定的法律依据，其中关于“准确”“公正”“公平”等规则的描述如下：

规则5.1：“任何形式的新闻都必须确保报道的准确性和表达的公正性。”①

规则5.11：“……当涉及重大政治和产业争议以及当前公共政策，新闻报

① Rule 5.1：News，in whatever form must be reported with due accuracy and presented with due impartiality，https://www.ofcom.org.uk/about-ofcom/latest/bulletins/content-sanctions-adjudications.

道必须确保公平性……”①

规则5.12：“在报道重大政治和商业争议事项以及与现行公共政策有关的重大事项时，必须在每档节目中或系列节目中以适当比例播出各方面主要观点，并给予适当比重”，“不得歪曲观点和事实。”②

规则5.1、5.11和5.12正是英国通信管理局2019年7月26日对俄罗斯“今日俄罗斯电视台”进行判罚时引用的三个条款。其实，“公正性”“准确性”“适当比例”“歪曲”等并没有绝对的标准，都是根据本国的价值判断和现实需要进行的解读。这起案例就具有代表性，因为英国与俄罗斯的关系在2018年3月因为前俄特工中毒一事骤然变得紧张，俄罗斯《真理报》在3月13日甚至称英俄两国正“濒临战争的边缘”。当时英国积极准备对俄罗斯实施制裁，其中就包括针对今日俄罗斯电视台的处罚，当时媒体甚至报道说，英国电信管理局做好随时停播该频道的准备。在前俄特工中毒事件发生之前，英国许多议员会接受今日俄罗斯电视台的采访；在事件发生后，工党影子内阁大臣约翰·麦克唐纳（John McDonnell）表示，他本人再也不会接受今日俄罗斯电视台的采访，也呼吁工党议员抵制该台。2018年12月，英国通信管理局宣布，俄罗斯“今日俄罗斯电视台”在报道俄罗斯前特工及其女儿遭投毒事件中7次违反了“公平”规则。对此，俄罗斯通信与大众传媒部（Roskomnadzor）表示将针锋相对

① Rule 5.11：...due impartiality must be preserved on matters of major political and industrial controversy and major matters relating to current public policy by the person providing a service...https://www.ofcom.org.uk/about-ofcom/latest/bulletins/content-sanctions-adjudications.

② Rule 5.12：“In dealing with matters of major political and industrial controversy and major matters relating to current public policy an appropriately wide range of significant views must be included and given due weight in each programme or in clearly linked and timely programmes. Views and facts must not be misrepresented”，https://www.ofcom.org.uk/about-ofcom/latest/bulletins/content-sanctions-adjudications.

地采取措施，核查英国广播公司世界新闻频道及其网站在相关报道中是否违反俄罗斯法规。英国通信管理局最终在2019年7月26日宣布了对今日俄罗斯电视台的判罚决定，其政治色彩和意识形态特征可见一斑。

3.境外传媒监管的应对策略

综合分析英国通信管理局10年来的判罚案例可以发现，新闻报道和言论评论方面的监管呈现较强的意识形态特征，影视内容、广告播出、节目制作、播出技术等方面的监管则具有较高的专业性和规范性。因此，中国广播电视在英国落地播出时需要辩证分析，在应对监管方面力求做到分类施策。随着中国日益走近世界舞台的中心，中国在国际上的影响力和关注度显著提升，中国媒体国际传播也是如此。中国广播电视媒体在美国从2018年以来接连遭受“外国代理人”“外交使团”等无端指控，在英国从2014年以来也多次因为重大或“敏感”问题的新闻报道而受到“关注”。美国遭遇的问题不言自明；英国通信管理局针对中国媒体的各种调查虽然标榜新闻专业主义或法治精神，但大多受到英国外交政策影响，其中“涉嫌违规”的新闻报道更是集中反映了英国政府的关切，例如多与香港有关。需要说明的是，英国通信管理局是一个独立于政府的机构，它在开展监管和作出判罚时未必是“听命于”英国政府，但它和英国政府具有共享的价值观、意识形态理念和政治立场，这无疑会在无形中驱动其作出“政治正确”或“价值观正确”的决定。

当前，中国的国际传播应强化对外国尤其是欧美国家传媒监管方面的重视，在充分研究其法律法规的同时，要着力完善国际传播体制机制，强化应对处置能力，完善风险防控体系。（1）研究监管体制和法律体系。欧美国家的传媒监管体制都深深打着意识形态的烙印，也是政府实现外交政策的工具，但唯有深入了解、详尽掌握了其“规则”，才能规避风险、有效应对。例如，英国通信管理局虽然在新闻报道和言论评论方面时常作出意识形态色彩的判罚，但其关于影视内容、广告、节目制作与技术标准等方面的规定具有相对的客观性，必须予以重视，其中关于保护儿童、规范广告播出等方面的规定甚至具有广泛的应用价值。（2）完善国际传播体制机制。中国的国际传播在体制机制方面是脱胎于国内媒体体系，在国际法律应对能力、国际市场拓展能力、国际商务操作能力等方面存在一定的短板，因此需要积极探索和改革，在确保传播目标使命的同时能有效适应国际传播大环境。（3）强化应对处置能力。在国家层面，中国需要强化对境外媒体的法律法规监管，完善惩处机制，强化反制能力。在媒体层面，中国媒体在国际传播方面继续提升专业性的同时，要着力强化复合型特征，能有效运用市场、法律、商务等手段应对外国政府的监管。（4）完善风险防控体系。在国际传播方面，中国媒体在一定程度上与中国企业存在相似性：中国企业向海外出口中国的工业农业产品和服务，中国媒体向海外出口中国的新闻产品和影视文化产品，两者在海外都需要重视产品的质量规范、销售规范、服务规范等。因此，中国媒体需要参考借鉴中国企业在海外的经验，建立风险应对机制和防控体系。

第五节　新形势下中国媒体国际传播本土化策略的再思考

本土化是国际传播市场思维的重要体现，也是国际传播产业化发展水平的重要特征。随着中国国际传播的发展，本土化的重要性日趋凸显，政府、媒体和学界等各方面都给予高度重视。本土化是国际传播从国内场域向目标国场域、从本国媒体语境向目标国媒体语境实现转化的重要模式，是实现传播目标的关键方式方法。但本土化对于本国国内媒体产业发展水平、媒体市场成熟程度、体制机制建设、人才队伍培养等方面都有着很高的要求，否则在国际传播中仅有本土化之名，而无本土化之实，甚至会带来诸多挑战和问题。

一、中国媒体国际传播与本土化

近年来，我国媒体也都在积极探索国际传播的本土化。《新华社2008年—2015年工作设想》提出，借鉴当今国际上通行的“本土化”有效做法，大力发展海外雇员和报道员、营销员、签约摄影师等，逐步形成一支数量充足、结构合理、素质优良的驻外人员队伍；全面推进“阵地前移”战略，实现编辑部前移、营销前移、终端前移等。其中，“阵地前移”战略主要体现在三个方面：一是在采编流程上，以完善基本职能为支撑，逐步增强报道的国际影响力；二是在组织结构上，以调整机构形态为支撑，大力推动实体化进程；三是在体制机制上，以创新管理和服务机制为支撑，激发激情与活力。①

中央电视台（2018年3月与中央人民广播电台、中国国际广播电台合并为中央广播电视总台）于1989年开始探索设立了海外公司，这是本土化方面的重要探索，也是国际传播商业维度下的有益尝试。这些海外公司隶属于央视下属的中国国际电视总公司，具体由中视国际传媒有限公司负责管理。1989年4月，中国国际电视总公司在日本东京注册成立了“株式会社中国电视”。这是一家合资公司，日本合作方为株式会社旭通信社。1996年，株式会社中国电视成为中国国际电视总公司的全资子公司，也使用“CCTV东京事务所”名称。2012年6月，株式会社中国电视在韩国成立了韩国部，后发展为株式会社中国电视韩国分公司。株式会社中国电视日本总部下设办公室、制作部、国际部、技术部四个部门，韩国分公司下设办公室、节目部、国际部三个部门。②在美国，中国国际电视总公司于1990年在美国加利福尼亚州注册成立中国电视有限

① 唐润华等：《中国媒体国际传播能力建设战略》，北京：新华出版社，2015年，第97、103页。

② http://china-television.com/.

公司（China Television Corp.,“CTC”），是独资子公司。另外，中国国际电视总公司还分别在香港和非洲设立了中视亚太传媒投资管理有限公司（香港）与耀视传媒公司（非洲）。最初，央视海外分台的基础设施建设、运营管理和日常运作保障都是由以上海外公司负责。2016年，央视成立中国环球广播电视公司后，该公司开始负责海外分台的一些配套性业务。总台组建后，海外公司管理架构和运营模式基本保持不变。

作为中国历史最悠久、实力最强大的广播国际媒体，中国国际广播电台（2018年3月与中央电视台、中央人民广播电台合并为中央广播电视总台，以下简称国际台）在发展进程中积极探索本土化，以求提升运行效率，增强传播实效，其中关注度较高的是本土化工作室和海外控股公司。需要说明的是，本土化工作室和海外控股公司之间存在一定交集。一些本土化工作室是由海外控股公司负责管理运营的，两者都服务于节目落地和制播“本土化”的目标。自2003年开始，国际台探索节目落地“本土化”，大力推进节目制播“本土化”。[①]经过几年发展，本土化的广播频率规模得到显著增长。到2010年，国际台本土化整频率电台模式拓展至北美，在洛杉矶、休斯敦和旧金山等城市播出中波或调频台，都在每个整点插播当地制作的新闻、路况、天气等服务资讯节目，还播出本土制作的访谈、专题节目。[②]根据2011年规划，国际台计划到2020年在全球建设150个整频率电台，实现对世界主要国家首都和重要城市的有效覆盖。[③]随着总台的组建，国际台原有发展规划纳入到总台整体规划中。其中，在本土化工作室方面，国际台通过自行建设、合作建设和委托制作等方式，在海外建设本土化工作室，也称海外节目

① 张毓强：《国际传播：思想谱系与实践迷思》，北京：中国传媒大学出版社，2017年，第67、68页。

② 唐润华等：《中国媒体国际传播能力建设战略》，北京：新华出版社2015年，第306页。

③ 同②，第84页。

制作室。从无到有，国际台本土化工作室高峰时达到了30多个，分布在老挝万象、柬埔寨金边、泰国曼谷、美国洛杉矶、加拿大温哥华、澳大利亚墨尔本、法国巴黎等首都城市或大城市。根据国际台在2011年时所制定的国际传播发展规划，要在全球建设70个节目制作室，实现本土采集、本土制作、本土发布、本土互动的国际传播。[①]依托这些本土化工作室，国际台在当地制作、播出、运营广播频率以及相关业务。以泰国本土化工作室为例，其负责运营的泰国曼谷FM103调频台于2011年6月开播，实现在当地采集、制作和播出节目。FM103调频台全天使用泰语播出，节目内容主要包括当地流行歌曲和实用信息，中泰及世界各地重要资讯以及中泰两国政府和人民友好往来的信息，突出新闻性、娱乐性和服务性。国际台泰语广播开办于1950年，在此后的60年中，国际台泰语广播一直在北京制作播出，通过国内短波台向泰国发射。2010年，国际台通过与泰国当地公司合作成立了合资公司，并成功购买了曼谷FM103调频台的播出权，在本土化制播方面迈出了一大步。2011年6月1日，FM103进行了全面改版，当时本土全职雇员人数已经达到了15人。当年12月的收听率调查结果显示，该台的排名已经大幅提升到了第16位。[②]2014年，尼尔森（泰国）公司发布的曼谷地区40家正规调频台收听率排名显示，FM103调频台排名稳定在前10名。经过70多年的实践，国际台正逐步实现由“主要传播中国内容”向“中国内容与本土内容相结合”转变，由“国内制作，卫星传送至对象国”向“节目内容本土采集、本土编辑、本土播出”转变。[③]在总台组建后，本土化工作室根据总台发展规划进行了优化调整。

---

① 唐润华等：《中国媒体国际传播能力建设战略》，北京：新华出版社2015年，第84页。

② 夏吉宣：《全球化传播，本土化运作——中国国际广播电台曼谷分台案例分享》，《对外传播》2014年第3期。

③ 缪菁：《浅议我国对外广播的本土化发展》，《视听》2017年7月刊，第39页。

二、中国媒体国际传播本土化的再思考

本土化是中国媒体在国际传播中融入当地市场的重要路径，在传播业务方面也有助于优化国际传播的内容采集、制作和播出以及渠道、运营、宣介等环节。中央电视台于2011年在日本实施了一个名为“CCTV日语化播出项目”的本土化项目，即以日语同传、日文字幕等方式在日本播出CCTV-4及央视其他节目。但由于多方原因，该项目在2018年终止。2011年8月，中央电视台与日本株式会社大富签署合作协议，委托该公司负责日语化播出项目的实施。2012年1月22日，该项目正式实现播出。该项目是中国电视领域首个本土化程度较高的项目，它对于探索海外落地播出的本土化模式具有积极意义。在此后项目的推进过程中，诸多问题逐渐显现。在项目管理模式上，日本株式会社大富作为中央电视台“CCTV日语化播出项目”的日本合作方负责全部事宜，但社长和两位副社长分别是日本籍华人、美国籍华人和中国籍华侨，中央电视台根本无法参与其经营决策和日常管理，也无法了解其财务状况和运营情况。在节目制作和内容导向方面，日本株式会社大富自办的《日本新闻》节目在每周一至周五21点45分播出15分钟，中央电视台也无法参与这档新闻节目的内容审定和编排决策。在频道编排上，日本株式会社大富根据自身经验进行操作，增加了中央电视台《今日说法》《经济半小时》等不适宜对外播出的节目，同时自购了一些电视剧（包括抗日剧）播出。在频道经营方面，日本株式会社大富在“CCTV日语化播出项目”频道播出一些硬性和软性广告，中央电视台也无从掌握广告内容、性质，更无法管控。概言之，“CCTV日语化播出项目”在合作方式、监管模式、管理方式（尤其是内容和财务管理）、人员配置等方面都存在严重缺陷，这也是导致该项目最终关停的重要原因。可见，中国媒体国际传播的本土化策略具备一定的前置条件，需要建立在国际化、市场化、产业化发展基础之上。

国际台在海外控股公司方面的探索也值得再思考。国际台从2007年开始通过其旗下公司，分别在亚洲、欧洲、澳大利亚、北美成立控股公司，建立制作基地，在当地策划、采制、播出节目。这一操作也被称为“公司化模式”，即由国际台与海外合作伙伴，在对象国注册国际台控股公司，通过公司租用或购买当地电台，播出国际台制作或委托合作伙伴制作的节目。具体而言，国际台于2007年成立了环球时代传媒有限公司，在此基础上于2010年成立了国广环球传媒控股有限公司（以下简称“国广控股”），旗下包括国广世纪传媒咨询（北京）有限公司（以下简称“国广世纪”）等；国广控股由国广传媒发展有限公司（以下简称“国广传媒”）和无锡金正源投资发展有限公司共同控制。[①]2007年至2013年间，国广世纪在海外先后成立了6家控股公司，分别为环球时代传媒有限公司、环球凯歌国际传媒集团、环球东方有限公司、环球广域传媒集团有限公司、环球伊比利亚传媒有限公司和环球亚太文化传媒有限公司。海外控股公司在推进本土化制播和运营方面进行了积极探索。例如，环球时代传媒有限公司在海外开展广播、媒体与传播，及培训服务等业务，采集、编辑关于中国以及全球不同国家和地区的新闻，在所在地区实现在地化新闻制作。[②]该公司2013年在土耳其承接了伊斯坦布尔节目制作室建设工作，由此实现本土化采集、本土制作、本土发布、本土互动。但由于种种原因，这种本土化模式的表现未能尽如人意。2015年，国际台对国广传媒等下属公司进行清理，撤销4个公司，退出6个公司。[③]国际台基于海外控股公司的本土化模式前后存在了不到10年时间，其中原因值得深思。

当前，我国综合实力和国际地位不断提升，国际社会对我国的关注也前

---

① http://www.p5w.net/today/201301/t4679556.htm.

② https://china.huanqiu.com/article/9CaKrnJXsXV.

③ http://fanfu.people.com.cn/n/2015/0507/c64371-26963501.html.

所未有。随着我国日益走近世界舞台中央，迫切需要对外讲好中国故事，传播好中国声音，展现真实、立体、全面的中国。为此，中国媒体国际传播必须借鉴当前国际知名媒体的成功经验，创新国际传播的理念、模式、方法、手段，其中本土化就是重要的路径选择。从全球媒体竞争格局和发展态势来说，全球主要媒体在全球化深入推进的背景下，当前在全球和本土两个层面展开激烈竞争。从传播策略来说，本土化是媒体消除文化折扣和制度折扣的主要模式；从经营管理来说，本土化是媒体资源进行全球有效配置的重要手段；从跨国贸易来说，本土化是媒体产品进入本土市场的有效方式。纵观美国有线电视新闻网、英国广播公司、半岛电视台知名国际传媒机构，凭借其丰富的国际市场经验和全球商务资源，这些媒体都积极运用本土化策略开拓海外市场、提升市场竞争力。有效的国际传播应该是本土化传播，这是当今国际主流媒体开展传播的核心战略。主要内容包括：一是机构和人员本土化；二是内容和发布本土化；三是运营本土化；四是与本土媒体开展合作传播。[①]纵观我国媒体国际传播，本土化的这四个方面已经取得了一定进展，但和欧美国家相比仍有差距，尤其是在市场化操作等方面。

三、中国媒体国际传播本土化的风险点与关键点

从理论上说，本土化有助于传播内容更贴近目标国受众需求，传播渠道更符合当地市场特点，宣传推介也更接地气。但在实际操作过程中，尤其是在中外两种不同的媒介体制和市场环境中，本土化存在诸多风险点。

本土化的关键点之一是实施主体与运行模式。中国媒体都是国家所有，在海外直接从事本土化经营管理存在诸多困难。如果交由境外合作方来负责，则容易出现管理、财务、经营等方面的问题。为此，很多中国媒体在积极探索

① 胡邦胜：《我国对外传播需实现四大战略转型》，《学习时报》2017年4月17日第2版。

公司化。有业界专家认为，公司化是媒体全球化发展的重要方式和途径，通过公司化可以规避诸多风险。例如，在世界许多国家特别是西方发达国家，具有政府背景的中国国家媒体在当地面临很多政治、法律、意识形态等方面的壁垒和风险，必须借助公司化手段来淡化官方媒体色彩。①例如，新华社近年来逐步探索用公司化的运作来规范海外营销工作。一个构想就是，在新华社7个总分社以"中国经济信息社分公司"的名义进行本土注册，负责所辖地区营销工作。此举一是可以彻底解决海外营销合法化问题；二是可以淡化新华社官方背景，规避一些国家对新华社新闻信息产品的偏见和壁垒；三是以企业身份更便于在开拓新媒体市场时成为运营商；四是企业管理必需的成本核算倒逼机制和责权利一致的激励机制，可最大程度地发掘驻外分社营销能力。②

本土化的关键点之二是资金投入与可持续发展。本土化需要中国媒体提供资金支持，至少在前期阶段提供启动性资金投入。这就需要建立一套合理合规合法的机制来确保资金跨境流动和使用安全。为此，有专家建议，必须做好配套的政策保障，特别是要完成从财政事业投入模式转向境内购买服务方式和境外的公司化投资模式。可以将国传财政投入变为项目发展的启动资金，鼓励媒体在海外开展公司化、市场化运营，一切以提升媒体竞争力为核心。可设立国际传播专项基金，借助国传基金杠杆效应，吸引更多的社会资本进入国传领域，加快海外媒体的并购、控股、参股投资力度。借助公私合营模式，建立起政府与社会主体间的"利益共享、风险共担、全程合作"共同体关系，提高海外媒体运行的效率和水平。只有具备"自我造血"功能的国际传播，才是有效传播，才具有可持续性。③

---

① 胡邦胜：《我国对外传播需实现四大战略转型》，《学习时报》2017年4月17日第2版。

② 唐润华等：《中国媒体国际传播能力建设战略》，北京：新华出版社，2015年，第304页。

③ 胡邦胜:《论中国国际传播的理论转型和实践转向》,《国际传播》2016年第1期，第9页。

本土化的关键点之三是法律法规与评估机制。无论是内容产品本土化、渠道本土化，还是人才本土化、宣介本土化，只要涉及与境外机构的合作，就一定要从目标国法律层面建立规范、合法、严谨的合作制度，并以严谨细致合同的方式来约束。中国媒体开展国际合作往往本着“友好合作”的定位来制订合同，在合同中没有充分明确双方的责任、义务以及罚则，由此置合作项目于险境。另外，本土化对于中国媒体是新事物、新实践，需要从一开始就建立有效的评估机制，实现闭环管理。

随着中国国际地位的提升，我国媒体在近十多年来积极走出去，大力提升国际传播能力。但受制于多方面原因，我国媒体国际传播能力建设的进度与效度都不尽如人意。新华社在2013年曾针对国际传播能力建设组织了专项调研，组织新华社驻外记者在30个国家对62位媒体人士和中国问题专家进行了访谈。访谈发现，中国媒体国际传播当前存在以下四个方面的主要问题：一是有效落地率低，阻碍影响力进一步提升；二是内容与海外受众需求契合度低，缺乏吸引力；三是市场推广力度不足，与国际受众缺乏互动；四是对国际人才的聘用和管理处于起步阶段，难点颇多。[①]该研究发现的问题颇具有代表性，值得深思。对于这四个问题的解决，本土化都可以发挥积极作用。随着我国媒体国际化、专业化、市场化、产业化水平的稳步提升，本土化将成为日益普遍的操作模式。在对本土化发展前景充分看好的同时，我们也必须认识到，本土化是一个渐进的过程，要待一个国家媒体领域的产业化、国际化达到一定水平后才能水到渠成。换言之，我国媒体必须在具有了充分的国际市场经验，夯实了跨国媒体管理、制度、人才等方面基础之后，才宜将本土化作为国际传播的首选策略和方式。本土化是良策，但绝不可概念化、简单化和模式化。

---

① 唐润华等：《中国媒体国际传播能力建设战略》，北京：新华出版社，2015年，第115—117页。

第六节　案例研究：英国广播公司国际传播中的市场竞争力建设

一、英国广播公司简介

作为英国的国家公共媒体，英国广播公司承担着向世界塑造英国形象、传播英国文化和价值观的使命。英国广播公司2007年生效的《皇家宪章》（*Royal Charter*，2007—2016）明确要求英国广播公司“把世界带给英国，把英国带给世界”，彰显了其国际传播使命。英国广播公司前任总裁托尼·霍尔更直白宣称，英国广播公司的重要使命之一是向世界传播英国的文化和价值观，应通过新闻节目来促进全球“民主”，有效传播英国的声音、价值观和影响。就资金来源而言，英国广播公司国际传播部分业务尤其是国际广播业务的经费主要来自英国政府的拨款，如2016年至2020年间英国外交和英联邦办公室的拨款规模为2.91亿英镑。英国广播公司为了提升其国际影响和强化自主发展能力，从20世纪90年代开始就非常注重在国际传播中开展商业经营，提升自我造血功能，从而增加自有资金规模。1996年，英国《皇家宪章》首次明文同意英国广播公司开展商业活动，尤其是它的国际电视业务。由此，英国广播公司世界频道的商营体制以法律形式正式确立下来。

随着新兴媒体发展，全球传媒领域进入深度变革时代，传统电视媒体面临着前所未有的挑战，即便是欧美知名电视媒体也是如此。英国广播公司作为全球电视业的标杆性媒体机构之一，在媒介变革时代也表现出高度的焦虑，尤其源于经营压力的焦虑；焦虑是面对不确定性时的必然反应，也是变革的重要推动力。2018年3月，时任英国广播公司总裁托尼·霍尔坦言，该公司正面临20世纪70年代以来最为严峻的竞争形势。他认为，美国奈飞、脸书、亚马逊等新兴媒体巨头给英国电视业带来了历史性挑战，因为这些“西海岸巨头”极尽其能地挖掘个人数据，利用数据技术来驱动业务和利润增长；它们还竭尽全力抢夺人才，由此削弱英国创意产业的根基。英国广播公司虽然是公共媒体，但一直在海外从事与频道、节目相关的商业性经营活动，商业收入已成为重要资金来源。借助商业性经营收入，英国广播公司得以持续加大在精品节目制作、技术创新等方面的投资。2020年9月，蒂姆·戴维（Tim Davie）就任英国广播公司总裁，此前他担任英国广播公司旗下影业公司（BBC Studios）的首席执行官。在这位具有丰富传媒市场经验掌门人的带领下，英国广播公司在国际传播中的商业经营有望得到进一步提升。

二、英国广播公司商业经营策略

经营管理是媒体机构的有机组成部分，经营管理变革也与整个公司发展战略一以贯之。2017年5月，英国广播公司高层就表示，该公司发展战略要聚焦于三个重点：一是全面创新，二是文化建设，三是全球布局。近年来，英国广播公司不断增加国际传播频道规模，拓展国际传播业务商业经营范围。该公司历任总裁都将国际市场经营作为提升国际传播影响力和竞争力的重要路径和手段，立足国际市场来实现价值观和文化传播。

1.市场化开发新闻资源

英国广播公司世界新闻频道作为其品牌频道和国际传播旗舰频道，具有巨大的商业价值。英国广播公司由英国广播公司全球新闻公司负责运营，在全球销售其播出版权，客户包括酒店用户、付费电视运营商等。英国广播公司全球新闻公司在2018/2019财年的营业收入为1.14亿英镑，此前在2017/2018财年为1.09亿英镑。

2.商业化经营品牌频道

除了新闻频道，英国广播公司在海外经营的自有品牌频道共有34个，包括英国广播公司地球频道、幼儿频道、环球频道、美食频道（BBC Food）、娱乐频道（BBC Entertainment）、时尚频道、知识频道（BBC Knowledge）等。这些频道在多个国家都已拥有了可观的市场份额，以南非为例，英国广播公司旗下频道在该国的市场份额高达4.5%。在传播英国价值观和文化的同时，这些频道也实现了可观的市场收益。

3.合作化运营本土频道

1997年，英国广播公司在美国开办了美国频道（BBC America），随后该频道通过播出《办公室》（*The Office*）和《小英国》（*Little Britain*）等著名电视剧提升了该频道在美国的影响。2004年，英国广播公司在日本开播了英国广播公司日本频道（BBC Japan），这是一个针对日本观众的娱乐频道。2015年，英国广播公司与索尼多屏传媒公司（Sony Multi-Screen-Media）在印度合作推出了英国广播公司地球频道。另外，英国广播公司与加拿大克罗斯娱乐公司（Corus Entertainment）合作运营英国广播公司加拿大频道。这些本土化频道借助当地合作公司的力量迅速抢占市场，为英国广播公司内容资源实现商业化价值发挥了“长尾效应”。

4.拓展新兴媒体业务

2015年2月，时任英国广播公司总裁托尼·霍尔发表了题为《互联网时代的英国广播公司》（*The BBC in the Internet Era*）的演讲，表示当前英国广播公司正面临极大挑战，年轻观众不如他们的父母那样钟情于传统线性频道，英国广播公司的传统优势正在消逝，如果不予以正视和重视，英国广播公司将会被边缘化。近年来，英国广播公司在新兴媒体领域全面出击，对内容创意、节目制作、分发、用户服务等方面进行了全面创新，重点举措包括：传播渠道的创新（iPlayer）、节目制作方式的创新（虚拟现实）、互动方式的创新（语音识别）、工作方式的创新（技术团队与节目团队的无缝对接），等等。2016年，英国广播公司和英国独立电视台合作，在美国推出了付费网络电视业务“英国盒子”付费视频订阅业务，这也是全球范围集聚了最多英国内容的网络视频点播业务平台。2018年，“英国盒子”进入加拿大市场。2021年初，英国广播公司影业公司在亚马逊平台和苹果电视应用程序上开办流媒体频道“英国广播公司精选”（BBC Select），播出文化、政治、思想三大主题的节目。该频道不需要订阅，采取广告营利模式。①新兴媒体平台正在成为英国广播公司新的营利工具，让优质资源以更高效率在更大范围实现市场转化。

三、相关启示

1.宏观层面：强化全球布局

在宏观层面上，中国媒体在发展定位上要兼顾国内和国际两个市场，实现媒体资源在国内国外两个场域的双循环。在全球化背景下，媒体的国际传播必须要通过体制机制和管理创新，实现资源、资金、人力、技术等要素的全球布局和流动。欧美国家媒体之所以能在全球竞争中占得先机，与其全球发展布局不无关系。在新兴媒体时代，全球传媒市场的关联性和互动性进一步加强，传媒要素在不同国家之间流通的便捷性显著提升。中国媒体需要通过强化全球布局，充分发掘、调动和利用不同地区和不同国家的传媒发展要素，并通过深化与目标国媒体机构合作来构建利益共同体和命运共同体。以美国斯克里普斯互动电视网（Scripps Networks Interactive）为例，它充分利用旗下家居园艺频道（HGTV）、美食电视网（Food Network）、烹饪频道（Cooking Channel）、旅游频道（Travel Channel）等内容资源优势拓展全球布局，在英国与英国广播公司世界公司（BBC Worldwide）合资运营“英国电视公司”（UKTV），在波兰运营TVN公司，在亚洲运营“亚洲美食频道”（Asian Food Channe）。中国媒体需要通过全球布局来加速融入国际市场的进程，促进国内产业和国际市场的

① https://www.rapidtvnews.com/2020121659596/bbc-select-to-offer-ad-free-subscription-streaming-channel-in-us-canada.html#ixzz6gqRCcAkd.

双向连接，并借助国际市场规则和传播规律来倒逼内部建设、激活内生动力。

2.中观层面：构建产业生态

在全球化时代，传媒领域不再按照精细化分工原则专注于某个环节、某个领域，而是需要积极延展和扩张，通过做强做大传媒及周边相关业务来构建产业生态。例如，韩国三星电子（Samsung Electronics）等传统电视机制造厂商正在突破原有业务边界，进入视频聚合等业务领域。截至2021年初，韩国三星电子旗下的智能电视机视频业务“电视+”（TV Plus）已经与全球300多家电视播出机构和内容平台等建立了合作关系，播出全球12个国家的742个频道。2021年初，超过6000万台三星智能电视机已经安装了该业务应用程序。[①]在5G时代，新的全球产业生态正在构建，技术、网络、娱乐、现场体育赛事等元素正在重新聚合之中。[②]随着网络化、移动化、智能化时代的到来，增强现实、虚拟现实、云游戏、电子体育等新应用新业务方兴未艾，媒体在国际传播中必须通过构建产业生态来集聚内容、渠道、平台、受众等方面资源。琼佩迪研究公司（Jon Peddie Research）2020年发布的一份研究报告显示，全球电视和云端游戏硬件设备的市场产值在2025年有望达到250亿美元。目前，一些大型传媒或电信公司都在突破原有业务界限来开展游戏等其他业务。例如，苹果公司的“苹果拱廊”（Apple Arcade）平台上有100多个游戏，订户每月支付4.99美元，即可无限量使用平台上的游戏。[③]在生态构建中，数据应成为核心资源。2020年一项针对50多位欧美传媒高管的调查发现，数据在传媒竞争中发挥着日

---

① https://www.broadbandtvnews.com/2020/12/28/samsung-tv-plus-expands-to-12-countries-with-over-740-channels/.

② 鲍勃·加拉格：《2020年预测：消费者和娱乐服务》（2020年1月），www.ovum.com。

③ https://www.digitaltveurope.com/2020/02/25/tv-and-cloud-gaming-market-to-reach-us25-billion-by-2025/.

益关键的作用，数据堪称传媒竞争中的“王牌”。70%的受访者认为，数据对于媒体生存至关重要。数据对于提升核心领域的竞争力也有积极作用，例如，在丰富内容个性化体验方面，数据能提升70%的效果。[①]通过建立与媒体业务相关的生态圈，包括通信、社交、旅游、购物、相亲、交友等相关产业，能有效聚集用户的数据，也能更好地利用用户数据来提升业务效能。中国媒体的国际传播同样需要着手构建面向国际传播的产业生态，包括内容制作、技术研发、平台运营、受众维护等方面，以此来提升综合竞争实力，确保“造血功能”的可持续性。

3.微观层面：完善业务链条

媒体在国际传播既需要在中观层面上构建产业生态，也需要在微观层面上完善业务链条，实现资源的纵向整合与流动。在全球化时代，媒体在国际传播中必须要在传播内容、渠道、平台等环节上加强掌控力。目前，欧美主要媒体集团积极构建自有平台，力求将内容竞争优势延展到渠道和平台领域。2019年，美国迪士尼公司推出网络电视平台“迪士尼+”（Disney+），旗下网络电视业务增加到了3个（Disney+，ESPN+，Hulu），到2020年12月全球网络电视付费业务的直销订户总规模达到了1.37亿，其中“综艺体育电视网+”（ESPN+）为1150万，葫芦为3880万，“迪士尼+”为8680万。[②]2020年，华纳传媒公司（Warner Media）收购了加拿大网络电视技术公司优爱电视公司（You.i TV），为其在国际市场拓展极致家庭影院等网络电视业务提供技术支撑。该公司主要开发跨屏视频播出应用程序，即在智能手机、平板电脑、游戏机、机顶盒、智能电视机等不同播出终端之间实现跨屏播出。媒体在国际

① https://www.rapidtvnews.com/2020112159442/svod-services-to-overtake-pay-tv-by-the-end-of-the-year.html#ixzz6eZux2q9F.

② https://www.digitaltveurope.com/2020/12/11/disney-137m-ott-subscriptions-plan-to-debut-star-brand-in-key-markets-big-increase-in-content-spend/.

传播中只有具备相对齐全的产业链，才能有效盘活资本、内容、渠道、技术等资源的活力。值得一提的是，目前部分国内媒体机构大兴土木建设新媒体平台，但在产业链建构方面缺乏顶层设计，在营利模式上也疏于战略规划，尤其在影视内容和平台建设方面缺乏市场竞争意识，这不利于在国际传播中形成“造血功能”。对于中国媒体来说，国际传播“造血功能”不能局限于一个内容产品、一个平台建设，而需要完善产业链条，提升整体性和完整性。

第六章

国际传播技术维度与融合传播能力建设

国际传播是一种跨国的传播行为，包括卫星通信技术、网络通信技术等在内的通信技术为国际传播内容的信号传输和分发提供支撑，是国际传播渠道建设的基础；随着新兴媒体发展，网络内容分发技术和混合播出技术在国际传播渠道建设中得到广泛应用。在对外新闻与国际舆论斗争中，人工智能（社交媒体分析）、机器人算法、大数据等技术的研究与应用正日趋普及。在图像呈现和画面生成等方面，3D影像技术、虚拟现实和增强现实技术、计算机图像生成技术（虚拟主播等）、超高清技术以及人工智能技术（影像修复）等也在与国际传播进行深度结合。在跨文化语言翻译和符号转换中，人工智能技术（视频识别、声音识别、文字识别）、机器翻译等技术也到了广泛使用。例如，日本放送协会旗下的日本放送协会世界频道（NHK WORLD-JAPAN）从2020年4月1日中开始运用人工智能技术提供翻译服务，支持中文简体、中文繁体、法语、印尼语、西班牙语、泰语、越南语等7种语言。在该频道的官网以及应用程序上，人工智能翻译技术以字幕方式提供实时自动翻译服务。[①]

本章主要从技术维度探讨国际传播中的融合传播及相关领域，包括生态建设、内容制作、运营等方面，不涉及其他技术研究与应用。中国的国际传播一直高度重视融合传播，着力运用新技术新模式提升国际传播的效能，例如中央广播电视总台在大力推进国际传播的传统渠道与新兴媒体渠道的融合发展。在

① https://www3.nhk.or.jp/nhkworld/upld/thumbnails/en/information/automatically_translated_multilingual_subtitles_en.pdf.

宏观政策方面，中央全面深化改革委员会第十四次会议于2020年6月30日审议通过《关于加快推进媒体深度融合发展的指导意见》，会议强调：推动媒体融合向纵深发展，要深化体制机制改革，加大全媒体人才培养力度，打造一批具有强大影响力和竞争力的新型主流媒体，加快构建网上网下一体、内宣外宣联动的主流舆论格局，建立以内容建设为根本、先进技术为支撑、创新管理为保障的全媒体传播体系，牢牢占据舆论引导、思想引领、文化传承、服务人民的传播制高点。

第一节　媒介技术变革与国际传播生态变迁

一、融合传播的概念与发展

在媒体领域，融合传播的概念可以分为狭义和广义两个层面。在狭义层面上，融合是指传播渠道的互联互通互用，打通不同传输技术、行业之间的壁垒，为内容提供高效、多元、交叉的传播渠道。在广义层面上，融合是指媒介信息传播采用文字、声音、影像、动画、网页等多种表现手段，利用广播、电视、音像、电影、出版、报纸、杂志、网站等不同媒介形态，通过融合的广电网络、电信网络和互联网络进行三网融合的传播，最终实现用户以电视、电脑、手机等多种终端均可完成信息的融合接收，实现任何人、任何时间、任何地点、以任何终端获得任何想要的信息。[①]无论是狭义层面还是广义层面，融合传播都有利于不同内容格式、不同传播渠道、不同接收终端之间的互联互通，有助于传播要素的高效流动，由此实现帮助媒体机构、电信企业和受众等

① 黄鹂：《全媒体创新案例精解》，上海：复旦大学出版社，2020 年，第 8 页。

相关主体实现利益最大化。正因为如此，融合是一个多要素驱动的过程，正如亨利·詹金斯（Henry Jenkins）所言，“融合……既是一个自上而下的商业驱动过程，又是一个自下而上的消费驱动过程，是商业融合与草根融合的共存体。传媒企业处心积虑地加速媒介内容在发行渠道内的流动，以图增加利润、拓展市场并强化受众的认可；而消费者在互相影响中想方设法利用不同的媒介技术将媒体的内容置于自己的完全控制之下。”融合文化的出现是三个因素共同作用的结果：第一个因素是传媒所有权的集中；第二个因素是技术的变迁；第三个因素则与传媒的消费者密切相关，例如，他们致力于强化媒体消费的主动性把控。[①]

对于国际传播渠道建设的融合传播来说，“融合”主要适用于狭义层面。就发展历程来说，狭义层面上的融合传播概念经历了几个发展阶段。在融合的第一阶段，电视和电信之间的行业壁垒被打通。20世纪90年代，美国颁布了《1996年电信法》，废除了长期以来对电视与电信跨界经营的限制，拆除了阻碍电信公司进入电视产业领域的壁垒。[②]这些规定大大释放了美国电视业的发展动力，促进了媒介融合。该法通过后，美国时代华纳公司和特纳广播公司（Turner Broadcasting Corporation）合并，资产总额为67亿美元，由此创建了美国当时最大的传媒公司。随后，沃尔特·迪士尼公司（Walter Disney）与大都会/美国广播公司进行价值185亿美元的合并，形成美国第二大传媒公司。[③]21世纪初，互联网通信技术开始稳步发展，融合传播进入第二个阶段。当时，

---

① [英]约翰·斯道雷：《文化理论与大众文化导论》，常江译，北京：北京大学出版社，2019年，第264页。

② [美]詹姆斯·沃克、道格拉斯·弗格森：《美国广播电视产业》，陆地、赵丽颖译，北京：清华大学出版社，2005年，第80页。

③ 叶再春：《美国新闻传媒与政府关系研究（1990—2010）》，北京：中国人民大学出版社，2013年，第180页。

互联网与电视的融合传播得到了广泛关注，尤其是网络视频与传统电视的融合成为当时的一个风口。2010年之后，随着移动通信技术稳步发展。中国在2013年开始批准4G牌照。4G也就是第四代移动通信技术，是将3G与无线局域网（WLAN）集于一体，以正交频分多址（OFDMA）技术为核心，能够以高于100Mbps 的速度快速传输数据、高质量的音频、视频和图像等，能够满足用户对于移动互联无线服务的要求。在此背景下，一些视频网站联合电视媒体制作适合手机用户观看的节目内容，电视媒体流向新媒体的人才成为二者合作的桥梁和纽带。4G 移动互联技术的发展促使智能手机成为人们认知社会、观察世界的重要工具，同时也成为人们发表意见的重要渠道。电视媒体抓住微博、微信及客户端应用的传播力与反馈能力，以大众化传播的方式推进受众了解电视媒体、获悉电视节目的进程，以信息人际交流的方式实现口碑效应，在无形中扩大电视节目的影响力与导向力。[①]在国际上，融合传播的发展非常蓬勃，移动通信、固网语音、固网互联网以及电视等融合业务得到长足发展，“三网合一”“四网合一”“五网合一”等相关概念及业务日趋普及，其中五网合一业务包括固话、固网、付费电视、移动通信和移动互联网这5种通信和媒体业务。以葡萄牙为例，早在2015年，葡萄牙家庭中使用多网合一业务的比例就达到了78%；使用融合业务的订户总数为320万，其中四网合一和五网合一用户总数为132.4万。2020年12月，葡萄牙多网合一订户规模达到了420万，其中五网合一和四网合一订户规模为210万，在多网合一订户中所占比例为50.1%；三网合一订户规模为70万，所占比例为40.2%。[②]

---

① 李素艳等：《移动通信技术迭代背景下电视发展纵览》，《中国广播电视学刊》2018年第10期，第44页。

② https://www.broadbandtvnews.com/2020/12/14/portuguese-bundled-services-the-stats/.

二、新兴媒体发展与媒体发展格局变化

当前，国际通信技术正在经历历史性变革，5G等新技术给媒体发展带来了前所未有的前景，也在改变着全球媒体的格局。根据数字电视研究公司（Digital TV Research）2021年分析数据，全球138个国家和地区网络电视领域电视剧和电影业务的营业收入在2020年为1060亿美元，到2026年预计增至2100亿美元。美国在未来几年将保持全球最大电视市场的地位，其网络电视领域电视剧和电影业务的营业收入在2020年为561.9亿美元，到2026年预计增至882.3亿美元，届时在全球市场中所占份额为42%。就收入构成而言，付费点播是主要收入来源，2026年预计为1260亿美元，所占份额约为60%。其次是广告收入，2026年预计为660亿美元，所占份额约为32%。[①]另外，全球网络视频业务的渗透率在2020年达到55%，首次超过传统付费电视业务（50%）。[②]在此背景下，电信、网络等技术类公司在媒体领域的竞争力甚至垄断性日趋显著，凭借其技术、平台和媒介生态的先发优势，在全球网络电视业务（或称为“网络视频点播业务”）乃至整个媒体市场中的地位越来越重要。

当前，网络视频业务和社交媒体成为电视领域变局的主要动力源和催化剂。从2019年11月开始，美国苹果公司在11月1日推出了“苹果电视+”（Apple TV Plus），沃尔特·迪士尼公司在11月12日推出了“迪士尼+”，康卡斯特公司2020年4月推出“孔雀”，美国电话电报公司2020年5月推出“极致家庭影院”。[③]当前，国际大型媒体公司凭借雄厚的资本实力和内容储备，直接

① Joseph O'Halloran，Global OTT revenues set to double from 2020-2026，rapidtvnews website，April 26，2021，https://www.rapidtvnews.com/2021042660345/global-ott-revenues-set-to-double-from-2020-2026.html#ixzz6tC5VWE8M.

② 参见https://www.rapidtvnews.com/2020030458161/74-set-to-stop-paying-for-pay-tv-within-five-years.html#ixzz6FmE4Aqcb。

③ https://www.multichannel.com/news/cavanagh-peacock-service-will-break-even-in-five-years.

导致全球媒体市场中暗流涌动。在社交媒体方面，根据《2020年移动互联网现象报告》（*Mobile Internet Phenomena Report*），视频流量在全球移动通信流量中所占份额高达65%，其中优兔在全球移动通信流量中所占份额超过了25%，居于第一；脸书所占份额为17%，位居第二。报告显示，社交媒体占据全球手机使用时间的12.74%。[①]另外根据欧米迪公司（Omdia）数据，全球网络视频广告营业收入总额在2020年为700亿美元，到2024年有望增至1200亿美元。在全球网络视频广告营业收入中，美国脸书和优兔的份额之和在2020年为49%，到2024年预计达到51%。[②]可以看出，全球媒体领域正在经历一场深刻变革，从内容到平台都在针对新的技术发展和市场需求调整策略、创新方式。

新兴媒体发展对于全球媒体变局的影响并不局限于当下，在未来还将持续推动深层变革。根据2020年数据，美国超过一半的民众将流媒体平台作为视频观看的首选。当受众没有特定目标而是随意观看视频时，免费的带广告的流媒体电视业务（free ad-supported streaming TV services，缩写为FASTs）将成为传统电视观看模式中的重要构成，而这也会悄然改变媒体业的生态。传统付费电视业务的每月资费标准大多超过75美元，很多业务甚至超过了100美元，但其中的很多频道并非订户常看的。因此，订户会选择不花钱或者少花钱的网络电视业务作为替代品。正是基于这一市场变化趋势，迪士尼公司（美国广播公司）、维亚康姆哥伦比亚广播公司、康卡斯特公司（全国广播公司）、美国电话电报公司（华纳公司）和探索集团等积极谋划发展或建设流媒体业务生态。[③]

---

① 参见 https://www.rapidtvnews.com/2020022458115/facebook-to-the-fore-as-youtube-accounts-for-over-a-quarter-of-all-mobile-traffic.html#ixzz6EvT6qIpi。

② https://www.rapidtvnews.com/2021021859948/facebook-youtube-account-for-nearly-half-of-online-video-ad-revs-in-2020.html#ixzz6msLtQO3N.

③ https://www.nexttv.com/news/streaming-is-1st-choice-for-50-of-viewers-what-happens-now.

根据全球视频测量联盟（GVMA）2021年发布的研究报告，在2020年2月至2021年2月之间，美国18岁至44岁年龄段人群观看社交媒体平台视频的时间总量增长了50%。在社交媒体视频的整体观看量中，18岁至34岁年龄段群体观看时间占比超过50%，而55岁以上年龄段群体占比则不足15%；在传统电视频道的整体观看量中，18岁至34岁年龄段群体观看时间占比不足10%，而55岁以上年龄段群体占比则超过了60%。[①]对于更为年轻的受众来说，新兴媒体、社交媒体是他们的“新常态”，这对于全球媒体格局的未来走势来说至关重要。

三、国际传播秩序和生态变化

新兴媒体发展一方面改变了国际媒体格局，同时也冲击了国际传播秩序。国际化、数字化、融合化也在改变全球媒体格局和发展生态，媒体资源集中与优势集聚促生了媒体领域的经济、政治、文化控制，这直接映照了政治和经济霸权。当前，美国在全球市场中的优势进一步增强，原有传播秩序中的不平衡全面加大。即便是在媒体业发达的西欧地区，美国的传播优势亦非常显著。根据数字电视研究公司（Digital TV Research）2021年数据，西欧地区网络视频业务的订户规模在2020年底为1.37亿，到2026年预计增至34亿。其中，美国网络视频业务居于绝对优势地位。美国奈飞2021年在西欧地区的订户规模为6075万，到2026年预计增至7590万；“迪士尼+”在2021年为2810万，到2026年预计为5505万；亚马逊在2021年为4020万，到2026年预计为5282万；“苹果+”在2021年为119万，到2026年预计为332万；美国家庭影院频道在2021年为240万，到2026年预计为332万。[②]随着美国奈飞公司、亚马逊和家庭影院频道等

① https://www.rapidtvnews.com/2021060760604/social-video-emerges-as-key-complement-to-linear-tv.html#ixzz6x9ggIb6G.

② https://www.digitaltveurope.com/2021/04/15/netflix-to-remain-top-dog-in-europe-but-market-share-is-shrinking/.

网络电视业务的“入侵”，欧洲传统电视业以及整个媒体业的发展模式和整体格局呈现新态势。以英国为例，当前美国公司通过新兴媒体全面进入英国媒体市场，借助技术、内容、商业模式等方面的优势，极大增强了美国媒体在英国的市场优势。根据英国欧文传媒公司2020年研究报告，美国迪士尼公司的网络电视业务“Disney+”在2020年3月24日进入英国市场，随即到4月底的订户规模就达到了430万，市场份额为16.8%，成为英国第三大网络电视业务。美国奈飞公司和亚马逊公司在英国网络电视业务分列第一、第二位。[①]可以看出，在新兴媒体时代，国际传播的模式更有利于发达国家，这势必会改变现有国际传播格局。相比欧洲，世界其他国家应对美国公司竞争的实力和能力则更显弱小，国际传播秩序在重构中变得更为不平衡，与之相关的全球政治经济生态也因此受到冲击。对于那些开放了网络视频业务市场的国家来说，美国的网络视频业务将形成高压之势，全面打压当地的网络视频业务发展。

新兴媒体技术变革也彻底改变了全球媒介生态，媒体内容产品和服务都得到了极大丰富，选择趋于无限，主导权和主动权从媒体机构转移到了受众/消费者。与此同时，传统的国际传播模式正在被改写，原有的分发平台、产品消费模式以及营利模式等方面都出现了颠覆性改变。作为目前全球最大的网络电视平台，美国奈飞公司以制作和发行电影的方式改写了传统电影发行模式，也就是所谓的“窗口”模式。在传统电影发行模式下，电影院首轮票房是此后多轮售卖议价定价的基础，包括电影院下架后面向电视频道、DVD等发行定价，也是电影跨国输出的定价依据。目前，美国奈飞公司凭借自身在全球内容发行领域建立的强大内容制作、播出平台和营销网络，直接改写了美国好莱坞建立

① https://www.rapidtvnews.com/2020061158632/disney-becomes-third-largest-svod-provider-in-the-uk.html#ixzz6P6sQcqya.

的“窗口”模式。在奈飞公司建立的全球媒体内容产品流通体系中，电影并没有首先进入影院，而是直接在网络电视平台上播出。这无疑冲击了传统市场模式，因此遭到好莱坞的强烈抵制。

四、影视产品国际竞争特征变化

电影、电视剧、动画片以及纪录片等影视作品既具有文化属性，也有商业属性，故而是具有商业属性的文化产品。当前，影视作品已经成为我们休闲娱乐的重要内容，是当代社会文化生活不可或缺的部分。从国际传播的角度来看，影视作品是国家形象塑造的重要载体，也是国家文化传播的重要渠道，具有重要的战略意义。基于此，电影与电视诞生之日起，国际影视领域的竞争就开始出现，它表面上是对观众的争夺，实际上是一种政治、经济、技术和文化的较量。因此，国际影视竞争可以从不同维度解读：从经济维度解读是一种市场争夺，从政治维度解读是一种国际意识形态比拼，从技术维度解读是一种传播技术竞赛，从文化维度而言是一种文化影响力较量。

1.国际影视领域的一家独大与多极求存

当前，国际影视领域一家独大的格局依然存在，美国以国家实力作后盾，凭借其产业优势继续居于领先地位。美国在内容制作、市场运营、技术研发、标准制定等方面仍具有显著优势，即使在欧洲发达的电视市场中，美国的竞争力也不可小觑。根据欧洲视听实验室（the European Audiovisual Obersvatory）的报告，早在2016年，美国电视频道在欧洲具有强劲的市场竞争力。该实验室排列出了欧洲地区前13家经营电视频道的媒体集团，其中有9家来自美国，包括21世纪福克斯公司、AMC电视网（AMC Networks）、探索传播集团（Discovery Communications）、全国广播公司环球公司（NBC Universal）、思科瑞珀斯电视网（Scripps Networks）、索尼公司（Sony Corporation）、时代华纳集团、维亚康姆集团（Viacom）和沃尔特·迪士尼集团。[①]2016年，经过对欧洲跨区域以及欧洲各国的75个传统视频点播（TVOD）和16个网络视频点播（SVOD）平台上播出的电影产地或版权引进来源国的分析，在传统视频点播平台上，27%的节目来源于欧洲，59%的节目来源于美国；在网络视频点播平台上，30%的节目来源于欧洲，60%的节目是美国电影。[②]

随着新兴媒体的发展，尤其是国际化和网络化的深入推进，美国电视在影视领域的优势进一步扩大。美国传统影视机构在保持稳固地位的同时，以奈飞公司为代表的美国新兴媒体又在形成新的竞争优势。例如，奈飞公司已经在国际影视节目分发领域形成了所谓的“奈飞效应”，即影视内容跨国输出的“窗口期”因为新兴媒体的传播方式而大大缩短。美国在新兴媒体时代除了保持原有的节目优势之外，又增加了网络播出平台和内容分发技术方面的优势。

另一方面，欧洲、拉美、土耳其、中国、印度甚至非洲都在积极参与国际影视领域的竞争。根据2017年欧洲数据全球电视研究公司（Eurodata TV Worldwide）发布的四屏全受众测量（four-screen audience measurement）数据分析报告，随着新兴媒体的发展，全球节目内容领域正在呈现新的发展趋势，即全球节目内容业务的日益全球化和多元化。以剧本性节目的国际交易为例，土耳其和俄罗斯正在成为剧本性节目的出口大国，土耳其占全球出口总量的25%，俄罗斯占据15%，分列第一和第二位。印度和阿联酋并列第三，所占份额都是11%。美国位列第五，出口份额仅为7%。媒介技术发展是主要原因之一，另外全球化影视节目交流合作也推动了整体内容质量的提升，跨文化的内容出口更

---

① www.digitaltveurope.net/559062/european-films-falling-short-in-international-vod-market.

② www.rapidtvnews.com/2016042142584/europe-the-source-of-a-third-of-all-films-available-on-region-s-vod-services.

为普遍，例如土耳其的电视小说就较好地开拓了拉丁美洲的电视市场。[1]

就影视节目整体而言，世界影视产品的出口也在呈现多元化趋势。英国和法国在国际影视领域都非常活跃。根据“欧洲电视数据”（Eurodata TV）2016年数据，2015年全球节目出口量位居前五位的国家分别是美国、英国、法国、澳大利亚和土耳其，其中法国和土耳其是第一次跻身前五名。该排名是通过统计全球电视节目的播出量，以及这些节目的原产地得出的。以英国为例，其电视产品出口近年来具有不俗的表现，其中中国是英国电视产品进口国中增长最快的国家，增幅为40%，进口电视产品总额为1700万英镑。美国是英国电视产品的最大买家，金额为5.23亿英镑，占英国电视产品总出口额的47%。澳大利亚位居第二，进口金额为9500万英镑。英国电视节目出口在新兴市场有所增长的同时，在欧洲市场业务额则有所下降；对西班牙的电视节目出口上年度同比下降17%，从1900万镑减少到1600万镑。[2]就法国而言，在2012年至2016年间，仅意大利就有177家媒体公司被法国收购，这意味着法国通过资本运作不断扩大其在国际上的竞争力。拉美影视产业具有显著的地域特征，而且在美国影响下具有较高的国际化水准，例如巴西等国已形成了一些国际化大型传媒公司，巴西环球集团（Rede Globo）是全世界最大的多媒体集团之一，拥有《O环球》（*O Globo*）和环球电视网（TV Globo）等，环球电视网自制节目出口量占巴西全国节目出口总量的80%，出口到130多个国家和地区。墨西哥特莱维萨集团（Televisa）也已跻身世界级的传媒集团，美国在2007年到2011年播出的50个收视表现最为突出的节目中，44部都是进口的节目，而且这44个节

① www.digitaltveurope.net/680232/four-screen-audience-measurement-highlights-new-viewing-patterns.

② British programme exports hit £1.3 billion，www.digitaltveurope.net，20141013.

目全部来自墨西哥特莱维萨集团。[①]虽然土耳其国家经济实力并未居于世界前列，但在影视产业方面积极进取，其电视节目在中东地区和拉美地区都有不俗的表现。在非西方电影生产国里，印度是为数不多的能在国际市场占有一席之地的国家，它每年生产的电影比好莱坞还多。一些曾经是相对地方性的电影工业开始不断地将目光投向全球电影市场，孟买的宝莱坞成为其中的佼佼者。20世纪七八十年代，印度电影已经在英国、北美、海湾地区国家、南非和肯尼亚发行。此外，非洲的尼日利亚在国际影视领域也积极作为，已成为世界上第三大电影生产国，继美国的“好莱坞”和印度的“宝莱坞”之后，被称为“瑙莱坞”（Nollywood）。非洲电影院并不普及，很多“瑙莱坞”电影都是在电视上播出，尼日利亚也由此成为非洲电视节目的重要来源。2014年，尼日利亚娱乐和媒体产业营业收入为40亿美元，到2019年有望增长至81亿美元。

2.新兴媒体发展与国际影视领域竞争的新特点

新兴媒体为全球影视内容的传播提供了一个更为便捷、高效和稳定的平台，全球影视领域的竞争也由此呈现新的特点，主要体现在以下几个方面。

（1）全球化与国际市场的整合。新兴媒体的发展进一步整合国际影视市场，加速了影视传播的全球化进程。在全球化时代和新兴媒介环境中，媒体领域的竞争对于企业规模、资本总量、节目资源数量和质量、商业模式以及媒介技术水平等都有很高的要求，这必然会导致市场的整合。这首先体现在作为传播主体的跨国传媒集团身上，尤其是它在海外的市场发展模式。根据欧洲视听实验室在2016年发布的研究报告，在视频点播领域，欧洲电影平均进入2.8个欧洲国家，而美国电影平均进入了6.8个欧洲国家；欧洲合拍电影表现稍好，平均进入了3.6个欧洲国家。另外，80%的欧洲电影最多在3个欧洲国家的视频点播

---

① Juan Pinon: *A Multilayered Transnational Broadcasting Television Industry: The case of Latin America*，*the International Communication Gazette*，Volume 76，Number 3，April 2014.

平台播放，而80%的美国电影进入了11个欧洲国家的视频点播平台。就影院放映而言，欧洲电影平均进入了2.6个欧洲国家的影院，而美国电影平均进入了9.7个欧洲国家的影院；63%的欧洲电影仅在本国影院上映。[①]

新兴媒体的发展进一步加剧了全球影视市场的整合，并将一些国家的媒体业带入危机之中。即便是媒体强国英国也难逃此命运。2017年，英国天空广播公司首席执行官安德鲁·奈尔（Andrew Neil）在分析英国电视发展现状时就颇为担忧，认为英国广播公司、独立电视台、第四频道（Channel 4）等凭借目前的实力、财力、商业模式等，都难以应对激烈的市场变化和国际竞争。更为严峻的是，英国第五频道（Channel 5）、维珍传媒集团等都已被美国媒体收购，英国天空电视台也面临被美国媒体收购的命运。2013年，美国自由媒体环球集团以157.5亿美元收购英国维珍传媒集团（Virgin Media）。2014年，美国维亚康姆以4.5亿英镑的价格收购了英国第五频道广播有限公司（Channel 5 Broadcasting Ltd.）。2016年，美国21世纪福克斯公司出价117亿英镑收购英国天空电视台61%的股份，此前已购入了39%的股份。英国通信管理局2020年12月发布了名为《小屏幕，大争论》（*Small Screen: Big Debate*）的报告，聚焦史无前例的技术变革、产业变局和受众变化，探讨公共广播电视机构如何在未来十年实现发展。该报告认为，年轻受众虽然对公共媒体机构较为认可，但关联度和交互性在减弱。英国通信管理局认为，美国奈飞等新媒体机构在传统电视平台面前具有很强的竞争力和影响力，能够处于整个市场的前沿和中心，而公共媒体机构却难以与之匹敌，无法在整个媒体领域保持并确保其显著地位。[②]曾有学者预测，未来市场可能出现的情景是，少数全球性媒介巨头可能

---

① www.digitaltveurope.net/559062/european-films-falling-short-in-international-vod-market.

② https://www.rapidtvnews.com/2020120859541/ofcom-traditional-uk-broadcasting-at-risk-without-radical-shakeup.html#ixzz6g5QIfXns.

会吞并十几个或者更多在欧洲、亚洲、南美洲市场上的一些有竞争力的媒介公司。[1]

（2）网络化与国家边界的模糊。新兴媒体克服了传统媒体时代的传播国家边界问题，即传统电视时代电视国际传播在节目信号传播、分享、互动等方面的问题。当前，新兴媒体加大节目内容方面的投入，着力推动多国市场销售模式，借助新兴媒体内容分发平台充分发挥"边际效应"。2016年，美国奈飞公司在拉丁美洲制作启动了第八部本土影视剧的制作，也是奈飞公司第一部以超高清格式（4K）制作的影视剧。此后，奈飞公司持续加大在海外主要市场的本土原创内容投资力度。2019年，美国奈飞公司宣布在韩国制作10多部原创影视剧，包括爱情剧、悬疑剧、科幻剧等。美国奈飞公司表示，亚洲的故事具有跨越语言、地理边界的能力，通过韩国等亚洲本土影视创作者的努力，可以大大丰富奈飞平台上的内容。2020年，美国奈飞公司在英国投拍了50多部电视节目和电影，总投资额达到了10亿美元。该公司还在英国著名的谢伯顿制片厂（Shepperton Studios）内建设了本土内容制作中心。[2]奈飞公司非常注重本土化，而且采取标准化的模式：与本土的付费电视运营商或电信运营商建立合作关系，采用本土化风格和语言的界面，播出一定本土比例的节目内容，使用本土语言配音或字幕。2020年，奈飞公司在俄罗斯与全国传媒集团（National Media Group）推出完全本土化的服务，平台上数千小时的影视内容都以俄语配音或添加俄文字幕，并可以用俄罗斯卢布进行支付。该服务基础套餐的价格为599卢布，约合6.55欧元。另外还有标准套餐和精选套餐，价格分别为799卢布、999卢布。美国奈飞早在2016年就已进入俄罗斯市场，但一直以英语内容

---

① [美]詹姆斯·沃克、道格拉斯·弗格森：《美国广播电视产业》，陆地、赵丽颖译，北京：清华大学出版社，2005年，第198页。

② https://www.rapidtvnews.com/2020112559468/netflix-uk-set-to-spend-750mn-on-tv-film-content-by-end-of-2020.html#ixzz6erIqhTdO.

为主，并需用欧元进行支付。①

另一方面，传统电视媒体积极利用新兴媒体渠道开展国际传播，形成新兴渠道与传统渠道兼容并用的格局。例如，美国家庭影院频道针对观众收视习惯的变化率先变革，推出了两个新兴媒体业务，一个是名为“HBO Go”的“电视无处不在”业务，另一个是名为“直播家庭影院”（HBO Now）的网络电视业务。早在2012年，家庭影院频道就开始面向北欧地区推出了网络电视业务，此后又与亚马逊公司开展合作，进一步拓展网络电视业务。2015年，美国家庭影院频道推出了名为“直播家庭影院”的付费网络电视业务，每月资费为12美元。该业务进入了多国电视市场，观众通过该网络电视客户端即可登录，在智能手机、平板电脑、个人电脑等终端上观看家庭影院和极影（CINEMAX）等频道的内容。此前，家庭影院频道的网络电视业务已经在美国和北欧地区上市。同年，美国家庭影院频道将其网络电视平台“HBO GO”拓展到了哥伦比亚、巴西等拉美国家。根据2021年数据，极致家庭影院网络视频业务的订户规模达到了970万。家庭影院频道和极致家庭影院网络视频业务在美国的订户之和为4420万。极致家庭影院网络视频业务的月度单位用户营业收入平均贡献额为11.72美元，相比之下美国奈飞为14.25美元，迪士尼为4美元。②

（3）资本化与超级传媒集团的霸权。新兴媒体为节目制作和内容分发的全球化提供了条件和基础，也成为资本运作的重点领域。西方发达国家的媒体机构通过投资并购、合资等方式，实现跨国资源整合。以美国为例，美国自由媒体环球集团近年来在海外持续投资，在全球电视节目分发渠道领域占据了重要地位。该集团首席执行官迈克·福瑞斯（Mike Fries）表示，该集团未来的

① https://www.broadbandtvnews.com/2020/10/16/netflix-launches-russian-language-service/.

② https://www.digitaltveurope.com/2021/04/23/warnermedia-touts-high-arpu-as-hbo-max-closes-in-on-10-million-subs/.

战略重点在节目版权、制作和地面电视频道等；就资本收购战略而言，重点在于目标国家内所占有的市场规模。美国传统电视台也积极参与跨国资本运作，致力于实现内容与渠道的有效融合。除了西方发达国家媒体机构之外，一些知名国际媒体也致力于跨国资本运作，抢占内容制作、播出、分发平台等领域的优势。例如，半岛电视台近年来正在稳步推进其宏大的国际发展战略，着眼于构建一个全球性的媒体集团，业务涉及电视频道播出、付费电视运营、体育赛事节目版权等。半岛电视台通过收购等方式已经在美国、巴尔干地区和埃及播出了本土化频道，并在意大利、土耳其等国家以参股控股方式进入当地电视市场。2016年，半岛电视台旗下的碧影传媒集团（BeIn Media Group）完成了从土耳其TMSF基金会收购土数公司（Digiturk）所有程序。土数公司平台上播出219个标清和高清频道，用户总数为330万。碧影传媒集团表示，收购土数公司是很自然的战略步骤，因为土耳其处在中东邻近地区的核心位置。2016年3月，碧影传媒集团还收购了美国好莱坞制片厂Miramax。

在新兴媒体发展的大背景下，节目制作、传输和分发的全球化特征更为显著，对于规模的要求也更为迫切。通过收购、并购，传媒机构一方面可以优化媒体机构的经营结构，及时完善自身的技术研发和应用能力，在全球范围内有效满足新出现的市场需求，有效拓展自身的业务规模；另一方面可以有效增加用户群，通过扩大用户规模来提升经营效益。

影视产品同时兼具政治、经济、技术和文化属性，是当前国际传播竞争领域不容忽视的着力点。中国影视产品或精品“走出去”的关键还在于提升国际竞争力，而提升国际竞争力的核心又在于强化国内影视产业的整体实力，以及“走出去”的内生动力。近年来，我国电影、电视产业都在高速发展，产业规模稳步扩大，专业水准显著提升。根据国际传播和文化软实力传播的新形势、新要求，我国影视领域要大力推进供给侧结构性改革，让内容生产的目标市场导向和收益结构更为合理，在优化影视产业结构的同时也有效提升国际竞争力和影响力。

第二节　融合传播语境下国际传播理念变革

一、国际传播要素关系正被改写

新兴媒体的发展改变了国际传播的传统渠道，也催生了新的传播模式和形态。新兴媒体一方面解决了传统媒体时代国际传播所面临的一些困局和瓶颈，包括传播渠道有限、传播成本高昂、传播效果模糊等；另一方面也带来了新的挑战和要求，尤其是在传播理念、内容产品形态、平台建设、渠道创新、新技术研发与应用等方面。从传媒研究和国际传播研究来说，新兴媒体变革要求对原有理论和研究模式进行调整、创新和升级，尤其是关于媒体内容和产品的跨国传播研究。此外，与新兴媒体和传播技术变革密切相关，受众使用/消费媒体产品的方式以及相关商业模式也在改变，尤其体现在跨国媒体内容消费模式上。网络视频业务最初主要是为了取代实体光盘或磁带租赁业务，最初的内容定位主要是电影和电视剧。目前全球主要网络视频业务大多是在2016年左右推出的。欧美国家研究机构预测，2020年是传媒业发展历史上的一个分水岭，尤其对于电视/视频业来说更是如此。2020年以后，网络视频业务将取代传统电视业居于视频以及娱乐业的核心位置。[①]在全新的媒介技术变革形势之下，中国媒体需要深入研究国际传播的新范式，准确把握国际传播的规律和内涵，积极推进新媒体发展布局，在国际传播中全面调整优化内容生产和渠道建设，提升新媒体国际传播的综合实力，强化传播的精准性、针对性和实效性。

新技术正在改写国际传播要素的相互关系。在传统媒体时代，国际传播

① https://www.ovumkc.com/Products/Consumer-and-Entertainment-Services/Media-and-Entertainment/Considering-the-new-wave-of-direct-to-consumer-video-launches/Straight-Talk-Consumer-and-Entertainment-Services.

首先要解决地理距离的问题，卫星电视、国际广播等电子媒介承担着主渠道的作用。在这一发展阶段，国际传播范式以“传者”为主导，传播模式大致可以简化为“传者—内容—渠道—受众”。随着新兴媒体的发展，传播主导权正在从“传者”转向“受者”，国际传播的范式也随之改写。当前，国际传播需要更为注重社交思维和社交模式在内容、渠道、宣推、营销等工作中的应用，着力强化社交导向、注重精准传播，提升传播实效。中央广播电视总台（以下简称“总台”）2020年针对美国、加拿大、英国、俄罗斯、印度等20个国家及在华外国人的受众调查结果（样本总量为2004个）显示，总台海外受众对新媒体（网站、APP和社交平台账号）的综合接触率接近九成，达到了87.9%，且无论在各大洲或各年龄段的受众中，新媒体都是选择率最高的渠道。新媒体的综合接触率已经超过电视媒体（79.5%），其中媒体官网（63.6%）和媒体社交平台账号（64.3%）的接触率较高。与2019年相比，总台海外受众使用媒体社交平台账号时长明显增加，其中，脸书、优兔和照片墙是总台海外受众最常使用的社交平台。

当前，媒介技术和通信技术处在深度变革之中，互联网革命、移动互联革命和社会网革命这三大革命相互交织，给受众行为模式、媒介使用方式和社会交往形式带来深刻影响。在诸多变化之中，受众主导权增强及其社交需求大幅增长显得尤为突出。在互联网时代，个体正在成为网络化的节点，也同时在成为网格区间的中心。巴里·威尔曼在《超越孤独》一书中认为，一个人组建出以个人为中心的社交网，个人因此成为网络化的个人。①

受众行为方式的变化正在折射到受众获取内容的方式和路径。2020年一份研究报告显示，就发现或获知新节目的方式而言，受众了解传统付费电视平台上的新节目主要是通过节目推介广告，首选率为30%；而获知新媒体平台上

① 罗家德：《复杂：信息时代的连接、机会与布局》，北京：中信出版社，2017年，第6页。

的新节目则主要是通过口口相传，首选率为33%。[①]换言之，人际传播和社交媒体平台在内容推荐方面发挥日益显著的作用，把握了更大的主动权。对小群体的研究表明，传播内容会沿着社交线扩散，这些社交线由朋友、有共同爱好的人或持有相同意见的人组成。人际传播能强化或左右初始意见，这种人际影响要比大众传播更为有力。在20世纪30年代到40年代完成的一系列实验室研究显示，相较于广播、录音或印刷品，面对面接触是一种更有效的说服和指导手段。卡茨和拉扎斯菲尔德在1955年发现，就人们如何选择电影的问题而言，人际影响的传播效果是其最强劲的竞争者报纸的1.5—5倍。[②]随着新兴媒体发展和社交平台普及，媒体内容选取和传播渠道选择的人际特征日趋显著，在传播范式中更加显著地凸显了“个人”要素和“社交”元素的重要性。

二、国际传播要超越“内容”与“渠道”的二元逻辑

传统电视台在过去主要关注内容，秉持“内容为王”的发展理念；但在新兴媒介环境中，内容和渠道已完全没有了任何战略边界，两者缺一不可。传统电视台如果不在新兴媒体平台领域占有一席之地，就会形成战略短板。无论是美国哥伦比亚广播公司还是德国ProSiebenSat.1传媒集团，当前转型升级、业务融合的首要路径都是发展网络电视业务。因此，传统电视台要超越“内容为王”与“渠道为王”的二元逻辑，推进内容与渠道业务融合，补齐短板、转型升级，在新的媒介环境中保持或重新建立主流媒体地位。

这一理念也可以从网络电视平台巨头的发展策略中得到反观和印证。美国奈飞公司无疑是当今全球网络电视领域的巨头。2021年，美国奈飞公司的全球

① https://www.rapidtvnews.com/2020110859358/exclusive-streaming-content-steers-viewers-away-from-traditional-tv.html#ixzz6dLqbCP5f.

② [美]约瑟夫·克拉珀：《大众传播的效果》，段鹏译，北京：中国传媒大学出版社，2016年，第22、23、51、52页。

付费订户规模为2.0366亿，此前在2020年的营业收入总额为249.96亿美元。[①]该公司已进入全球190多个国家和地区，在许多国家都已稳居市场老大地位。根据2021年数据，印度2020年网络视频业务实现了快速增长，2020年营业收入总额为6.39亿美元，此前在2019年仅为2.65亿美元。但这其中美国奈飞和迪士尼公司旗下的“迪士尼+热星”（Disney+ Hotstar）两大网络视频业务2020年营业收入在印度的份额高达78%。2021年，美国奈飞和亚马逊在印度本土影视内容的投资规模预计为3.4亿美元，约占印度2021年影视内容投资总额的52%。其中，新投拍的影视内容以印地语为主，约占投资总额的65%。[②]可以看出，奈飞公司并没有奉行“渠道为王”的理念，反而在近几年全力强化内容建设，补齐自身在节目资源方面的短板。早从2015年，美国奈飞公司持续强化自制内容策略，力求实现内容自给自足。2018年12月，奈飞公司网络电视平台上的自制内容比例为15%，此前2016年12月仅为4%；2018年该公司新上线的内容中51%为自制内容，此前在2016年仅为25%。[③]2020年，奈飞公司在内容方面的投资总额高达190亿美元。[④]优质内容大大提升了奈飞公司在各个海外市场的竞争力。可见，“内容”和“渠道”在新型媒体时代已经从“二元对立”变成“二元统一”。

网络电视业务对于传统电视台来说，并非简单的业务融合，还有更为深远的作用和意义，这集中体现在三个方面：一是吸引年轻受众，优化受众结构；

---

① https://www.rapidtvnews.com/2021012059752/netflix-beats-expectation-and-smashes-200mn-subs-mark-in-2020.html.

② Richard Middleton，Netflix & Disney+ Hotstar account for 78% of SVOD revenues in India，after surge in subs，digitaltveurope website，April 01，2021，https://www.digitaltveurope.com/2021/04/01/netflix-disney-hotstar-account-for-78-of-svod-revenues-in-india-after-surge-in-subs/.

③ www.broadbandtvnews.com/2019/03/21/ampere-analysis-netflix-moves-to-self-sufficiency.

④ https://www.nexttv.com/news/rokus-big-week.

二是拓展收入来源，优化营业收入结构；三是优化战略布局，提升市场竞争能力。

1.优化受众结构

网络电视业务能有效吸引年轻受众。美国哥伦比亚广播公司通过“全渠道”和“播映时间”这两个网络电视业务吸引了大批年轻观众。根据2018年的数据，“全渠道”和“播映时间”订户的平均年龄比哥伦比亚广播公司传统电视频道观众的平均年龄要小20岁。另一方面，网络电视业务有助于传统电视台实时获取用户数据，这在传统线性传播模式下难以实现；用户数据是新兴媒体在市场经营方面优于传统电视业的关键要素之一。用户数据对于媒体提高服务质量、提升针对性，以及优化发展战略等都具有非常重要的作用。

2.优化营业收入结构

网络电视业务能改变传统电视媒体以广告为主的状况，有效应对受众收视习惯变化以及由此带来的消费习惯变化。传统媒体的传统业务形态已经不适应社会的发展，融合发展、转型升级势在必行。媒体生存和发展的根基是受众，受众需求变化是融合发展的直接动因。以电视业为例，根据德勤集团2019年发布的调查报告，美国成年受众在传统付费电视业务和流媒体业务之间第一次更倾向于选择流媒体业务。69%的受访者至少订阅了一个网络电视业务，而受访者中使用付费电视业务的比例为65%。[①]另一方面，网络电视业务丰富广告投放的渠道，运用新兴广告投放技术提高了广告投放的效果。

3.提升市场竞争能力

网络电视能有效延展传统电视机构的资源效用。美国哥伦比亚广播公司凭借发展网络电视业务强化了与美国奈飞、亚马逊等网络电视平台同场竞技的

① www.rapidtvnews.com/2019032055519/consumers-increasingly-frustrated-with-entertainment-experiences.

实力。在美国十大网络电视平台中，哥伦比亚广播公司旗下的“播映时间”和“全渠道”在美国付费网络视频业务订户规模排名中分列第七到第八位。奈飞、亚马逊、葫芦和“直播家庭影院”分列第一到第四位。美国星光频道（Starz）、美国职业棒球大联盟电视（MLB.TV）分列第五位和第六位。两家卫星电视运营商的网络电视业务“视灵电视”（Sling TV）和“直播电视”（DirecTV）位居第九位和第十位。①

三、融合传播与国际传播的网络思维

在新兴媒体背景下，媒体机构在国际传播中要充分考虑格局、生态的变化，并据此调整国际传播的内容、平台、模式等。为此，媒体机构首先要改变思维和理念，尤其要改变把新兴媒体当作工具的思维，因为工具思维会导致惯性思维。例如，对于纸媒来说，工具思维导致再好的技术也只是用来“复制报纸”，在网络时代搞报纸网络版，到了媒介融合时代简单成了跨平台出版，而不是从媒体生态环境的系统改变去认识问题。②当前，国际传播必须以新的理念来推进实践，借助新技术新平台新渠道来提升国际传播的效果。

随着网络视频成为国际传播的重要形态，国际传播需要强化全球布局，而要汇集全球优质资源，在内容创作中充分吸收不同国家的文化元素和媒体优势资源。以全球订户规模最大的网络视频平台美国奈飞公司为例，该公司逐年加大海外本土内容制作和国际合拍投资力度。2019年11月，美国奈飞公司与韩国希杰娱乐传媒公司（CJ ENM）签署合作协议，奈飞公司将定制和分发龙影业公司（Studio Dragon）制作的原创影视剧。龙影业公司隶属于希杰娱乐传媒公司，制作了《阳光先生》《秘密森林》《阿尔罕布拉宫的回忆》等。新兴

---

① www.multichannel.com/news/netflix-tops-parks-us-streamer-rankings.

② 彭增军：《新闻业的救赎：数字时代新闻生产的16个关键问题》，北京：中国人民大学出版社，2018年，第62页。

媒体发展大大提升了全球化的程度，媒体国际传播因此要充分利用这一发展趋势以及其中蕴含的机会和机遇。值得一提的是，中国媒体机构，尤其是商业化网络视频公司，在全球的整体实力排名并不靠后，但全球化思维和布局不及欧美国家同行。2019年，全球网络视频业务订户总数排行榜上的前六位是：美国奈飞、中国爱奇艺（iQiyi）、中国腾讯（Tencent）、中国优酷土豆（Youku Tudou）、美国亚马逊和迪士尼公司。未来几年，欧美国家媒体公司在全球网络视频市场的拓展力度将大于中国公司，其排名也将随之提升。预计到2024年，全球排名前三位的网络视频业务分别是美国奈飞、美国亚马逊和迪士尼公司，中国爱奇艺和腾讯将退出前三位。可见，全球化时代的媒体竞争一定需要有全球化思维和布局，否则就难以在激烈竞争中保持持续动能。

四、融合传播与国际传播的社交思维

当前，全球政治、经济、社会、文化等都处在深度变革之中，各国之间的关联和交往变得更为密切，相互准确了解显得尤为重要和迫切，国际传播被赋予了更多职责和使命。随着全球化、信息化、移动化的深入推进，国际传播的范式正处在演进之中，传播主导权从“传者”转向“受者”，社交元素和人际因素也深度嵌入到国际传播各个环节中。对于中国的国际传播来说，新技术新模式新平台意味着新机会，需要抓紧当前技术变革的窗口期和机遇期，强化社交导向和人际思维，优化国际传播模式和流程，提升传播效率、优化传播效能、提升传播效果。

媒介技术变革正在改变着媒体行业的传播链、产业链和价值链，也给媒体产业要素、运行方式带来深刻影响。5G、大数据、人工智能等技术的发展，深度改变了市场运行方式，给影视产品供给等产品交易和服务带来了历史性变革。这些新技术解决了“供需精准匹配”问题，也通过点评、推荐等“社交化”互动模式大大优化了服务质量。对于国际传播来说，新技术新业态意味着国际传播与国内传播开始深度交融，尤其对于市场化程度高、产业发展成熟的国家来说，新技术进一步加大了这些国家在国际传播方面的优势。对于我国的国际传播工作来说，要深度分析和全面对标对比发达国家传媒产业新思维新战略新举措，在顶层设计以及管理方式、运行模式等方面进行调整优化。从具体业务层面来说，当前国际传播工作在传播主体、传播内容和渠道建设中积极运用社交思维，采取有效措施来强化内容和渠道的“供需精准匹配”。

在传播主体方面，社交平台上的“网红”当前在国际传播和国内传播领域都受到了关注。“网红”一方面符合社交媒体传播特征，另一方面其固有的受众群体有利于开展人际传播，在国际传播中能发挥独特的作用。例如，在2020年新冠肺炎疫情中，一些“洋网红”在海内外社交媒体平台主动发声，以他者视角有力回击了一些西方媒体的不实报道，在构建中国国家形象方面发挥了积极作用。[①]中央广播电视总台近年来积极运用新技术新平台新模式开展国际传播，探索网红工作室传播模式，涌现了诸如希伯莱语“小溪工作室”、日语“A酱工作室”、阿拉伯语“一千零一日工作室”、老挝语“菠萝星工作室”、意大利语“提拉米苏工作室”、法语“辉常问答工作室”等一批网红主播。在新冠肺炎疫情的国际传播和舆论斗争中，这些网红工作室从话题设置、舆论引导和本土传播等方面进行积极探索和大力创新，以良好的个人形象获得对象国网民的喜爱、信任与支持，通过多方位多手段报道来扩大传播效果，在受众心目中构建起中国形象的“拼图”。

在传播内容方面，国际传播的社交思维首先体现在选题策划上，即选择那些具有人际分享价值、易于在社交媒体平台传播的内容。有学者提出，国际传播要以用户为中心，要打造“延展型新闻”，即那些具有促使受众自发分享

① 杜国东：《突发公共卫生事件的对外报道——以主流对外传播媒体报道新冠肺炎疫情为例》，《对外传播》2020年4月刊，第25页。

的潜能、能够在各种专业和非专业平台之间自由流动的新闻，由此实现从“互动”到“卷入”，与国际受众实现深层次的交流。其中，“互动”是指编辑和受众之间在线问答式的简单交流；“卷入”则是编辑通过社会化媒体和受众的深层次互动，包括制造话题、形成热点以及“扮演”受众进行转发、拍砖、点赞等，最终引导他们积极参与报道和扩散。另外，要强化软性内容的传播，找准媒体定位与用户需求的契合点，注重以小人物、小角度为切口挖掘普遍意义，要增强软新闻、趣味新闻的比例。①

在渠道建设方面，社交媒体平台正在成为国际传播重要阵地。以新华社为例，早在2012年就开始在推特、脸书、优兔上开设账号，尝试开展海外社会化媒体新闻传播。从2015年3月起，新华社加强在推特、脸书、优兔等国际知名社会化媒体上的新闻报道工作，海外社会化媒体账号全面覆盖推特、脸书、优兔、在线（Line）、维克（VK）5个海外主要社会化媒体平台，覆盖国家超过110个。②对于中国的国际传播来说，社交思维还需要以技术实力作为支撑，充分运用大数据、人工智能等技术来提升渠道传播的精准性和有效性。例如，美国脸书公司持续搜集、掌控、记录、储存、整合和分析用户信息，以构建详细的用户画像，精准描绘他们的个人兴趣和在线行为，用户数据以及算法让脸书等高科技媒介公司具备了“控制消费”的能力。为了让用户在其平台上停留足够长的时间，这些公司致力于让新闻信息推送具有足够的“趣味性和相关性”，同时确保这些新闻信息在观点态度方面不与用户相左，而是相同甚至起到强化作用。脸书公司的新闻推送算法涉及数千个要素，包括用户与他人的关

---

① 胡正荣等主编:《中国国际传播发展报告(2016)》，北京: 社会科学文献出版社，2016年，第120—122页、135页。

② 同①，第115页。

系远近情况、用户与发帖的互动情况以及与特定发帖的深度互动情况等。[①]美国优兔平台在社交媒体领域具有很强的知名度和影响力，在国际市场拓展方面也卓有成效。在聚合了庞大数量的用户后，优兔平台从2017年开始大力发展虚拟付费电视/网络电视业务“优兔电视”（YouTube TV），向用户提供美国广播公司、哥伦比亚广播公司等40多个精品频道。

国际传播虽然具有很强的政治属性，但同样具有很强的技术属性、市场属性。回归传播本质，国际传播终究是面向个体的传播，致力于在目标国的受众个体产生传播效果。因此，国际传播需要从思维和导向上注重个体的心理特征，以及在当前媒介环境下的行为特征。美国芝加哥大学心理学家约翰·卡乔波（John Cacioppo）发表了关于孤独的颠覆性理论：孤独之所以会让人抑郁并引起自杀，是因为进化中的人类需要社交才能生存。人类在进化过程中，自然选择在千百年的岁月里“编程”了我们的基因，使我们社交时觉得开心，孤独时觉得不开心。[②]当前，网络和社交媒体无所不在，全方位满足了人类的社交需求，这既是对传统国际传播模式的挑战，也是国际传播进行转型升级的机遇。国际传播需要从主体、内容、渠道等方面着力强化社交思维，同时在技术研发和应用等方面加大力度，通过大数据、人工智能等技术来提高国际传播的精准度和有效性。

五、融合传播与国际传播的跨界思维

在新兴媒体时代，融合是各行各业的主要策略之一。对于媒体来说，

---

① Petros Iosifidis，Leighton Andres，“Regulating the internet intermediaries in a post-truth world：Beyond media policy?”，the International Communication Gazette，April 2020，pp. 214~217，232.

② [美]皮埃罗·斯加鲁菲、牛金霞、闫景立：《人类2.0》，北京：中信出版社，2017年，第204页。

泛行业合作是重要的发展路径，尤其要注重与电信业的合作。以美国奈飞为例，它在海外发展的核心战略就是与当地电信运营商合作。2016年1月，奈飞公司开始进入波兰市场，与波兰T-Mobile签署了合作协议，奈飞订户可以通过T-Mobile账号付费。同月，奈飞公司开始在土耳其提供网络视频业务，并与土耳其沃达丰公司建立了深度合作关系。2019年11月，美国狮门集团（Lionsgate）旗下的星光公司（Starz）在巴西、墨西哥、法国、德国和英国等国推出了“星光播放”（Starzplay）应用程序，电信运营商也是该公司拓展海外市场的重要策略。该公司在墨西哥的合作伙伴是伊兹（izzi）和全播（Totalplay），在西班牙是欧云吉（Orange）和沃达丰，在英国是维珍传媒（Virgin Media），在加拿大是贝尔传媒（Bell Media）。可见，与电信运营商的跨行业合作是拓展海外市场的重要路径，也是可行路径。值得一提的是，中国媒体在国际传播中往往忽略了中国电信公司在全球的优势。印度Zee传媒公司是印度最大的私营媒体机构，它在2018年推出了一个名为Zee5的网络视频业务。Zee传媒公司着力强化与国际电信公司的合作，借助其平台拓展海外市场。2019年12月，Zee传媒公司的应用程序入驻中国华为应用程序市场（Huawei App Gallery），借助华为公司的国际营销拓展其海外市场。相比之下，中国媒体在国际传播方面还没有与华为公司建立紧密的合作关系。

在网络视频业务快速发展的背景下，国际传播必须要转型，从依靠传统渠道和模式调整为新兴渠道。美国麻省理工学院教授格瑞艾德·凯恩（Geriald Kane）认为，数字转型从根本上来讲，既不是关于数字也不是关于转型，也就是说不是关于新技术的使用，关键是新技术对生态的改变，这种生态的改变要求完全不同的做事方式。美国华纳传媒公司首席执行官约翰·斯坦基（John Stankey）在2019年10月曾表示，随着传统付费电视业务“捆绑”（bundle）模式的解绑，传统付费电视业务的订户在逐年流失。与此同时，网络连接无所不往，这无疑是未来传媒内容分发和销售的主要渠道；而且在新兴媒体时代，传媒集团不要仅仅聚焦于美国市场，而是要放眼全世界。概言之，中国媒体一方面要深化内部变革，通过融合发展实现转型升级，强化内生动力；另一方面，要加大国际传播的变革力度，尤其在理念上融入新兴媒体的思维、模式和方式。

六、国际媒体融合发展与转型路径

习近平总书记2019年1月25日在中共中央政治局第十二次集体学习时强调，推动媒体融合发展、建设全媒体时代成为我们面临的一项紧迫课题。近年来，新兴媒体蓬勃发展，网络电视等新兴业务成长快、前景广。根据英国欧文公司2021年研究预测，全球网络视频业务订户规模到2025年预计增至16亿，而传统付费电视业务订户规模基本保持在10亿左右。就营业收入而言，2025年全球网络视频业务的营业收入规模预计为1150亿美元，而传统付费电视业务的营业收入规模则有望达到2170亿美元。[①]另外根据财务商业洞见（Fortune Business Insights）2020年发布的预测数据，全球网络电视业务的市场总值到2026年预计达到868亿美元的规模，此前在2018年仅为302.3亿美元。[②]随着5G的普及，全球网络电视业务将呈现快速增长，而手机平台则是主要因素，视频将在5G流量中占据90%以上的份额。[③]对于传统电视媒体来说，新兴媒体的发展既是挑战，也是转型发展的机遇。近几年，欧美国家媒体在激烈的市场竞争中积极推进转型，无论是美国全国广播公司、福克斯公司、英国广播公司等综合型电

① Stuart Thomson，Streaming to account for all sub growth to 2025，but pay TV still dominates revenue，digitaltveurope website，March 25，2021，https://www.digitaltveurope.com/2021/03/25/streaming-to-account-for-all-sub-growth-to-2025-but-pay-tv-still-dominates-revenue/.

② 参见 https://www.digitaltveurope.com/2020/02/20/ott-market-to-reach-us86-8-billion-by-2026/。

③ www.rapidtvnews.com/2019011854812/ott-market-far-from-saturation-says-ooyala.

视媒体，还是家庭影院频道等专业性媒体，都已经初步探索出了较为成功的融合发展模式。当前，欧美国家传统电视媒体融合发展的首选策略是发展网络电视，将内容资源转化为营利增长资源。融合发展的主要路径是建设和运营“直营”模式的付费网络电视平台，将品牌优势转化为竞争优势。此外，欧美国家传统电视媒体在积极拓展业务范围，优化内容生产、广告投放等业务模式，提升整体营利能力和市场竞争力。本书主要通过分析欧美国家媒体的转型策略，为我国电视媒体融合发展提供参考。

1.传统媒体的融合发展

当前，传统电视媒体面临受众流失、营利减少的激烈挑战。究其原因，新兴媒体发展让传播渠道更为多元，受众在网络上可以更为便捷地选择和获取内容，从而稀释传统电视的传播力和影响力。以英国为例，20世纪90年代热播电视节目（包括电视剧）的观众规模经常能超过1000万，而现在观众规模达到800万的节目越来越少。统计显示，在2015年至2017年间，英国观众规模超过800万的节目数量减少了一半。[①]电视节目的受众规模和关注度都在呈下滑态势，这是传统电视媒体必须面对的现实。

与此同时，新兴媒体分割受众媒体使用时间的份额日趋增加，传统电视媒体的受众时间份额则在减少。根据2019年数据，德国14岁至69岁年龄群体使用视听媒体的日均时间长度为9小时，其中传统电视和网络视频媒体观看时间为5小时12分钟，此前在2017年为5小时6分钟。在传统电视和网络视频媒体观看时间中，电视观看时间为3小时54分钟，此前在2017年为3小时58分钟。音频媒体的日均收听时间为3小时52分钟，其中在工作日的收听时间长度为3小时12分钟。14岁至69岁年龄段全体的日均网络使用时间长度为1小时37分钟，此前

---

① www.digitaltveurope.com/2018/08/02/ofcom-risks-of-structural-decline-in-tv-industry-appear-to-be-growing.

在2017年为1小时29分钟。[①]另外根据2020年英国欧文公司发布的研究报告，美国、澳大利亚、荷兰、西班牙、意大利、德国、法国和英国等国的人均每天收看视频时间长度为306分钟，比2018年增长了4分钟。在不同类型的视频内容中，传统线性电视节目在收视时间份额方面居于优势地位。其中，美国传统线性电视节目的收视时间份额为63%，网络长视频为16%，机顶盒录制回放播出的节目为12%，其他方式为9%。在8个国家中，意大利传统线性节目收视时间份额最高，达到了90%；澳大利亚的网络长视频收视时间份额最高，达到了55%。就社交短视频的收看情况而言，8个国家的社交媒体平台短视频收视时长都有所增长，在2019年增长了10分钟，人均每天的收视时间长度达到了41分钟，其中美国为49.3分钟。短视频收视时间长度的增长主要得益于中国抖音的横空出世。抖音是德国最热门的短视频平台，在英国、法国和荷兰则是第二大短视频平台。受新冠肺炎疫情的影响，这8个国家的电视观看时间长度在2020年3月和4月实现较大幅度增长。其中，意大利民众在2020年3月的每天人均电视观看时间长度为5小时46分钟，与2019年3月相比增幅高达34.1%。[②]西方国家的情况在欧美国家具有一定的代表性，传统电视的收视时间在逐年小幅减少，而网络视频的收视时间则稳步增长。

（1）传统电视媒体融合发展重点在于平台融合。传统电视媒体的生存发展有赖于营利能力，而当前经营收入增长的前提是通过平台融合来重塑业务结构。近年来，美国传统电视媒体积极学习借鉴网络电视等新兴媒体的发展模式，融合发展平台业务，由此推动业务转型升级。经过几年努力，美国一些传统电视媒体在平台融合方面已经取得了积极成效，营利模式得到了优

① www.broadbandtvnews.com/2019/01/22/media-usage-in-germany-rises-to-9-hours-per-day.

② https://www.broadbandtvnews.com/2020/07/28/linear-tv-remains-dominant-form-of-tv-viewership-in-2019/.

化，市场竞争力显著增长。在2018年美国网络电视业务订户规模排名中，奈飞（Netflxi）、亚马逊、葫芦和“直播家庭影院”分列第一到第四位。美国星光频道、美国职业棒球大联盟电视、佳映时间频道（Showtime）、哥伦比亚广播公司（CBS All Access）分列第五到第八位。[①]就平台融合的具体路径而言，传统电视媒体要改变传统的频道或节目销售方式，构建“直销”平台。美国21世纪福克斯公司执行董事长拉克伦·默多克（Lachlan Murdoch）在2017年表示，所有主要的媒体集团都要积极构建面向观众的“直销”模式。具体而言，传统媒体机构需基于网络平台建立直接的销售渠道，也由此实现营利模式的转型升级。以美国21世纪福克斯公司为例，该公司认为网络电视平台的直播流媒体业务为传统电视提供了新的发展机会，尤其在开拓市场空间、优化收看方式和增加用户价值等方面颇为显著。21世纪福克斯公司已经在美国推出了名为“福克斯+”（FX Plus）的付费网络视频业务，节目内容包括福克斯公司的原创影视剧、节目等。该业务通过康卡斯特公司的“无极限”平台销售，每月订费为5.99美元。在国际上，21世纪福克斯公司在欧洲、拉美和亚洲等推出名为“福克斯+”（Fox +）或“福克斯精选”（FOX Premium）的付费网络视频业务。2018年11月27日，美国福克斯新闻频道也推出了付费网络视频业务“福克斯之国”（Fox Nation），每月订费为5.99美元，年度订费则为64.99美元。“福克斯之国”平台播出的内容有别于福克斯新闻频道，更加注重独家内容和长节目，另外还提供档案库中节目内容的点播业务。美国福克斯公司还开办了“福克斯新闻国际”网络电视业务。该业务于2020年8月在海外首先进入墨西哥，随后在9月登陆英国、德国和西班牙，10月进入11个欧洲国家，12月进入葡萄牙、智利和巴拿马，覆盖国家总数达到了30个。

美国全国广播公司环球集团（NBCUniversal）也在积极布局“直销”平台，

---

① www.multichannel.com/news/netflix-tops-parks-us-streamer-rankings.

着力提升营利能力。美国全国广播公司环球集团在2020年推出网络电视业务“孔雀”，节目内容主要是环球影业（Universal）和全国广播公司的片库、外购版权节目等。根据2021年数据，“孔雀”平台的用户规模为3300万，基本上与华纳传媒公司旗下“极致家庭影院”平台持平，后者为3800万名订户。为了提升“孔雀”平台的影响力和竞争力，全国广播环球公司将《办公室》等优质影视剧先行在该平台进行独家首播。2020年，“孔雀”平台的营业收入为1亿美元。①英国广播公司影业和独立电视台在2017年合作创办了名为“英国盒子”的网络电视平台。“英国盒子”进驻柔酷、苹果电视等平台，每月资费为6.99美元，节目内容为英国最新的热播影视剧和经典英剧等，如《东区人》《加冕街》等。2021年，英国广播公司影业公司在亚马逊平台和苹果电视应用程序上开办流媒体频道“英国广播公司精选”，播出文化、政治、思想三大主题的节目。该频道不需要订阅，采取广告营利模式。②2021年，英国广播公司还在美国和加拿大推出流媒体业务“英国广播公司精选”。与“英国盒子”聚焦娱乐性内容不同，“英国广播公司精选”主要播出纪录片和纪实性特别节目。每月订费的标准在美国是4.99美元，在加拿大是6.99美元。③可见，传统电视媒体要充分发掘自身优势，着力提升内容资源的转化能力，通过平台融合强化市场营利能力。

（2）传统电视媒体融合发展关键在于业务模式再造。平台融合是传统电视媒体融合发展的表层策略，业务模式再造则是深层策略。传统电视媒体往往倾向于采取“修补”模式来推进转型升级，但往往难以取得理想效果。传统电视媒体要“再造”业务模式，由此优化资源配置方式、提升资源转化能力、强

① https://www.digitaltveurope.com/2021/01/29/33-million-flock-to-peacock/.

② https://www.rapidtvnews.com/2020121659596/bbc-select-to-offer-ad-free-subscription-streaming-channel-in-us-canada.html#ixzz6gqRCcAkd.

③ https://www.broadbandtvnews.com/2021/02/19/bbc-launches-north-america-streaming-service/.

化市场营利能力。以德国卢森堡广播电视传媒集团（RTL Group）为例，它近年来一直在推进“全视频”战略（Total Video），着力构建内容制作、视频播出、广告营销等视频全业务生态，致力于成为一个在电视、网络视频、广告投放等业务领域具有全球性竞争力的媒体集团。2019年，德国卢森堡广播电视传媒集团斥资3300万美元收购了英国优斯贝斯公司（Yospace）。优斯贝斯公司自主研发了动态广告植入技术，为英国电视四台、独立电视台等媒体机构和公司通过相关服务。此前在2017年8月，卢森堡广播电视传媒集团收购了思博特斯公司（SpotX）。思博特斯公司也是一家高科技广告业务公司。收购英国优斯贝斯公司之后，德国卢森堡广播电视传媒集团致力于打造一个服务于电视播出机构、网络视频点播业务提供商等的领先“变现”平台。另外，卢森堡广播电视传媒集团最早是在2013年入股“时尚牵引”，以加强其网络视频业务以吸引年轻用户。2014年11月，德国卢森堡广播电视传媒集团斥资1.07亿美元增持了“时尚牵引网站”（StyleHaul）的71.6%的股份，从而使其持股从此前的22.3%增至93.6%。“时尚牵引网站”创办于2011年，是美国优兔平台上最大的时尚视频网站，每月拥有9亿的浏览量。该集团还在德国推出的网络视频业务为“此刻电视”（TV Now），2020年底时的订户规模为128.6万，增幅为64%；该集团在荷兰为“视频领地”（Videoland），2020年底时的订户规模为90.3万，增幅为38%。为了稳步提升两个网络视频业务的订户数量和营利规模，卢森堡广播电视传媒集团在未来几年将持续增加内容投入，计划从2020年的1.17亿欧元增加至2025年的3.5亿欧元。根据2021年数据，德国卢森堡广播电视传媒集团2020年度的营业收入总额为60.17亿欧元，其中网络视频业务的营业收入为1.7亿欧元，与2019年相比增长了20.6%。[①]传统电视媒体要充分发掘自身内容

① Stuart Thomson，RTL sees streaming revenue and subs jump，digitaltveurope website，March 12，2021，https://www.digitaltveurope.com/2021/03/12/rtl-sees-streaming-revenue-and-subs-jump/.

资源、品牌资源，将多年累积的资源优势转化为营利能力。

业务模式再造还涉及业务布局的战略性调整。传统电视媒体要针对国际媒体市场发展趋势和受众需求变化及时调整业务布局，尤其要加大在新兴业务领域的投资，力求抢占市场发展先机。当前，电子体育正在成为全球内容领域新的增长点，欧美国家一些传统电视媒体正在加大这一领域的投资。近年来，瑞典摩登时代集团就积极进入电子体育领域，在“海龟娱乐”（Turtle Entertainment）和“梦境侵袭”（DreamHack）两家公司都进行了大笔投资。瑞典摩登时代集团在2017年斥资8260万欧元增持手机和网络游戏公司“英诺游戏”（InnoGames）30%的股份，所持股份由此增加到51%。2017年，该集团还斥资5500万美元收购了美国游戏开发和发行公司“空格瑞特公司”（Kongregate）。2017年11月，该集团又设立3000万美元投资基金，针对美国和欧洲一些具有很好发展潜力和前景的在线游戏公司进行投资。因此，传统电视媒体要强化顶层设计，运用战略思维来进行业务模式再造，力求在新业务新领域新方向上抢占先机。

当前，媒体转型的主要挑战是受众流失，以及由此带来的营利减少。受众流失的原因很多，但最为核心的原因是媒介技术变革带来的媒介消费方式变化，以及竞争态势改变。因此，传统媒体当前主要挑战就是受众需求以及营利模式的变化，如不能有效因应这些变化，传统媒体则会被边缘化甚至消亡。

2.传统媒体的转型发展

在媒介技术变革的背景下，传统媒体变革的核心诉求就是再造产业链，以适应新的传播模式和受众需求。以美国全国广播公司环球集团为例，产业链再造的重点是强化内容分发环节，减少内容与受众之间的中间环节，由此增强受众关联度、提升盈利能力。美国全国广播公司环球集团的措施之一是开展网络电视业务，打通节目资源与受众消费之间的通道。该集团计划在2020年推出网络电视业务，节目内容主要是环球影业和全国广播公司的片库、外购版权节目等。美国康卡斯特有线电视业务和英国天空公司电视业务的付费订户可以免费观看该网络电视平台上的节目，采用“免费收看+广告”模式；其他用户则采用付费模式。全国广播公司环球集团认为，网络电视业务具有灵活、针对性强、附加值高等特点。[①]另一方面，新的媒介技术造成了传播渠道的多元化，从而加剧了传播分众化。有学者认为，当广告商和媒介决策者们将受众概念化为合适地位的市场，他们就以“分割”或“超级分割”的术语思考问题。因此，传媒机构必须通过重构产业链来优化分发渠道布局，充分对接日益细化的受众群体及其内容需要。[②]

（1）媒体产品生产模式的转型。媒体机构的产品既包括频道、节目等内容产品，也包括广告等方面的服务。在新的媒介环境中，传统媒体一方面要完善核心内容产品生产能力，保持在内容产品方面的优势地位。以英国广播公司为例，它在2018年购入塞征影业公司（Sid Gentle Films）51%的股份。塞征影业公司创建于2013年，主要开发和制作原创电视剧和故事片，已经为英国独立电视台、天空电视台、英国广播公司等媒体制作了多部颇受好评的影视剧。正是基于其制作实力，英国广播公司世界公司及时控制其股份，以提升内容创意和制作能力。除了传统内容制作，媒体机构还要强化新型节目内容的制作能力。美国全国广播公司环球集团在2018年与谷歌公司正式建立伙伴关系，合作制作虚拟现实节目。根据合作方案，两家公司将基于谷歌“跳跃”（Jump）虚拟现实平台合作制作至少10部虚拟现实节目。全国广播公司环球集团使用“跳跃”平台虚拟现实摄影机拍摄节目，然后在优兔平台上播出。

就内容资源而言，传统媒体机构要针对新的内容需求加大投入、把握机会

① www.broadbandtvnews.com/2019/01/15/nbcuniversal-streaming-ott-service-to-include-europe.

② [美]詹姆斯·罗尔：《媒介、传播、文化——一个全球性的途径》，董洪川译，北京：商务印书馆，2012年，第138页。

形成后发优势。美国亚马逊集团在2014年向视频游戏网站“趣驰”（Twich）投资9.7亿美元，就是为了着力发展电子体育内容产业。除了强化内容产品生产实力，媒体机构还要积极延展产品链条，丰富产品类型，全方位提升综合实力。

（2）媒体内容分发与广告投放模式的转型。媒体内容分发及广告投放一直是传统媒体机构营业收入的重要来源，在欧美国家尤其如此。在新的媒介环境中，传统媒体的分发渠道正在重构，以提升分发效率、强化分发效益。当前，在电视业领域，传统线性传播模式仍居于主流地位，但10—15年之后，基于IP的视频传播模式将取而代之。英国广播公司2018年宣布，未来的内容分发都将转到网络，因此正在全面推进IP化，从传统电视播出机构转变为“互联网”播出机构。全新的节目播出和内容分发方式不仅可以更好地满足受众的需求，而且在覆盖范围、运行效率等方面都将得到显著改善。在渠道运营商方面，传统的内容分发模式也在进行升级。瑞典康姆赫恩公司（Com Hem）认为，当前电视业务布局将逐渐以应用程序为核心，而不再以机顶盒为核心；网络协议（IP）将成为视频分发的基础与核心，包括目前处于主流地位的欧洲有线电视数字视频播出格式（DVB-C）都将会让位于网络协议。对于全球性媒体机构而言，媒介技术发展无疑为全球范围的内容产品分发提供了更为有效的条件。美国探索传播集团（Discovery Communications）每年制作约3000小时的节目，针对全球220多个国家和地区进行分发。例如，该集团2018年在全球播出420多个传统电视频道。该集团积极研究和应用新的媒介技术提升内容分发效率，推出了“坡道项目”（On Ramp Project），利用亚马逊网络服务系统（AWS）在云端进行节目分发。传统媒体机构只有构建出新型内容分发体系，才能在日趋激烈的竞争中降低成本、提升效率、优化收益，从而赢得市场优势。

广告销售一直是媒体重要营业收入来源，在新的媒介环境中依然如此。当前，媒介技术变革为媒体广告投放提供了更为多元的平台，但也稀释了传统广告投放平台的重要性。为此，媒体机构需要升级广告模式，优化广告投放体系，进一步挖潜扩容。为了优化广告传播效果、提升广告销售业绩、强化电视广告竞争力，美国全国广播公司、福克斯公司、特纳广播公司和维亚康姆集团在2018年合作推出名为“OpenAP”广告业务平台，为广告主提供广告自动购买、高级广告投放模式、跨平台广告收视测量等功能。当前，传统广告投放模式存在诸多挑战，传统媒体机构必须积极开拓新的广告投放和营利模式，其中一个重点方向是加强对数据资源的利用以及开发新的广告算法模型。通过数据资源整合和算法模型运用，传统媒体能在广告推送和投放等方面更好地契合受众需求。澳大利亚第九台（Nine）在2017年推出了“银河9”广告投放系统，并于2019年1月将旗下网络电视平台“九直播”（9Now）正式融入该系统中。“银河9”广告投放系统运用“购买行为技术”在流媒体平台上进行动态广告插入，并有效提升广告投放的针对性。

（3）媒体用户关系与产品销售模式的转型。在传统媒体时代，媒体机构与受众/用户之间多为间接关系，往往需要通过运营商或中间方进行内容产品分发、销售。在新的媒介环境中，有学者认为，“不建立直接客户关系，就没有前途。……与消费者建立直接关系，是公司目前真正要抓住的机会。”[①]英国广播公司从2017年开始就致力于构建“与观众更紧密和个性化的关系”，并于2018年3月任命英国维珍传媒集团首席营销官（CMO）克里斯·布莱特（Kerris Bright）担任首席用户官（chief customer officer）以增进英国广播公司在新的媒介环境中对观众的了解，提升不同内容分发平台与观众的互动。另外，英国广播公司还在2018年与思析公司（ThinkAnalytics）签署了为期三年的合作协议，英国广播公司依托思析公司的内容推荐技术实施个性化服务项目，同金额超过

① [加]米奇·乔尔：《重启：互联网思维行动路线图》，曲强译，北京：中信出版社，2014年，第7页。

300万英镑。此外，一些新兴媒体机构也致力于强化用户关系，以提升服务质量。2017年4月，美国葫芦宣布在美国得克萨斯州建立“观众体验运营”总部，以提升观众/用户服务能力，着力提供个性化、快捷、规范和专业的服务。该总部工作人员在2017年为300人，到2018年达到500人。当前，大数据等技术的发展为媒体了解受众/用户提供了条件，也为构建更为直接、有效的销售/服务关系提供了基础。

在内容产品销售模式方面，媒介技术变革也提出了新挑战、新要求，亟待转型。在新兴媒介环境中，与受众/用户建立“直销”关系是大势所趋，也势在必行。美国21世纪福克斯公司执行董事长拉克伦·默多克在2017年表示，所有主要的媒体集团都要积极构建面向观众的“直销”模式。具体而言，传统媒体机构需基于网络平台建立直接的销售渠道，也由此实现营利模式的转型升级。以美国21世纪福克斯公司为例，该公司认为网络电视平台的直播流媒体业务为传统电视提供了新的发展机会，尤其在开拓市场空间、优化收看方式和增加用户价值等方面颇为显著。传统电视频道、影视公司、新兴媒体平台运营商和付费电视运营商等都在着力发展网络电视平台，构建与受众/用户之间的直接关系。

第三节　案例分析：美国迪士尼公司国际传播的融合策略

随着新兴媒体发展，全球媒介生态和产业格局正在呈现全新面貌，传统电视媒体则面临着发展变革的巨大压力。当前，受众的收视行为和娱乐方式都在悄然改变；视频领域的竞争日趋激烈，尤其是全球信息技术巨头公司纷纷进入媒体领域“掘金”。在此背景下，包括美国迪士尼公司在内的众多全球知名媒体机构都在创新求变，以适配国际传播领域全新的媒介技术环境和市场环境。

一、迪士尼公司的融合策略

迪士尼公司是美国传媒业百年老字号，也是全球娱乐业中的知名企业。迪士尼公司靠动画起家，依靠娱乐业立足。在媒介变革时代，迪士尼公司没有因循守旧、画地为牢，而是积极创新发展、寻求业务突破，在网络视频业务等领域开拓了新的发展空间。目前，迪士尼公司旗下的网络视频业务是“迪士尼+”、葫芦和“娱乐与体育电视网+”（ESPN+）。其中“迪士尼+”在2019年11月问世，“娱乐与体育电视网+”是在2018年4月推出的，葫芦则是在2019年5月由迪士尼公司全面控股的。

迪士尼公司成立于1923年，总部设在加利福尼亚州的伯班克，公司名字源自公司创始人沃尔特·迪士尼。迪士尼公司在20世纪三四十年代依靠米老鼠起家，从20世纪40年代开始涉足真人电影领域，并先后收购了米拉麦克斯影业公司和皮克斯动画电影制片厂。1981年，迪士尼公司开始进入有线电视业。20世纪90年代迪士尼进入高速发展阶段，被称为“迪士尼十年”（the Disney Decade）。1991年，迪士尼公司在销售和资产上双双跻身于美国公司200强，在利润方面排名第43位，公司市值达到160亿美元。1995年7月，迪士尼公司以190亿美元收购大都会公司（Capital Cities）和美国广播公司。此举加大加强了迪士尼公司在电视、体育节目和国际市场的地位，同时增加了出版业务与多媒体经营。由此，迪士尼公司以165亿美元的年收入一跃成为全球最大的传媒公司。①经过多年发展，美国迪士尼公司已经成为一家集娱乐节目制作、主题公园、玩具、图书、电子游戏以及电视网等业务为一身的大型跨国传媒集团，但其核心业务依然是电影。2019年，迪士尼公司出品了多部“大片”，包括《复仇者联盟4：终局之战》（*Avengers Endgame*）、《阿拉丁》（*Aladdin*）、《冰雪奇缘2》（*Frozen*

① ［美］珍妮特·瓦斯科：《理解迪士尼：梦工厂》，杨席珍译，北京：中国传媒大学出版社，2015年，第37页。

Ⅱ）、《惊奇队长》（*Captain Marvel*）等，电影业务营业收入总额为430亿美元。根据2020年数据，迪士尼公司整体估值为3200亿美元，其中核心业务（主题公园、电影公司、电视网）为2130亿美元，网络视频业务为1070亿美元。

迪士尼公司在内容制作方面实力雄厚，旗下拥有皮卡斯公司（Pixar）、漫威公司（Marvel）、卢卡斯影业（Lucasfilm）、国家地理（National Geographic）以及沃尔特·迪士尼电视影业公司（Walt Disney Television Studios）等。其中，迪士尼动画工作室也是美国最早成立的动画工作室。多年来，迪士尼动画工作室都是美国动画产业的典型代表，他们创作了世界上第一部全对白动画片，第一部宽银幕动画片等，从1937年推出世界首部长篇动画电影《白雪公主和七个小矮人》到2013年的奥斯卡金像奖最佳动画长片、全球影史最卖座的动画电影《冰雪奇缘》都是该工作室的杰作。

在频道品牌方面，迪士尼公司拥有迪士尼频道、娱乐与体育电视网、尼克频道等知名频道。其中，迪士尼频道在美国及世界都有着颇高的知名度和影响力，其目标观众群为6—14岁的少儿及其家庭成员。它的品牌策略也很鲜明，即相信自己、表现自我、追求梦想、关爱家人、量身定做。迪士尼频道非常重视文化的多元化，这也让它在国际市场上风生水起。迪士尼频道在全球超过80%的市场都是排名前三的儿童类频道。目前，迪士尼频道已经发展成为一个品牌体系，在全球拥有42个频道，覆盖163个国家和地区，采用33种语言播出，收视人群达到了6.5亿，并在全球拥有12个节目制作中心。迪士尼频道在美国每年制作100小时系列剧和动画片。尼克频道于1979年开播，是美国有线电视里一个主要给儿童和少年观看的频道，其经典动画片包括《海绵宝宝》等。

1.以网络视频业务为突破点与增长点

迪士尼公司拥有大量的优质影视娱乐内容版权资源，在新兴媒体时代需要创新经营模式，有效盘活这些资源。加之迪士尼和苹果公司存在着较强的资本关联，迪士尼首席执行官罗伯特·艾格（Robert Iger）担任着苹果公司的董事，苹果公司创始人史蒂夫·乔布斯（Steve Jobs）曾是迪士尼公司最大的股东。正因为如此，迪士尼公司一直在探索如何运营网络等新兴媒体平台来盘活资源、做大市场、提振业绩。早在1995年，迪士尼公司就建立了ESPN.com和Disney.com两个网站，并于1999年建立了ABC.com网站。1998年，它成为网站Infoseek.com的大股东，并于1999年全资拥有该网站。后来，迪士尼公司将旗下网站合并为一个门户网站Go.com，但并没有取得预期成功，随后在2001年关闭了Go.com，直接损失达到了8.62亿美元。①

随着社交媒体和网络视频业务蓬勃发展，迪士尼公司又积极探索发展网络视频业务。2008年4月，美国迪士尼公司与推特达成合作协议，迪士尼公司将针对推特平台制作直播内容，并共同开拓广告业务。迪士尼公司认为，在新兴媒体时代，需要借助推特等新型平台来提升观众规模，强化与观众的关系。基于新型受众关系，迪士尼公司大大提升了内容推送与播出的精准性，同时也强化了广告播出的针对性与效果。2014年11月，迪士尼公司面向安卓系统用户推出了一个名为“迪士尼电影随处看”（Disney Movies Anywhere）的应用程序。“迪士尼电影随处看”最早是在2014年2月推出的，最初主要面向苹果系统用户。“迪士尼电影随处看”应用程序通过多种终端和平台为用户提供“一站式”节目观看和购买服务，用户注册后可以在线收看影片，也可以购买光盘。节目内容包括迪士尼、皮克斯公司（Pixar）和漫威漫画公司（Marvel）所持版权的影片。

从2018年开始，迪士尼公司在网络视频业务领域强化了战略布局、加大了投资力度。2018年4月，迪士尼公司推出了“娱乐与体育节目电视网+”（ESPN+），这是迪士尼公司在体育节目领域推出的首个付费网络电视业务。该业务主要包括直播体育赛事、原创内容和点播节目等，每月资费为4.99美元。迪士

① ［英］露西·昆：《媒体战略管理——从理论到实践》，高福安、王文渊译，北京：中国广播电视出版社，2013年，第174页。

尼公司希望通过“ESPN+”来探索网络电视业务发展路径，积累经验。“ESPN+”由迪士尼直销与国际公司（Disney Direct–to–Consumer and International）负责运营，美国视频流媒体技术公司BAMTech也是股东之一。迪士尼直销与国际公司董事长凯文·迈耶（Kevin Mayer）认为，“ESPN+”为迪士尼公司的创新发展开启了新的篇章，由此与观众/用户建立了直接的、个性化的关系。

2019年11月，迪士尼公司推出了网络视频业务“迪士尼+”。2020年3月，美国迪士尼公司在奥地利、德国、爱尔兰、意大利、西班牙、英国和瑞士等7个欧洲国家推出了网络视频业务“迪士尼+”。在价格方面，“迪士尼+”资费价格标准从2021年3月开始涨至每月7.99美元或每年79.99美元。如果捆绑购买“综艺体育电视网+”、葫芦和“迪士尼+”三个业务，每月价格为13.99美元。2021年2月，美国迪士尼公司还在澳大利亚、新西兰、加拿大和欧洲地区推出了另一款网络视频业务“明星”（Star），以综艺娱乐内容为主。2021年，迪士尼公司在印度和印度尼西亚推出了“迪士尼+热星”平台，在拉丁美洲推出“星+”（Star+），每月资费价格为7.5美元。如果与“迪士尼+”捆绑购买，每月价格则为9美元。

2020年12月，迪士尼公司在全球的网络电视付费业务的直销订户总规模达到了1.37亿，其中“综艺体育电视网+”为1150万，葫芦为3880万，“迪士尼+”为8680万。根据迪士尼公司（Comcast）的发展规划，全球网络电视付费订户规模到2024财年要达到3—3.5亿。根据与美国康卡斯特公司（Com Cast）的合作协议，“综艺体育电视网+”和“迪士尼+”两个业务在2021年第一季度进驻康卡斯特X1机顶盒，以及弗雷克斯平台（Flex），此前葫芦已于2020年春季进驻康卡斯特公司的这两个付费电视业务系统。[①]

---

① https://www.digitaltveurope.com/2020/12/11/disney-137m-ott-subscriptions-plan-to-debut-star-brand-in-key-markets-big-increase-in-content-spend/.

2.以内容建设为核心竞争力

迪士尼公司总裁和首席执行官罗伯特·艾格表示，传媒业态正在被内容制作者与消费者之间的直接关系重新定义。“迪士尼+”是该公司战略转型的重要支撑，以此来减少公司在营业收入上对传统线性电视业务、商业广告等业务的依赖。他还表示，迪士尼公司推出网络视频业务都面向全球市场，这是公司整体发展战略的一部分。“迪士尼+”于2019年11月12日正式上市，首先在美国、加拿大和荷兰在推出。随后，2019年11月19日进入澳大利亚和新西兰。该业务在欧洲的价格为6.99欧元/月，在北美为8.99美元/月，在澳大利亚和新西兰为8.99澳元/月。该业务支持四个用户使用同一个账号同时登录，允许用户无限量视频下载，视频格式采用4K超高清。为了有效吸引和转化葫芦和“综艺体育电视网+”的现有订户，那些同时订阅这3个业务的用户可以获得优惠价格，即每月价格仅为12.99美元。2020年3月，“迪士尼+”在奥地利、德国、爱尔兰、意大利、西班牙、英国和瑞士等7个欧洲国家登陆，其中英国订户规模在4月底时就达到了430万，市场份额为16.8%，成为英国第三大网络电视业务。2020年9月，“迪士尼+”进入欧洲葡萄牙、芬兰、冰岛、比利时、卢森堡、挪威、丹麦和瑞典。未来几年，迪士尼公司也将全面加大国际市场拓展力度，“迪士尼+”在海外的订户规模也将实现稳步增长。预计到2024年，它在全球的网络视频业务订户总数有望达到1.25亿，届时它将成为全球第三大网络视频业务，仅次于美国奈飞和美国亚马逊。

迪士尼公司发展“迪士尼+”网络视频业务的核心策略就是内容，一是大量聚集内容，二是大举投资内容。

（1）大量聚集内容。一是聚集精品内容资源。“迪士尼+”平台播出500多部电影和7500多集电视剧，其中包括大量超高清电影。该平台上集聚了迪士尼公司、皮克斯动画工作室（Pixar）、漫威漫画公司、星战公司（Star Wars）和国家地理公司（National Geographic）等知名机构的影视精品内容。为了凸显该网络视频业务的市场优势，迪士尼公司在2018年终止了与美国奈飞公司签订的版权合作，不再向奈飞平台提供内容资源。此举是迪士尼公司的战略布局和业务发展需求，但每年也由此减少了3亿美元的版权使用费。另外，该平台提供丰富的服务，包括支持在10多个终端上的无限量下载和个性化推荐等。

（2）大举投资内容。内容是“迪士尼+”的核心竞争力。2020年3月，“迪士尼+”在英国等欧洲七国推出时，平台上共有500多部电影、350部电视剧，其中包括26部原创新剧。相比其他付费网络视频平台，“迪士尼+”凭借大量优质内容，其性价比相对较高。为了强化市场竞争力，迪士尼公司在2020年计划投资10亿美元为“迪士尼+”平台制作原创内容，内容的预算规模将逐年增长，到2024年将增长至25亿美元。此外，迪士尼公司为了提升网络视频业务综合实力，斥资710亿美元收购了21世纪福克斯公司，并投入10亿美元收购了BAMTech公司。整体而言，迪士尼公司的3个网络电视业务（Disney+，ESPN+，Hulu）在2019年的营业收入为70.49亿美元，而成本为108亿美元，亏损额为37.55亿美元。2020年的亏损额为45.32亿美元。预计到2024年，迪士尼公司的网络电视业务可以实现盈利，届时的营业收入总额为227.42亿美元。[①] 根据预测，“迪士尼+”订户总数在美国网络视频业务订户中所占份额在2024年有望达到9%，预计为3520万户。

二、相关启示

虽然德国卢森堡广播电视集团和美国迪士尼公司的体制机制与我国媒体有较大差异，但其融合发展策略可资借鉴。

1.融合传播能力建设的关键是内容与渠道协同发展

在传统媒体时代，“内容为王”；在新兴媒体时代，这一规则依然存在。

---

① https://www.multichannel.com/news/analyst-sees-verizon-deal-giving-disney-9m-subs.

但是，新兴媒体的发展正在改变传媒生态、产业规则和竞争模式，“内容”和“渠道”不再是二元对立的关系，而是协同发展的关系。当前，许多中国传统媒体依然认为，它们推出网络视频业务的目的是为了补偿传统主营业务，大多数传统电视台的网络视频业务主要是以免费模式开办网站或应用程序。美国迪士尼公司虽然是传统的内容富集型媒体集团，但在做大做强内容的基础上，积极对接新技术、构建新渠道，以此撬动市场天平，实现内容资源效益转化的最大化。中国媒体必须要从产业链的高度来审视内容与渠道的协调发展关系，以有效适应互联网时代全新的媒体市场环境和竞争模式。

2.融合传播能力建设的基础是掌握新兴媒体核心技术

对于传统媒体来说，网络视频以及相关新兴媒体技术的研发与应用起步晚、积累少、实力弱。基于此，传统媒体在发展网络视频等新兴媒体业务时，技术研发和平台建设业务要么白手起家，要么假手于人。相比之下，迪士尼公司则是直接收购成熟的技术公司，实现后来居上。2016年，迪士尼公司入股一家BAMTech的公司；这家公司原先隶属于美国职业棒球大联盟旗下，拥有一套完善的流媒体技术，可供球迷们订购在线服务，实时观看他们最钟爱的球队的所有比赛直播。美国家庭影院在尝试自己搭建流媒体平台失败之后找到BAMTech公司，让其在极其紧张的时限下打造出了“直播家庭影院”，赶上了《权力的游戏》第五季的播出。2016年8月，迪士尼公司出资10亿美元购买BAMTech公司33%的股票，并拥有2020年前控股的优先购买权。2017年，迪士尼公司加速推进购买BAMTech公司的进程。正是依托BAMTech团队，迪士尼公司搭建起了“ESPN+”和“Disney+”这两个网络视频业务平台。[①]中国媒体也需要跳出传统发展路径，通过资本运作来掌握新兴媒体发展的核心技术。

---

① ［美］罗伯特·艾格、乔尔·洛弗尔：《一生的旅程：迪士尼 CEO 自述批量打造超级 IP 的经营哲学》，靳婷婷译，上海：文汇出版社，2020 年，第 287—291 页。

3.融合传播能力建设的活力在于构建全球化业务生态

迪士尼公司首席执行官罗伯特·艾格曾反思当年的发展短板："从拉美到印度再到日本，公司虽然在世界各地都设有分部，却没有设立一个合理的全球战略，甚至连合理的全球体系都没有建立起来。拿日本来举例，我们在东京某区设有一间工作室，而消费品业务却在另一个地方，电视业务也设在别处。三家之间互不往来，财务或信息技术等后勤业务之间也不相互协作。类似的资源浪费比比皆是。"[①]经过一番资源整合和业务生态搭建，迪士尼公司终于在20世纪90年代开始实现了业务的飞速发展。罗伯特·艾格总结了公司发展的三大重点：（1）我们需要将绝大多数的时间和资本投入在打造高质量品牌内容上；（2）我们需要最大限度拥抱科技，先是利用科技为打造更高质量的产品创造条件，然后再通过更先进和准确的途径来触及更多的消费者；（3）我们必须成为一家真正意义上的全球企业。[②]在这个全球化、网络化和移动化的时代，中国媒体也需要深度拓展全球市场，积极推进国际传播战略布局最优化、品牌影响最佳化和市场收益最大化。

① [美]罗伯特·艾格、乔尔·洛弗尔：《一生的旅程：迪士尼CEO自述批量打造超级IP的经营哲学》，靳婷婷译，上海：文汇出版社，2020年，第113页。

② 同①，第158—159页。

第七章

国际传播理论发展与实践创新

国际传播是一个国家对其他国家或地区开展传播，核心目标是强化政治和文化影响，在和平时期则需要兼顾内容产品输出、技术输出和市场拓展等。随着中国国际地位的迅速提升，国际传播研究必须跟得上国家发展的整体节奏，契合国家外交大局和海外利益维护。二战结束后，美国开始迅速崛起。美国政府和“外宣”媒体在二战宣传战的基础上开始系统推进国际传播研究，着力提升传播战略布局和技巧。例如，“美国之音”（VOA）负责人富伊·科勒（Foy Kohler）任命列奥·洛文塔尔（Leo Lowenthal）担任“美国之音”研究部主任，在从1949年开始的7年时间里展开了多项重要研究，包括针对全世界居民传播习惯的一系列范围广泛的调查，对广播节目进行了内容分析，调查了广播节目收听率，并且对广播听众和印刷媒体读者进行了访问，等等。近十余年以来，中国国际传播理论研究和实践探索取得了积极进展。当前，在中国国际传播蓬勃发展的背景下，国际传播理论研究和实践探索都面临着难得的发展机遇；另一方面，两者都要承担起时代使命和历史责任，包括应对中国在崛起过程中面临的各种国际舆论挑战和传播困境等。世界对中国的关注度以及中国媒体的能见度比以往任何时候都高，但西方主导的国际舆论舞台上仍然充满歧视和偏见，中国必然受到不同以往的围堵。中国发展到一定阶段，前进的阻力更大，遏制、打压和围堵来得更加激烈。[①]这就更要求中国的国际传播从本土视角开展理论研究和实践探索，着力提升前

① 周树春：《自觉把握新时代国际传播的特征规律》，《对外传播》2019年12月刊，第4页。

瞻性、操作性和适用性，为国家发展营造有利的国际舆论氛围。国际传播有很强的规律性和专业性，绝不可以简单套用国内宣传管理的理念、模式、理论和范式，而需要真正做到“内外有别”，充分尊重其规律性和专业性。与此同时，中国的国际传播自身也仍在摸索发展之中，还没有建立起成熟的理论体系和操作范式。在当前激烈的国际舆论竞争和严酷的新闻对抗中，中国的国际传播如果没有自主理论作为基础和支撑，仅仅借用西方国家的理论模式和操作套路，这自然会陷入对方套路之中，胜算也难有把握，因此并非最佳选择。为此，中国的国际传播要在充分吸收和借鉴世界各国理论研究成果的基础上，探索发展出符合自身特点的理论体系和操作范式，用中国的理论来指导实践、用自己的逻辑来应对挑战。

第一节　现阶段国际传播研究重点与理论创新

2021年5月31日，习近平总书记在中央政治局第三十次集体学习讲话时强调①，要围绕中国精神、中国价值、中国力量，从政治、经济、文化、社会、生态文明等多个视角进行深入研究，为开展国际传播工作提供学理支撑。他还提出，要加强高校学科建设和后备人才培养，提升国际传播理论研究水平。随着国际传播进入蓬勃发展期，国际传播研究的提质升级日趋迫切；这是中国稳步崛起、国际地位显著提升的客观需要，也是新冠肺炎疫情暴发以来国际格局深度调整、外交形势显著变化的迫切需要。美国的国际传播研究在二战后进入

① 除注明外，本章关于习近平总书记讲话内容均引用自《习近平在中共中央政治局第三十次集体学习时强调 加强和改进国际传播工作 展示真实立体全面的中国》，新华网，2021 年 6 月 1 日，http://www.xinhuanet.com/politics/leaders/2021-06/01/c_1127517461.htm。

快速发展阶段，这与美国当时崛起成为世界超级强国的过程密切相关；国际传播在美国舆论氛围营造、文化软实力输出以及媒体产业市场拓展等方面发挥了积极作用，其相关理论研究也随之发展起来，并反过来引导美国国际传播实践的提质升级，强化其在国际上的信息控制、理念输出、文化霸权和产业垄断能力。当前，中国的国际传播进入新的历史发展阶段，正如习近平总书记所指出的，要深刻认识新形势下加强和改进国际传播工作的重要性和必要性，下大气力加强国际传播能力建设，形成同我国综合国力和国际地位相匹配的国际话语权，为我国改革发展稳定营造有利外部舆论环境，为推动构建人类命运共同体作出积极贡献。为此，国际传播研究着力强化创新发展，大力推进理论建设和范式研究。本书主要分析美国国际传播研究在高速发展阶段的特点，为中国现阶段国际传播理论研究提供参考。

一、国际传播理论研究源起

国际传播理论是在传播学理论的基础上发展起来的。根据联合国教科文组织编辑出版、经教科文组织大会通过的《多种声音，一个世界》，“传播是指个人之间和人群之间交换新闻、事实、意见、消息的‘过程’。”国际传播有广义和狭义两种界定。广义的国际传播包括跨越国界的大众传播和人际传播，狭义的国际传播仅指跨越国界的大众传播。[①]传播研究在西方（主要是美国）起步于20世纪二三十年代，到40年代成为一种新兴的学科。在我国，传播学的引进和研究则迟至80年代初才开始。[②]国际传播的实践早于国际传播理论的诞生。西方学者将国际传播实践起始年代定为19世纪30年代，因为这时的电子

① 关世杰：《国际传播学》，北京：北京大学出版社，2004年，第1页。

② 段连城：《对外传播学初探》，北京：五洲传播出版社，2004年，第7页。

通信技术取得了显著进展（1837年电报实验成功）。[①]从“一战”开始到“冷战”，国际传播发展的主要推动力是政治。“冷战”结束后，国际传播进入了新的历史阶段，并呈现出8个新趋势：一是发展中国家争取“世界信息和传播新秩序”的斗争走入低潮；二是国际斗争舞台转移；三是私有化、市场化和开放化使跨国传媒公司日渐成为国际传播的主角；四是国际传播各种媒体整合；五是传播理念向新自由主义倾斜；六是发达国家与多数发展中国家在信息和技术方面的差距和不平等拉大；七是美英两国在国际传播领域霸主地位进一步增强，包括英语在世界语言中的主导地位增强、美英大众文化在商业上的主导增强、美英新闻在世界新闻中的主导地位增强、数据资料的主导地位增强、技术的主导地位增强；八是美国对外宣传的对象重点从苏联和东欧转到中国。[②]这些特点在美国的国际传播中最具代表性和典型性。

国际传播理论主要源自美国。美国的国际传播研究是基于国际政治、外交的现实需要发展起来的，并通过跨学科协作和多学科融合取得了显著成效，以及理论与实践的密切配合，有力推动了国际传播理论体系建设。以国际广播研究为例，美国在二战结束后一段时间主要以国际广播作为国际传播渠道，“美国之音”又是其中主力。“美国之音”和许多大学及商业机构保持了密切的联系，尤其是与拉扎斯菲尔德领导的应用社会研究局密切合作。研究内容包括针对全世界居民传播习惯的一系列范围广泛的调查，对广播节目进行了内容分析，调查了广播节目收听率，并且对广播听众和印刷媒体读者进行了访问。1950年到1951年，美国哥伦比亚大学应用社会研究局在埃及、土耳其、约旦、叙利亚、黎巴嫩、伊朗等中东国家展开关于“美国之音”传播效果的大型受

---

① ［美］罗伯特·福特纳：《国际传播——全球都市的历史、冲突及控制》，刘利群译，北京：华夏出版社，2000 年，第 10—13 页。

② 关世杰：《国际传播学》，北京：北京大学出版社，2004 年，第 79 页。

众调查。丹尼尔·勒纳（Daniel Lerner）负责研究土耳其的数据，后来出版了《传统社会的消逝——中东的现代化》，并由此构建了传播与社会发展的理论框架。国际传播的研究方法也是在实践中逐渐发展完善的。例如，勒纳为国际传播研究创建了“比较社会学的定量研究”方法。美国国际传播研究伴随着国际传播实践发展起来，并在不同历史阶段有着不同的侧重点和关注点，其在二战后大发展阶段的主要特点集中表现在研究主题上，即注重国际传播实际需要，服务美国外交战略。重点主题基本集中在以下四个领域。

1.信息控制、结构功能与行政研究

信息控制与舆论压制一直是美国开展国际传播的首要任务之一。在卫星时代和互联网时代，美国凭借强大的技术和经济实力牢牢主导着全球通信领域，由此把控着信息流通与舆论格局。虽然美国鼓吹“自由流通”，但在关键时刻则毫不犹豫进行“信息控制”，例如利用自己或盟国控制的卫星随意终断某些国家卫星电视节目传输服务等。另一方面，西方国家在传播学方面的理论研究日趋深入，综合运用社会学、心理学、符号学、语言学等学科，强化国际传播信息控制与舆论压制技巧。信息控制与舆论压制的研究大大推动了媒体结构功能学在国际传播领域的发展。国际传播媒体结构功能学从传播主体出发，以传播内容为重点，探寻国际传播在传播学层面上的基本规律和核心要义。例如，哈罗德·D. 拉斯韦尔（Harold D. Lasswell）《世界大战中的宣传技巧》。在二战中，他积极探索定量的统计学方法来开展宣传研究，并成为内容分析法的创立者之一。有美国学者认为，这一学术领域自1940年以来基本属于“行政研究”（administration research），立足于既定的传播体制，遵循的都是广告主、广告商或政府机构的意志。[①]

① 李彬：《媒介话语：新闻与传播论稿》，北京：新华出版社，2005 年，第 94 页。

2.文化差异、价值传播与软实力研究

美国外交在二战后全面拓展，在国际事务中逐渐成为西方阵营的领头羊。但因为经验缺失，外交发展过程中遭遇了诸多文化差异问题，不乏失败教训。在此背景下，美国国务院委托爱德华·T.霍尔（Edward T. Hall）等一批学者展开了文化差异研究，并对外交人员进行专业培训。这些研究在20世纪50年代促生了“跨文化交流学”（Intercultural Communication）这门学科。另一方面，二战后，美国的新闻、电影、电视剧、真人秀、体育、音乐、卡通等影视产品开始加速渗透到世界各个国家，为美国价值观的传播提供了便捷渠道，也取得了显著成效。这为后来约瑟夫·奈所称“软实力”研究提供了土壤。

3.产业发展、市场垄断与政治经济研究

国际传播具有政治属性、文化属性和市场属性等多重属性，需要从产业、市场等维度进行研究。二战后，美国积极拓展海外媒体市场，并由政府出面推动各国放开广播电视与通信管制。①此后，美国凭借资金、技术、人才等方面的优势，以压倒性优势占领了全球传媒市场。在此背景下，赫伯特·席勒（Herbert Schiller）和丹·席勒（Dan Schiller）等美国学者开展了相关国际传播理论研究，在信息政治经济学、文化帝国主义理论、结构帝国主义理论、文化霸权理论等领域取得了丰富成果。美国本土学者还和欧洲学者共同推动了传播政治经济学（The Political Economy of Communication）的发展。这一学派从经典马克思主义的立场出发，分析和揭示传媒的所有制结构及其与权力集团的利益关系，意在拆穿西方传媒领域诸多流行的神话，如客观、公正、多元化、新闻自由等。

4.技术变革、社会变迁与媒介环境研究

二战后，全球媒介技术日新月异，美国在其中更是独领风骚，无论是卫星通信、互联网还是移动通信等，美国都在技术研发和产业应用等方面居于前列。美

① 张开：《全球传播学》，北京：中国广播电视出版社，2013 年，第 30 页。

国传播学领域对于技术的关注程度逐渐提升，美国学者和加拿大学者推动了媒介环境学派的发展。媒介环境学派研究传播媒介如何影响人的感知、感情、认识和价值，研究我们和媒介的互动如何增加或减少我们生存的机会，它是不同于结构功能主义、批判主义的第三种传播学研究范式，即技术主义范式。①

二、中国国际传播理论研究现阶段的整体特征

国际传播在狭义层面上指跨越国界的大众传播，不包含人际传播。②从某种意义上来说，所有国际传播都带有政治色彩。传播可以公开带有政治性质，也可以隐含有政治色彩，或者只是受到国家政治经济政策的影响。③中国近代国际传播始于国际广播，发展于国际电视。国际传播理论研究主要借鉴于西方传播学和国际传播学，兼收并蓄了西方马克思主义、美国经验主义以及媒介政治经济学、文化研究、媒介帝国主义、女性主义与媒介、后殖民主义媒介观、结构主义与符号学等。

1.紧扣国家议题，关注国际传播理念与策略

国际传播的主流研究多以国家发展和外交大局等为研究背景，包括中国政治经济大事和外交布局等。这些研究主题包括每年的两会、党的全国代表大会等常规重大政治议题，“一带一路”“命运共同体”“周边外交”“金砖国家”“上合组织”“南海仲裁”等外交议题，中国经济快速发展、金融改革、持续扩大开发等经济议题，以及北京奥运会等重大体育议题等。基于此，如何把真实、全面、立体的中国展现在世界面前，成为国际传播研究的重点。近

① 胡翼青：《西方传播学术史手册》，北京：北京大学出版社，2015 年，第 142—143 页、第 251、253 页。

② 关世杰：《国际传播学》，北京：北京大学出版社，2004 年，第 1 页。

③ [美]罗伯特·福特纳：《国际传播——全球都市的历史、冲突及控制》，刘利群译，北京：华夏出版社，2000 年，第 8—9 页。

几年，关于“讲好中国故事”的研究成为国际传播研究的重中之重，与之相关，国家形象、国际话语权、中国话语体系建设、文化软实力传播等也步入主流。此外，在“一带一路”“中非合作”“中外人文交流机制”“金砖国家”等话语框架下，关于具体国家或地区的传播策略研究也是中国当前国际传播的重要内容，包括对非传播、对美传播、对阿拉伯地区传播等。

2.立足外宣媒体，关注传播主体经验与方法

针对国际传播媒体的研究是中国国际传播研究的重要领域，包括国际传播体制、机制、经验、内容、方法等。经验总结是这个研究领域的重要特点，虽然理论色彩偏弱，但同样具有重要价值。其中，一些研究主要在内容层面上分析新闻、纪录片、影视剧等的国际传播经验，包括主题选择、价值载入、内容建构以及话语运用等。另外一些研究侧重于通过案例分析或对比研究等方式关注发达国家国际传播经验。

3.分析传播效果，关注目标受众解读与行为

在中国的国际传播体制下，国际传播的主体以国有媒体和相关机构为主。随着国际传播管理的精细化，资金投入的绩效管理在逐渐规范和完善。对于效果研究方法来说，早期以定性研究为主，这一方面受制于研究资金投入的限制，也与当时跨国效果研究技术水平有关。近年来，定量研究居于主导地位，跨国受众调查成为主要媒体和研究机构较常采用的方法，针对中国媒体国际传播内容在境外的转载情况分析也是重要的效果研究方法，此外中国媒体机构在国际社交媒体平台上被关注、转发、评论等情况的分析也成为较为普遍的效果研究方法。这些研究方法，有的侧重于传播受众对传播主体的知晓与认可情况，有的侧重于对传播内容的接受与解读情况，但总的来说是要分析目标受众对传播者和传播内容的解读情况以及后续行为转化情况。基于此，效果评估体系的建设也在稳步探索和建设之中，例如中央广播电视总台等主要中央媒体正着力推进效果评估体系的建设。

三、中国国际传播理论研究的重点领域

理论研究是对实践的总结，更是对实践的升华，需要为实践提供具有普遍意义的规律性、指引性的发展方向、路径及举措。总体来说，中国国际传播研究还没有构建起有着中国特色的、符合中国国情的理论体系，也没有提出切实可行的研究范式。美国学者哈米德认为，推动国际传播学形成和发展的外部环境可归纳为四个主要部分：一是国际冲突、人类战争、宣传活动；二是国际组织和国家外交的发展需求；三是意识形态的竞争、信息传播的使用；四是传播技术的发展和成熟。[①]当前中国需要对抗西方舆论关于中国的持久宣传战，具有强烈的外交需求，在意识形态竞争中亟须改变被动局面，同时也在积极发展和应用信息传播技术。目前，中国国际传播理论可以率先从以下几个方面进行重点探索和突破。

1.全球化与政治经济研究

中国虽然是全球化的后来参与者，但却是当前最为关键的角色，并提出了“命运共同体”概念。在全球化背景下，政治经济学研究在西方取得了长足发展，但仍未在国际传播研究领域取得主导地位，而中国在这一研究方向最具潜力。在当前国际传播格局中，美国毫无疑问实力超群、独占鳌头。美国在影视文化领域极力想打开所有国家的市场，而且理论和政治逻辑都是“产品流通”“市场开放”“国际贸易”“自由贸易”等全球化逻辑。国际传播的控制原则和结构已经更多地依据跨国公司的利益和商业规则进行重构。传播问题已经被认定为贸易事宜，不折不扣地按照商业逻辑来操作。世贸组织和其他贸易组织取代了联合国成为管理世界传播的主要机制。[②]为了维持其在国际传

① 张开：《全球传播学》，北京：中国广播电视出版社，2013 年，第 8 页。

② 陈卫星主编：《国际关系与全球传播》，北京：北京广播学院出版社，2003 年，第 9、15 页。

播中的主导地位，美国极力促进世界传媒产业的市场化，努力促使世界各国纷纷放开广播电视与通信管制，导致一些国家甚至将国家所有传媒公司私有化。[1]美国学者约翰·C. 梅里尔认为，全球化危害国家和地方媒体，破坏言论自由。他认为，大型媒体公司向全球市场扩张的全球化趋势，并不是一个健康的趋势，严重危及各国的本土价值观。[2]具体就全球化政治经济学研究而言，赫伯特·席勒等欧美学者在这一领域进行了大量研究，大大推动了其发展。例如，赫伯特·席勒在《大众传播与美利坚帝国》（*Mass Communication and American Empire*）中分析了国际传播中的全球权力结构，并指出美国大型跨国公司与美国的军事和政治利益相得益彰。[3]中国的制度特点为国际传播领域的全球化与政治经济研究提供了条件。丹·席勒是信息政治经济学的开创者，也是传播政治经济学的第二代代表性学者，他曾在多个场合表达了希望中国传播学研究能够开拓传播政治经济学研究领域的意愿。他对中国信息传播的关注并非从民族或国家的角度切入，而是仍然将其看作信息化资本主义体系的全球性扩张及其内在矛盾的一种表现，这也是他宏大视域的体现。他指出，信息资本主义的跨国性与中国国家发展目标之间存在不可避免的矛盾，值得关注。[4]对于中国来说，全球化为国际传播提供了平台，拓展了渠道。但在美国控制全球信息传播与舆论的背景下，中国则面临被信息倒灌、意识形态渗透和舆论操纵等方面的危险。基于这一严酷现实，中国在影视文化领域一直采取较为严格的管控举措，而这自然就招致美国等西方国家的责难和攻击。在此背景下，中国的国际传播研究需要为解决这一困局提供理论支撑，用理论指导话语体系建

① 张开：《全球传播学》，北京：中国广播电视出版社，2013 年，第 30 页。

② [美] 埃弗里特·E. 丹尼斯、约翰·C. 梅里尔：《媒介争论：数字时代的 20 个争议话题》，王春枝译，北京：中国人民大学出版社，2019 年，第 220 页。

③ 关世杰：《国际传播学》，北京：北京大学出版社，2004 年，第 100—101 页。

④ 胡翼青：《西方传播学术史手册》，北京：北京大学出版社，2015 年，第 65 页。

设，从而为实践提供内生动力。

2.文明互鉴与跨文化传播研究

在全球化时代，文化交流与文明互鉴成为非常显著的主题。中国政府积极倡导“文明互鉴”理念，非常注重中华文化在海外的传播。但是，文明互鉴是需要理论研究作为前提和基础的，并不是靠经验或先觉可以实现的。美国在二战后在政治、经济和文化等领域大规模开展海外交流合作，美国政府非常理性地为此开展了系统的学术研究，并对外派人员进行了理论培训。其中，爱德华·T. 霍尔由此开创了“跨文化交流学”这门学科，并为此学科建立了诸多基本范式。1951年至1955年，爱德华·T. 霍尔作为人类学教授和驻外事务处的培训计划主管供职于美国国务院外派人员培训学院（Foreign Service Institute），以帮助负责处理海外事务的政府工作人员顺利应对文化差异，与著名语言学家特雷格（George L. Trager）和“身势语之父”博德惠斯特尔（Ray L. Birdwhistell）共事。[①]美国政府对于跨文化交流理论研究及其实践的重视，有效推动了美国外交、国际贸易等领域的发展，也强化了美国影视产业等其他领域的跨文化意识和国际化理念。中国政府倡导世界各国之间开展文明互鉴，注重中外文化交流，政府机关和相关机构的跨文化能力需要全面有效提升；加之中国公民出境游势头日盛，公民的跨文化素养亟须大力改善。因此，跨文化传播学的发展在中国有非常显著的现实需求，亟须得到大力推动。与此同时，中国大陆的跨文化传播学在20世纪80年代从美国引进后，基本沿用“西方中心论”传统，多数研究缺乏中国本土化元素，未能在重新审视自身文化传统的过程中进行理论创新，由此推动跨文化传播理论的本土化。因此，在世界文明互鉴的愿景下，以及中国政治、经济、文化等“走出去”的现实需求下，国际传播要强化跨文化传播理论方面的研究，通过理论创新和模式创新有效解决国际

---

① 胡翼青：《西方传播学术史手册》，北京：北京大学出版社，2015 年，第 84 页。

传播中的“文化折扣”问题。

3.技术发展与媒介环境研究。

通常认为，现代国际传播始于19世纪30年代，也就是肇始于电报的发明。此后，电话、广播、电视、卫星通信、互联网、移动通信等技术相继出现，大大推动了国际传播的发展。基于技术视角，欧美学者在传播学研究中开创了媒介环境学派，其中加拿大学者哈罗德·伊尼斯（Harold Innis）是传播学三大流派之一的媒介环境学派的创立者。他的《帝国与传播》《传播的偏向》等著作是媒介环境学派的开山之作。此后，麦克卢汉、尼尔·波兹曼、保罗·莱文森和约书亚·梅罗维茨等学者持续推动这一领域的研究。在国际传播研究中，技术是重要的维度，直接决定了国际传播的渠道，这也是国际传播研究“莫拉纳模式”（Mowlana）的核心要义。莫拉纳曾经分析了所有的国际传播形式，并且提出一个模式，在其中，有两个因素决定着自主或依赖，即“技术轴”（硬件对软件）和“传播轴”（生产对分配）。①另一方面，技术意味着渠道控制，换言之，即对国际传播主导权的控制。例如，20世纪90年代末南斯拉夫战争期间，欧洲通信卫星有限公司（Eutelsat）停止传输塞尔维亚广播电视（RTS）的卫星节目，结果欧洲国家无法收到塞尔维亚广播电视的信号。后来，以色列私营太空通信公司（Space-com）在美国政府的施压下，也在阿莫斯一号卫星（Amos-1 satellite）停止转播塞尔维亚广播电视节目。对此，塞尔维亚表示，“这一决定（停止播放塞尔维亚广播电视节目）最能体现西方政策的虚伪性，嘴上说的是促进媒体的自由，实际上干的是阻止世界信息的自由流动。”②但是，国际传播竞争最终还是关于经济、军事和技术实力的竞争，其

① [英]丹尼斯·麦奎尔：《麦奎尔大众传播理论》，崔保国、李琨译，北京：清华大学出版社，2006年，第188—199页。

② [美]门罗·E.普莱斯：《媒介与主权：全球信息革命及其对国家权力的挑战》，麻争旗等译，北京：中国传媒大学出版社，2008年，第223页。

中技术在具体业务层面又扮演着基础性、关键性角色。当前，中国国际传播研究要关注技术发展，充分解读技术在国际传播中的作用、角色，并从战略层面上充分阐释其重要性。因此，中国国际传播需要从理论上对于国际传播与技术发展进行有效建构，有效引导国际传播在战略规划、发展举措、支持方式等方面充分重视技术的作用。

4.宣传反制与舆论引导研究

国际传播研究缘起于国际政治需要，最直接的本源就是美国二战对敌宣传。哈罗德・D. 拉斯韦尔是美国国际传播学发展早期的重要学者之一，他在二战期间被任命为美国国会图书馆战时传播实验部主任并开始研究二战中的宣传问题。拉斯韦尔将内容分析发展成为一种量化的研究方法，通过建立编码范畴和对关键词频度的统计测量，来分析媒体宣传的文本内容。他奠定了宣传学的研究并对宣传技巧和宣传效果进行了专门的研究。在传播学领域，拉斯韦尔提出了“五W”理论，并奠定了结构功能主义的传播学研究框架。中国长期以来非常注重“对外宣传”，后来正名为“对外传播”。无论宣传还是传播，内容建构策略可以经由实践总结归纳，都是需要理论支撑的。当下，欧美国家的宣传早已变了面貌、改了形式，但其战略、模式和策略依然如故，非常注重通过传播学、社会学、心理学等多学科协同作用来强化国际舆论竞争中的优势。在伊拉克战争、叙利亚危机、“颜色革命”等事件中，美国方面散布了诸多不实消息，实际上仍是二战期间心理战模式的延续。近几年，中国因为国际、国内等多个议题遭遇欧美国家的宣传攻势，最为显著的是例子是在2019年“香港风波”中欧美媒体赤裸裸的政治性宣传行为，而绝非其所标榜的专业主义新闻传播行为。当前，中国的国际传播需要基于中国长期以来在国际舆论竞争中的被动局面，通过传播学、政治学、社会学、心理学等学科协同研究，探索适合中国开展国际宣传反制的理论和范式，同时持续推进国际舆论引导的理论和范式研究。值得一提的是，中国国际传播研究成果可谓汗牛充栋，但多为论述型研究，归纳总结出中国国际传播存在诸如“主动发声不足”等问题，并据此提出“主动发声”等相关建议。整体来说，中国国际传播研究目前仍缺乏高质量的研究成果，在理论建构、范式创建方面还需要强化自主性、独立性和独特性。

三、中国国际传播理论研究的创新路径

国际传播理论是国际传播实践经验的总结与升华，对国际传播实践发挥着有效的指导作用。反过来，国际传播的实践又为国际传播理论研究提供了现实基础，若离开了这些实践，理论研究也很可能就变成了纸上谈兵、闭门造车。在新的形势下，国际传播要根据实践的变化及时调整和创新理论，以更好地指导实践。总体而言，中国国际传播研究在本土原创理论方面建树相对较少，这与中国传播学整体发展情况有关。清华大学李彬教授认为，我国的传播研究肇始于美国的经验主义传统，特别是威尔伯·施拉姆所推崇的“四大先驱”。[①]20世纪80年代以来，中国传播学基本沿用美国二战后创立的那些理论，包括议程设置（agenda setting）、知识鸿沟（knowledge gap）、使用与满足（uses and gratifications）、沉默的螺旋（spiral of silence）、认知共同适应（coorientation）、第三者效果（third-person effect）、涵化（cultivation）、框架和铺垫（framing，priming）、创新扩散（diffusion of innovation），等等。当前，中国的国际传播理论需要充分利用中国国际传播实践大发展的机遇立足本土原创和基础性研究来强化理论建设，一方面按照国际传播宏观、中观和微观三种不同的层级进行理论建构，另一方面通过学科融合的路径在政治、经济、文化、伦理、产业、社会、心理等方面进行创新突破。

① 李彬：《媒介话语：新闻与传播论稿》，北京：新华出版社，2005年，第128—129页。

1.立足国际传播战略，强化国际传播学与国际政治学、外交学融合理论研究

国际传播战略关系到国际传播整体布局、发展重点和推进步骤，需要综合运用国际传播学、国际政治学、外交学等学科的研究成果。从二战开始，西方国家就开始国际传播布局，已经抢得先机、占据主动。学者达雅·屠苏（Daya Thussu）认为，在冷战期间，西德对东德的广播实际是侵犯主权的不合法行为，是不正当的，但先来者认为这是在“推广自由和民主”，是“符合规则的”。从历史的纬度，美国、英国和法国等少数西方国家在一段时间内使其主导的传播秩序以及媒体“合法化”了，任何企图挑战其霸权的新兴媒体都必须自证其存在的“合法”理由。[①]近年来，中国在国际政治、国际关系领域主动作为，提出了“一带一路”“人类命运共同体”等理念，并得到了国际社会广泛关注，其中“构建人类命运共同体”理念在2017年首次被载入联合国安理会决议。国际传播研究不仅需要就传播目标国家和地区、节目内容、平台与渠道、传播方式等提出操作建议，更需要从理论层面上提出统领所有这些布局与策略的理论和范式，并以此凝聚共识、指导实践，从而做到优化资源投放和实现效果最大化，这在当前国际舆论斗争日趋激烈、美国等西方国家抹黑攻击的形势下尤显重要。

2.立足国际传播话语建设，强化国际传播学与修辞学、逻辑学、符号学融合理论研究

中国国际传播话语体系建设是老问题，而非新话题，研究很多，但理论很少，难以给国际传播实践提供有力支撑。日本当年为了扭转在国际传播和国际舆论领域中“侵略者”的被动局面，就借鉴西方话语逻辑把自己塑造成“原子弹受害者”，持续强化这一话语体系建设，并取得了“积极”成效。任何言说

① 钟新、崔灿：《中国媒体全球化的正当性与竞争力——对话国际传播知名学者达雅·屠苏》，《对外传播》2019 年 6 月刊，第 22、23 页。

都体现着特定的权利意向和权力关系，福柯把这些言说统称为“话语”。[①]话语建设需要系统的理论体系支撑，其研究需要跨学科、多领域的联合攻关。当前，中国国际传播在理论建设上综合运用修辞学、符号学等领域的理论和研究成果，剖析西方的话语逻辑和符号思维，按照中国国际传播现实需要和未来发展建构出符合中国语境、适合国际解读的话语理论。习近平总书记指出，要加快构建中国话语和中国叙事体系，用中国理论阐释中国实践，用中国实践升华中国理论，打造融通中外的新概念、新范畴、新表述，更加充分、更加鲜明地展现中国故事及其背后的思想力量和精神力量。

3.立足文化软实力建设，加强国际传播学与跨文化传播学的学科融合

国际传播和跨文化传播是两个不同的学科，两者在研究范围和学术渊源上都存在区别。但随着国际传播更为侧重于人际传播的研究，尤其随着文明交流互鉴成为国际传播的重要使命，需要与跨文化传播进行更为紧密的学科融合。我们看到，不同国家间的文化差异通常会给跨国传播带来“文化折扣”，尤其是价值观、制度、社会习俗、语言等方面的差异通常会影响国际传播的效果。首先，国际传播要注重跨文化传播中价值观念差异的研究。价值观是国际传播的主要目标之一，也是跨文化传播的“核心码本”。根据“编码—解码”理论，人们在接收来自其他文化的信息或媒体内容时，会根据自身的价值观进行解读，由此产生正面或负面的效果。例如，我国曾经一段时间在国际传播中采用过于极端或不当的“典型报道”方式，这种报道的本意是要对外传播中国的价值观，但手法或方式欠妥，甚至会让一部分外国受众感到中国人“恐怖”“不讲人权”，不珍惜生命，不重视个人价值，对青少年不负责任，最起码是不近人情。[②]可以想象，这样的报道方式虽然出发点是为了取得“正面”

① 李彬：《媒介话语：新闻与传播论稿》，北京：新华出版社，2005 年，第 92 页。
② 黄琳：《学习包装术》，《瞭望东方周刊》2004 年第 43 期。

效果，但实际上只能起到“负面”作用。因此，国际传播要深入研究不同文化之间价值观的差异，找出价值观传播的公约数，提升传播中编码解码的准确率。另外，国际传播要注重跨文化传播中思维方式差异的研究。思维方式是文化的核心因素，思维方式的差别是文化差异的本质体现。例如，在西方，“思维”（thinking）与逻辑和理性密切相关。西方文化自古以来注重理性思考和哲学反思，充满哲学思辨色彩的学说层出不穷。[①]有学者认为，综合性思维和对立性思维也是中西思维方式的一个重要差异。例如，中国自古就注重天人和谐、天人合一的思维方式，与此相对应的是，西方文化在逻辑分析思维的不断作用下，逐渐形成了人与自然对立的二元思维方式。这种思维方式在特定的社会条件下，导致了征服自然的大规模活动。[②]西方这种二元思维方式还反映了政治上的“非黑即白”的“敌—友”二元模式，以及对待东西方关系的二元对立态度。有学者认为，东西方二元对立的差异与等级世界秩序，是西方世界观念的基本模式。因此，国际传播要加强对思维方式差异的研究，运用目标对象的思维方式来生产内容、开展传播。其次，国际传播要注重跨文化表达方式差异的研究。表达习惯具有文化的烙印，不同文化惯用的表达方式具有一定的差异性。无论是对外传播还是跨国商业活动等，表达方式都是成功进行跨文化沟通或传播的一个重要方面。很多失败的传播都是源于对于目标文化的表达习惯缺乏了解。例如，派克钢笔公司在拉丁美洲推广产品的时候，最初是用“bola”来表示他们的圆珠笔。在一些地区，bola可以传递所想表达的含义。但是在其中的一个国家，bola指的是一个革命；在另一个国家它表示淫秽；在第三个国家它表示是谎言。一家化妆品公司在阿拉伯国家的广告展示了一位女士使用面霜前后的照片。虽然广告上的文字翻译对了，但是却把“以前”的照

---

① 王前：《中西文化比较概论》，北京：中国人民大学出版社，2005 年，第 1 页。

② 同①，第 3 页。

片放在了左边，将“以后”的照片放在了右边。因为阿拉伯人的阅读习惯是从右到左的，那么这个广告对于阿拉伯人来说，会理解成这个面霜使用后使人的脸变得更糟，而不是更好。[①]由此可见，对不同文化表达习惯的了解是跨文化传播的重要基础，也是国际传播需要开展系统研究的领域，这也是构建融通中外的国际话语体系的基础性工程。

4.立足国际传播产业发展，强化国际传播学与经济学融合理论研究

国际传播始于国际政治的需要，发端于信息传播与舆论较量，在当下则体现于影视文化产品的争夺，尤其在全球网络空间中的激烈竞争。长期以来，中国的国际传播研究侧重于政治传播，近年来也开始重视文化传播，但在国际媒体产业发展方面缺乏深入系统的关注。随着新兴媒体稳步发展，网络视频、社交媒体等都为中国国际传播从市场维度寻求突破提供了可能，而且腾讯、爱奇艺、芒果TV、华策等一大批民营文化企业或传媒公司已经在国际上进行了有效探索，并在东南亚等网络视听市场中赢得了一席之地。下一步，中国国际传播研究要从理论建设和学术创新的高度对国际传播产业发展给予足够重视，结合经济学等相关学科研究国际传播的产业链、价值链，为中国媒体产品走出去提供理论支撑和引导。另外，国际传播研究要立足国际传播渠道平台建设，加强国际传播学与媒介技术融合理论研究，包括系统分析国际化、数字化、融合化及其在改变全球媒体格局和发展生态的作用，为中国国际传播的渠道布局和平台建设提供前瞻性参考。

5.立足国际传播效果评估，加强国际传播学与社会学、心理学融合理论研究

效果研究和受众研究是传播学理论的“金矿”，美国传播学历史上的很多重要理论都是得益于这一领域的研究，包括“意见领袖”“二级传播”“议程

---

① ［美］史密斯、［加］彭迈克、［土耳其］库查巴莎：《跨文化社会心理学》，严文华、权大勇译，北京：人民邮电出版社，2009 年，第 259 页。

设置”“把关人”等理论。目前，国际传播效果评估和受众研究得到了广泛关注，中央媒体也投入大量人力物力开展相关调查。但是，目前效果评估和受众研究主要的方式是问卷调查，定量研究占据着主导地位。戴维·莫利（David Morley）认为，访谈和民族志调查有利于突破经验学派传统的以统计方法为基础的量化调查模式，可以有效弥补符号学和结构主义方法对文本主导意义的高估及对受众解读的忽视。赫伯特·布鲁默（Herbert Blumer）认为，统计方法很可能忽略这些处在不断变化中的事实而得出错误的推论。鉴于此，中国的国际传播研究需要充分运用社会学、心理学等学科的理论和研究成果，在研究方法上要积极创新，创新构建适合于中国国际传播特点的效果评估体系。

第二节　新形势下国际传播实践创新

国际传播实践的目标是提升中国媒体的传播效果，由此有效完成讲好中国故事、传播中国声音的使命，构建起与中国国际地位相匹配的国际话语权。根据中国外文局当代中国与世界研究院近年来的国际问卷调查结果显示，中国媒体在外国受访者中的品牌影响力仍不显著，例如2014年第三次“中国国家形象全球调查”结果显示，受访者首选“当地的传统媒体”来获取有关中国的信息，占比为57%；“中国在当地推出的传统媒体”位居第三，占比为35%。2017年第五次“中国国家形象全球调查”结果显示，“当地的传统媒体”仍居第一，受访者比例为61%；“中国在当地推出的传统媒体”退居第五位，受访者比例为18%。[①]

---

① 于运全等:《全球民意调查中的中国形象》，北京：外文出版社，2019年，第111、129页。

一、国际传播的创新发展与定位回归

国际传播的创新发展首先要明白“从哪里来”，才能解决“往哪里去”的问题。“从哪里来”就是定位回归的问题，“往哪里去”则是创新发展的问题。国际传播的定位包含两方面的含义，一是机构定位，二是功能定位。无论是机构还是功能，中国电视国际传播都要回归到传播的“初心”上，充分尊重媒体发展规律、信息传播规律和市场经济规律。

1.机构定位

在传播机构的定位方面，从事国际传播业务的媒体机构要强化国际传播规律意识和专业导向。美国媒体在国际传播领域的优势之一就是专业性强，这也是国家媒体产业综合实力向外投射的结果。美国探索传播集团旗下的探索频道（Discovery Channel）是拉丁美洲地区收视率最高的纪实类电视频道，在哥伦比亚、墨西哥、阿根廷和巴西等国的纪实类电视频道中居于垄断地位。中国电视国际传播长期以来都处在国家事业机制之下和宣传体系之中，缺乏在国际媒体市场竞争中的充分淬炼。目前，中国主要媒体都积极开拓海外市场，并运用国际社交媒体平台来强化与受众互动、与市场对接，走出了非常重要的一步。下一步，媒体机构需要充分发挥市场主体的作用，在满足海外受众需求、尊重国际媒体经济运行模式和产业发展规律方面进一步校准定位、实现突破。

2.功能定位

所谓功能，简言之就是媒体提供什么样的内容产品。许多学者认为，中国国际传播存在内容“脱节”问题，“要让海外观众看懂我们的节目，对我们的节目感兴趣就要适应他们认识问题的习惯，抛弃一些我们一直在对内宣传中沿用但不适合海外观众的思维逻辑方式，与国际接轨。”[①]根据中央电视台

---

① 杨伟芬主编：《渗透与互动 广播电视与国际关系》，北京：北京广播学院出版社，2000年，第62页。

2018年在21个国家对85972位受访者开展的受众抽样调查报告，就电视端受众希望通过国际媒体收看的内容而言，希望了解全球新闻时事的受访者比例为51.5%，获取全球的经济资讯的受访者比例为44.9%，了解世界各地的地理与文化的受访者比例为43.3%，了解有关中国内容的受访者比例为40.9%，获知国际科技科学领域的成就及知识内容的受访者比例为33.9%。[1]从上述受访者的内容需求可以看出，中国媒体在国际传播的内容产品定位方面存在着两难选择，因为传播中国的使命与受众的内容需求之间并不总能契合。反观英国广播公司国际电视频道和广播的内容定位，可以清晰地看出绝不是“英国至上”，甚至一整天的节目中都与英国毫不相干。此外，我国媒体内容产品的体系也亟须完善，回归传播规律、市场规律。目前，大多数媒体机构都仅仅关注新闻等“硬内容”，缺乏影视、儿童、纪录、音乐、体育等“软内容”。相比之下，英国广播公司在国际上播出的频道既有世界新闻频道，也有幼儿频道、少儿频道、地球频道、第一频道、英国频道等，涵盖了新闻、少儿、纪录片、电视剧、综艺娱乐这五大类型。在中国的国际传播语境下，新闻传播固然居于中心地位，且要通过新闻来提升国际话语权，但也要重视其他内容，着力完善内容体系。目前，中央广播电视总台已经意识到这方面的问题，开始在内容产品方面进一步回归应有的定位，提出要针对内容供给侧结构性矛盾，增强在对象国传播的针对性、实效性，打造国际传播拳头产品和现象级节目，精心组织纪录片、影视剧、文化类节目的拍摄制作和海外推广、播出。

3.传播定位

中国对外传播是在“内宣”的基础上发展起来的，传播定位具有较为浓厚的“内宣”色彩，正如一些专家所指出的，一直奉行“以我为主、以事实为

---

① 中央电视台海外传播中心：《CGTN 开播两周年全球传播效果和受众需求调研报告》，2019 年 2 月，第 96 页。

主、以正面宣传为主”的原则，满足于灌溉式宣传，其效果自然大打折扣，甚至引发“逆反心理”。[①]对此，2019年8月，傅莹在第六届全国对外传播理论研讨会的主旨演讲中表示，“对外传播不是自我表扬”。英国学者达雅·屠苏则认为，中国媒体在叙事方面一直采用正面新闻（positive journalism）和建设性新闻（constructive journalism）的策略，可能会被当成另一种偏见，从而影响中国媒体的“公信力”。[②]党的十八大以来，“人类命运共同体”等理念的提出为媒体的国际话语权争夺提供了坚实基础和发力空间，媒体要充分运用好这些新概念新范畴新表述，在阐释和解读好这些政治概念的同时，更要运用这些概念来进行舆论斗争和话语争夺。所有的传播最终都要回归到价值层面上，价值即力量、价值即生命，价值即核心影响力与竞争力。[③]人类命运共同体理念在国际政治和外交领域具有划时代的历史价值，对于对外传播领域也有着重要的指导作用。媒体对外传播定位的根本遵循就是“人类命运共同体”理念，以此来统领全局，并据此占领道德高地和舆论制高点。中国媒体在新闻、纪录片、影视剧等方面深入贯彻人类命运共同体理念，充分发掘具有共享性的中国价值观，将其注入到内容生产、分发、传播中，同时要避免传统外宣思维的内在逻辑和外在惯性。概言之，中国媒体在对外传播中要优化自身的定位，以人类命运共同体的站位，创造性地发展出新的话语体系和话语表达，提升对外传播话语的创新性和主动性。概言之，中国媒体在对外传播中需要调整站位，按照“人类命运共同体”理念从更高的视角、以更高的站位来传播中国、报道世界。

---

① 张昆：《国家形象传播》，上海：复旦大学出版社，2006年，第78页。

② 钟新、崔灿：《中国媒体全球化的正当性与竞争力——对话国际传播知名学者达雅·屠苏》，《对外传播》2019年第6期，第24页。

③ 吴祚来：《对外传播与文化焦虑》，《对外传播》2009年第9期，第15页。

二、国际传播业务创新发展的重点领域

1.深化供给侧结构性改革

供给侧结构性改革的前提是提升内容生产能力、优化内容生产模式、改进内容生产质量。内容生产是国际主流媒体的核心要素之一，涉及国际化的内容产品生产体系、多样化的内容生产能力、先进的内容制作技术、稳定的内容生产团队。欧美国家媒体之所以能“称霸”全球，与其内容生产能力不无关系。美国迪士尼公司的内容生产部门主要包括在三个业务集群：影业集群、综艺集群和体育集群。其中，影业集群主要面向影院和网络平台制作电影、电视剧等，包括皮克斯（Pixar Animation Studios）、漫威（Marvel Studios）、卢卡斯、20世纪福克斯（20th Century Studios）、迪士尼动画（Walt Disney Animation Studios）、探照灯影业（Searchlight Pictures）等众多知名制片厂和影业公司。[①]这些制片厂和影业公司都实力超群，具有全球影响。在新兴媒体时代，全球范围内的内容生产和分发更为便捷，在一定程度上大大强化了欧美国家媒体的竞争优势。目前，美国主要网络视频平台在原创内容、独家内容等方面加大了力度，以提升市场竞争力。美国奈飞公司宣布，2021年每周推出一部新片。有调查显示，美国原创内容、独家内容对于受众选择网络视频服务具有较为显著的影响。88%的受访者表示，选择订阅奈飞公司的原因是该公司每周推出一部新片；其中59%的受访者表示这是主要原因。[②]另外，国际主流媒体通常较为注重产品多元化，内容产品不仅限于新闻，还有市场需求较大的电视剧、电影、纪录片、动画片等多种类型。以美国受众观看电视节目的时间分配比例为例，45%用在观看

---

① https://www.rapidtvnews.com/2020101359203/tremendous-disney-sees-house-of-mouse-pivot-to-streaming.html#ixzz6apAIL99S.

② https://www.rapidtvnews.com/2021022559991/viewers-say-no-other-tv-service-comes-close-to-netflix-in-original-films-shows.html#ixzz6nXGHeDLG.

电视剧等剧本类节目，16%用在体育节目，15%用在新闻节目，15%用在真人秀等无剧本类节目，8%用在其他类型节目上。[①]因此，多样化内容生产能力是国际主流媒体的重要特征，也是其参与国际市场竞争的必然要求。

长期以来，我国的国际传播以“外宣”为导向，仅关注国际传播的政治属性和文化属性，没有考虑其经济属性，在传播实践中没有从国际媒体市场角度进行顶层设计和布局，供给侧结构不尽合理。中国媒体在国际传播中以新闻舆论为主要内容，虽然近年来加大了电视剧、纪录片、电影、动画片等类型，但整体内容供给结构仍较为单一。中国国际传播往往侧重于新闻传播，对外传播在概念上等同于“新闻外宣”，这种惯性思维确实导致内容结构与需求不对应的问题。在新形势下，中国对外传播需要构建新思维，在提升新闻等“硬内容”效果的同时，大力强化影视等“软内容”的规模，通过丰富内容结构，在海外构建立体、多元和丰富的中国形象。

国际传播内容结构只有贴近受众需求，才有助于实现传播目标。新闻舆论斗争是显形战场，而影视文化斗争则是隐蔽战场，其中影视娱乐产品对于价值观传播具有显著作用。实际上，美国一直有使用娱乐工业为政府宣传服务的历史，从二战到现在一直如此。在和平时期，美国等西方国家同样重视影视娱乐产品的价值影响作用。受此影响，韩国、日本等亚洲国家也非常重视影视娱乐产品在对外传播中的作用。这两个国家在国际传播中没有设立国际新闻频道，但却不遗余力地在国际传播中通过电视剧、电影、纪录片等传播本国文化和价值观。以韩国放送公社旗下的世界电视频道为例，该频道是韩国最主要的国际传播频道之一，其定位就是“娱乐”，娱乐节目在频道内容构成中所占比例高达48%，电视剧的占比也达到了45%，新闻仅占4%，其他节目占3%。这也契合世界电视频道海外受众的需求：韩国放送公社在119个国家和地区的观众调查

① www.digitaltveurope.com/2018/01/15/tv-is-king-when-us-consumers-choose-screen-time.

（受访者总数为1.21万）结果显示，海外观众最期待的节目类型是综艺和韩剧，两者比例分别为31.6% 和27.6%。[①]在内容供给侧结构方面，只需与国际同类媒体进行比较，就能看出差异以及背后的传播目标和战略意图来。英国广播公司对外播出的频道涵盖了新闻类频道、纪录类频道、影视类频道、幼儿类频道、少儿类频道、综艺娱乐等类型。相比之下，在中国的电视对外传播中，新闻类频道固然居于核心旗舰地位，但其他类型的频道较为缺乏。虽然影视产品具有很强的娱乐性，远不如新闻内容严肃，但其对于价值观的传播和文化软实力的透射具有极为重要的作用。鉴于此，中国媒体的国际传播能力建设不能仅仅局限于新闻竞争力和国际话语控制能力，还应强化内容产品的生产能力和海外市场竞争力，尤其是影视产品的国际竞争力。中国媒体在对外传播中要强化主动型思维，主动谋划、有效作为，针对目标国家市场需要和受众需求深入推进内容供给侧结构性改革。为此，我国需要同步推进国内媒体产业的改革，强化内容生产的外向型发展和外销型导向。在此基础上，对外传播着力推进供给侧结构性改革，回归传播规律、回应市场需求，运用新思维大力提升对外传播内容的多元性和丰富性，在内容层面全面构建主动型对外传播新思维。

2.传播模式从本土化到球土化转变

在全球化时代，国际主流媒体通常具有较强的全球布局能力，能依托资本、资源、创意、内容产品、人才等方面实力进行全球战略布局和业务发展。美国迪士尼公司首席执行官罗伯特·艾格在《一生的旅程：迪士尼CEO自述批量打造超级IP的经营哲学》中强调，迪士尼必须成为一家真正意义上的全球企业。[②]在全球化时代，国际主流媒体需要全球市场来拓展发展空间，也需要国

---

① KBS，*KBS WORLD PROFILE 2019*，pp.26-27.

② ［美］罗伯特·艾格、乔尔·洛弗尔：《一生的旅程：迪士尼 CEO 自述批量打造超级 IP 的经营哲学》，靳婷婷译，上海：文汇出版社，2020 年，第 158、159 页。

际市场来激发内生动力，不断自我变革和创新。根据欧文公司预测，全球网络视频广告营业收入总额在2024年将有望增至1200亿美元，此前在2020年为700亿美元。传统电视媒体集团的网络视频广告收入在2020年为80亿美元，到2024年预计增至190亿美元。①未来，谁能在全球化竞争中抢占优势，谁就能在新一轮国际传媒竞争中成为王者。中国的国际主流媒体也需要放眼世界，积极参与国际传媒市场竞争，拓展发展空间。而且，要积极利用新一轮技术变革，来实现产业升级和产能扩张。随着5G业务的普及，增强现实、虚拟现实、云游戏、电子体育等业务都是新的业务增长点。美国联邦通信委员会主席阿吉特·帕伊（Ajit Pai）2020年表示，游戏是娱乐业中5G的最大受益者。随着5G以及虚拟现实等相关技术的普及，手机游戏业将会迎来更大的发展空间。2019年，全球手机游戏业的产值高达1200亿美元，是电影业产值的3倍。②未来几年，国际主流媒体在业务的全球化、多元化、多样化方面拥有更多机遇，需要不断优化发展布局。

长期以来，国际传播积极采取"一国一策"的本土化模式，以提高传播的针对性和贴近性。在新的形势下，媒体机构要在全球化背景下采取资本运作等方式构建全球性的市场和资源配置体系，进而通过全球资源的有效配置来提高运营效率和资源使用效率；与此同时，要深度开发本土市场，在内容、运营、管理、人才等方面都实现本土化。美国大型国际媒体集团都基本采用"球土化"模式，利用自身的节目资源、资金、人才和管理等方面的优势，构建内容资源的全球分发系统，同时以本土运营方式满足目标国的市场需求。以美国探索传媒集团在西亚地区的运营为例，它与迪拜知名媒体管理与策划机构BHS媒体集团合作，针对西亚地区波斯语观众开办了一个免费波斯语频道"家居与健

① https://www.rapidtvnews.com/2021021859948/facebook-youtube-account-for-nearly-half-of-online-video-ad-revs-in-2020.html#ixzz6msLtQO3N.

② https://www.multichannel.com/news/pai-5g-will-be-game-changer-for-gaming.

康波斯语频道”（Home & Health Farsi）。该频道主要播出探索发现集团的精选节目，也有一些本土制作的节目，如中东地区知名大厨主持的烹饪节目《盐与胡椒》（*Salt & Pepper*）等。概言之，当前媒体国际传播要统筹全球和本土两个市场，不再局限于本土单一市场的区隔化模式，要在全球与本土两个层面上实现资本、资源、市场等方面高度整合，提升管理效率和运营效果。

3.传播定位从大众传播到分众传播转变

国际传播的终极目标是观众，把媒体内容有效覆盖和触达目标观众，并对其产生正面影响。在以互联网为基础的新兴媒介环境中，受众使用媒体的方式越来越个性化。社交网络和移动互联网的发展为个性化信息聚合提供了更广泛和更便捷的平台，使深入分析用户标签之间的联系、跟踪用户标签的使用习惯和频率成为可能，并能够以此为用户推荐个性化内容。[①]因此，国际传播要实现从大众传播向小众传播转变。以电视国际传播为例，互联网与电视的融合为分众化传播提供了条件。目前，各种小众频道已能聚焦特定受众人群，而且运营成本也较低。因此，电视国际传播不仅需要继续运用传统的“电视频道”模式，还要有针对视频点播业务的“电视栏目”，以及面向视频分享网站的“视频”等；在运营上，从“统销”到“直销”的转变，即针对特定观众在互联网平台上播出小众化内容，以强化服务的定制化和个性化。国际传播要增强媒体的“分众”特征，逐渐成为主流有效运用社交媒体等平台，充分尊重、发挥和顺应受众的主动性。

4.传播路径从粗放型到精准型转变

国际主流媒体通常具有技术先进、立体多远的渠道体系，为其内容产品实现全球分发提供有力支撑，具体包括四个方面：成熟的国际市场营销体系、融合的国际分发渠道体系、稳定的国际商务合作关系和完善的国际版权保护体系。在传

---

① ［美］罗伯特·艾格、乔尔·洛弗尔：《一生的旅程：迪士尼CEO自述批量打造超级IP的经营哲学》，靳婷婷译，上海：文汇出版社，2020年，第31页。

统媒体时代，欧美国际知名媒体在世界主要国家都设有办事处或代表处，以此构建全球内容销售分发网络。在新兴媒体时代，欧美国家知名媒体在原有渠道分发模式的基础上，着力通过网络电视平台构建自有渠道分发体系，实现内容“自产自销”。英国广播公司近年来着力在海外构建自有内容分发渠道，推出了“英国盒子”和“英国广播公司精选”两大产品，其中“英国盒子”聚焦娱乐性内容，“英国广播公司精选”主要播出纪录片和纪实性特别节目。[①] 渠道分发能力与技术开发应用能力密切相关。在新兴媒体时代，国际一流媒体的全球内容分发系统需要通过技术研发提升分发效率和使用效果，也需要通过技术手段强化版权保护。美国迪士尼公司首席执行官罗伯特・艾格认为，内容板块与科技板块之间有着清晰的划分和紧密的衔接：内容创造者专心于创意，科技人员则要专心研究如何发行内容，在大多数情况下，还要专注于如何通过最有效的途径创造收入。[②]

关于国际主流媒体在海外的传播渠道，一种声音是主张“化妆出海”“借船出海”，另一种观点则认为这会减损传播效果，并指出，“没有一个自主可控的平台，就没有用户，就没有真正的渠道和阵地。”[③]国际传播要抓住新兴媒体发展和通信技术变革的历史机遇，强化渠道建设，有效提升内容分发能力。这不仅仅是一个路径升级的问题，也是一个国际传播发展战略的问题。互联网和移动智能终端的发展大大丰富了媒体内容分发的渠道，媒体传播摆脱了单一渠道、定向分发的限制，由此可以实现从粗放型传播向精准性传播的转变。以电视领域为例，智能手机、平板电脑、台式电脑、笔记本电脑等都具备播出电视或视频节目的功能，电视机一统天下的局面正在改变。根据实力传播集团（Zenith Optimedia）2016年发布的研究预测，消费者每天在移动终端上观

① https://www.broadbandtvnews.com/2021/02/19/bbc-launches-north-america-streaming-service/.

② [美]罗伯特·艾格、乔尔·洛弗尔：《一生的旅程：迪士尼CEO自述批量打造超级IP的经营哲学》，靳婷婷译，上海：文汇出版社，2020年，第311页。

③ 黄鹂：《全媒体创新案例精解》，上海：复旦大学出版社，2020年，第50页。

看网络视频的平均时间长度在2018年将增长27%，达到33.4分钟。消费者在固定终端上观看视频的平均时间长度在2018年预计增长3%，达到18.7分钟。①可以看出，一种全新的媒介生态和媒体格局正在形成，国际传播的路径构建也要全面升级，从粗放到精准转变，也就是围绕受众这个“中心点”设计传播路径、布局传播渠道，提升内容分发效率和传播效果。

5.注重市场经营，提升综合竞争实力

国际主流媒体通常有强大的综合竞争实力作为支撑。当前，欧美媒体在国际上的影响力大，即是因为其市场大、受众多，体现为营业收入规模。美国奈飞公司2020年营业收入总额为249.96亿美元，2021年初的全球付费订户规模为2.0366亿。②美国电话电报公司旗下网络视频业务“极致家庭影院”在2020年的营业收入为68亿美元，计划到2025年增至150亿美元。2021年底，该业务的海外市场规模计划达到60个，全球订户规模预计为7000万。到2025年，该业务在全球的订户规模预计达到1.5亿。③美国康卡斯特公司2020年营业收入总额为271亿美元。④纵观当前国际上的知名主流媒体，其经营创收能力都可圈可点，这本是商业性媒体机构的生存之道；但在国际传媒竞争中，这恰恰是影响力的基础之一。

综合竞争实力的另一个要素是资本实力和海外投资能力。近年来，欧美传媒领域频繁上演收购并购。2019年，维亚康姆哥伦比亚广播公司投入3.75亿美元，购买

---

① www.rapidtvnews.com/2016071943666/moblile-to-become-main-engine-for-online-video-consumption-by-end-of-2016.

② https://www.rapidtvnews.com/2021012059752/netflix-beats-expectation-and-smashes-200mn-subs-mark-in-2020.html.

③ Richard Middleton，HBO Max to launch in 60 countries by end of 2021 and introduce AVOD service，ups subscriber goal，digitaltveurope website，March 15，2021，https://www.digitaltveurope.com/2021/03/15/hbo-max-to-launch-in-60-countries-by-end-of-2021-and-introduce-avod-service-ups-subscriber-goal/.

④ https://www.digitaltveurope.com/2021/01/29/33-million-flock-to-peacock/.

至幻公司（Miramax）49%的股份。至幻公司制作了很多经典电影，包括《芝加哥》《恋爱中的莎士比亚》《英国病人》等。维亚康姆哥伦比亚广播公司旗下拥有派拉蒙公司，但它认为派拉蒙公司和至幻公司之间存在一定的互补性。目前，派拉蒙公司已经与至幻公司就片库资源的分销签署了独家、长期合作协议，另外派拉蒙公司将至幻公司电影IP改编为电视剧方面享有优先权力。[①]对于国际主流媒体来说，海外投资有助于优化业务结构、资源配置，提升市场竞争力和盈利能力。

三、国际传播管理创新发展的重点领域

国际传播管理是国际传播实践探索的重要保障，因此管理创新也具有至关重要的作用。但长期以来，国际传播承袭于内宣体制，管理模式难以有效适应国际媒介环境和市场特征。当前，国际传播能力建设需要从宏观、中观和微观三个层面开展工作，对顶层设计、行业发展和媒体管理等分别施策。在具体举措上，我国国际传播参照欧美国家媒体的成功经验，围绕目标设定、资金管理、媒体运营管理等关键领域，调整思路、完善机制、优化模式、改进路径。

1.国际传播效果管理

在媒体国际传播实际工作中，传播效果可以简单分为宣传型效果和经营型效果，并分别采用受众规模和影业收入这两个指标分别进行衡量。所谓宣传型效果，是媒体在国际上完成“宣传”任务的效果，参照广告投放评估方式可以触达的目标受众规模为核心指标，如果有收视率、收听率等则更好；所谓经营型效果，是指媒体在国际上开展媒体业务的经营情况，以营业收入相关指标（如营业收入总额、EBITDA等）来衡量。中国媒体在国际传播业务方面的效果指标多采用“宣传型”维度，俄罗斯的今日俄罗斯电视台、日本放送协会、韩国放送公社、法国法兰西24台（France24）等的国际传播业务多追求宣传型

① https://www.multichannel.com/news/viacomcbs-buys-49-stake-in-miramax-studio.

效果。相比之下，英国广播公司在国际上除了承担政府赋予的“宣传”任务，也要完成自身的经营任务，因此同时追求宣传型效果和经营型效果。在宣传任务方面，英国政府外交与英联邦办公室采用“付费购买服务”的方式，在2018年从2020年期间，每年向英国广播公司支付8600万英镑，以委托其完成塑造英国形象、传播英国文化的任务。英国广播公司得到这笔资金后，立即在2017/2018年度新增加了塞尔维亚语、旁遮普语等12种对外播出语言。在年度报告中，英国广播公司会对完成“宣传任务”的情况进行说明，主要指标则是触达的受众规模。在收益型效果指标方面，英国广播公司每年都会公布国际业务的营业收入情况，包括频道播出、节目销售等方面。

当前，我国媒体国际传播多为宣传型任务，传播效果指标自然也就围绕宣传任务来构建。从长远看，中国媒体国际传播要立足长期效果，借助经营型效果的提升来着力提升深层效果。与此同时，效果管理要积极创新模式和路径，可以将效果管理进行前置，在项目启动之初先进行评估，确保后续操作的可预见性和后期效果的可预见性。在这方面，原中央电视台海外传播中心从2016年开始探索构建“海外落地项目分级分类管理模型”，经过不断完善、改进和升级，在2018年开始正式运用到电视国际传播业务中，此后在2020年将其延展到广播国际传播业务的管理中。所谓海外落地项目，也就是国际传播中的渠道建设业务。这一模型创新了国际传播管理决策模式，有效解决了海外落地工作长期以来“粗放有余、精细不足”的问题。该模型从宏观、中观和微观三个层面进行建构，充分考虑国际传播中的政治、经济、产业、文化、人口等因素，并通过四大维度40个指标的加权运算，将传播对象国的政治、经济、人口等因素纳入指标体系，同时充分考虑传播平台的经营状况、技术水平、发展前景等，由此推导出可供决策的项目等级。该模型有三个显著特征：一是充分考虑国际传播的针对性和“一国一策”要求，模型中引入了国内生产总值排名、人口排名等指标；二是充分考虑了通信和传媒技术发展特征，模型中引入了多网融合、4K/8K超高清等概念；三是充分体现了传媒研究的市场特征和产业要求，模型中引入了“EBITDA”（英文缩写，全称为Earnings Before Interest，Taxes，Depreciation and Amortization，即税息折旧及摊销前利润）等传媒产业概念。这一模型成为国际传播决策管理的重要工具，科学地规范了海外渠道建设业务的管理流程，为确保国际传播取得实际效果提供了一定保障。

国际传播效果管理是国际传播实践业务的核心之一，但效果管理涉及的因素较多，尤其许多效果评估涉及指标的提取需要在海外进行，操作难度较大、成本也较高。传播效果可以从不同维度和层次进行定义，这也就意味着，效果管理需要统一指导思想、明确关键模型、细化操作路径。例如，效果按照时间维度可以分为短期效果和长期效果，也可以根据层次深浅分为表层效果和深层效果。所谓表层效果，就是媒体的整体实力和国际竞争力显著增强，在国际媒体领域具有一流的品牌影响力和市场号召力。所谓深层效果，就是媒体在国际上有效地传播中国当地声音、讲好新时代中国故事。从效果的作用层面来划分，传播效果又可以分为认识效果、感情效果、行为效果三个递进层级。不管效果定义以及维度划分采用何种方式，传播效果的测定较为复杂。西方学者认为，效果具有累积性、内隐性、恒常性、层次性和两面性等特征，传播效果的核心部分深藏于信息接受者的内心深处，只能依据大量的日常经验或运用科学的测评方法，从当事人的言行以及其他表现中作间接的推测和估量。[①]正因为如此，传播效果在理论与实践之间总会存在距离，即使评估体系构建得全面而系统，但最终在实际操作中总会存在不准确、不全面、不精确之处。在新形势下，国际传播要不断强化效果管理，优化效果管理的理念、理论、模型、指标、路径、方式、方法等，逐渐构建出一套适合中国国际传播实际的效果管理模式。

---

① 赵玉宏：《影视产品跨文化传播与我国文化软实力建设》，北京：经济日报出版社，2015年，第40、41页。

2.国际传播资金管理

当前，国际传播能力建设中的重点是资金管理，通过资金管理来强化项目管理。资金管理涉及多个方面，例如资金投入的来源多元化问题、性价比问题和可持续性问题。目前，宣传型国际传播业务基本上都是政府投入。以美国为例，美国根据《1994年国际广播法》成立了广播理事会（Broadcasting Board of Governors），负责掌管美国联邦政府或政府资助的所有非军事国际传播事务，包括常设项目和非常设项目。常设项目包括美国之音、萨瓦电台（Sawa）、法达电台（Farda）、自由欧洲电台（RFE）、自由亚洲电台（RFA）等，非常设项目则是根据国际形势临时设立的项目，例如美国2014年投资600万美元在尼日利亚资助创办了一个24小时卫星电视频道，主要是为了压制尼日利亚军事组织的电视传播。日本放送协会的外宣业务经费来自"收视费"，相当于国家投资，并在年度预算总额中确定一个基本固定的比例，基本维持在3%—5%之间。2016—2017财年中，日本广播协议用于国际传播节目制作与传输覆盖的经费总额为312亿日元，约占全年预算支出总额的4.5%。无论以何种方式投入，要确保资金投入的稳定性和科学性，根据项目属性划分短期、中期和长期投资项目，从而确保项目突进的可持续性和规划实施的有序性。否则，一些长期性项目的资金得不到保证，或者今年有明年没、今年多明年少，不利于工作的开展。

在优化资金投入管理模式的同时，国际传播要优化资金来源，探索更为灵活有效和适应国际媒体市场特征的模式。多元化的资金来源有助于激活媒体内生动力，提升主观能动性，避免"媒体依靠政府资金过日子，不思进取，导致发展动力不足"，"缺乏市场压力，而不注重受众和用户需求"。[①]专家建议，"借助资金杠杆效应，吸引更多的社会资本进入对外传播领域。建立政府与社会主体间的'利益共享、风险共担、全程合作'的共同体关系，提高海外媒体

---

① 唐润华等:《中国媒体国际传播能力建设战略》，北京：新华出版社，2015年，第237页。

运作的效率和水平。"[①]或者整合国家资源和民间资源设立文化基金，探索一个"两条腿"走路模式，"代替目前单纯的拨款方式"。[②]在媒体层面上，也可以探索建立资金背景多元的国际传播集团，国家通过基金注资成为股东，并据此依法依规进行监管。这既可以提升媒体国际公信力，也更有利于媒体在国际市场上的发展。例如，英国广播公司在美国成立了"英国广播公司美国频道"，美国经典电影频道公司（AMC）在其中持有49.9%的股份。资金来源多元化和投资背景本土化有助于融入当地市场，应对政策法规等方面的挑战。

除了宏观的资金管理，具体业务的资金管理也非常重要，直接关系到国际传播工作的效能。长期以来，中国国际传播的资金管理已经形成了固有的规范和程序。在新的形势下，模式也有创新的余地，流程也有升级的潜能。在这方面，原中央电视台海外传播中心做了积极尝试，针对海外渠道建设项目（"落地项目"）在2017年构建了成本计算模型。该模型全称为"海外落地户均成本计算模型"，按照全球、区域和国家三个层级，针对不同频道传播对象国差异，建立年度户均动态价格核定机制，为落地项目价格提供参考标准。从传媒专业管理角度来说，"户均成本"指标与欧美国家付费电视业和电信业普遍采用"ARPU"（英文缩写，全称为Average Revenue Per User，即单位用户平均收入）作为核心经营指标相契合。成本计算模型为国际传播的经费管理和决策提供了科学依据与有效保障。

3.国际传播运营管理创新

国际传播能力建设与媒体机构的运营管理直接相关，运营管理包括三个方面：传播理念、运行机制和内容制作。在传播理念方面，媒体机构要强化国际传播规律意识和专业导向。有学者指出，我国国际传播存在的一个主要问题

---

① 胡邦胜：《我国对外传播需实现四大战略转型》，《学习时报》2017年4月17日第2版。

② 郭可：《我国对外传播媒体本土化战略思考》，《对外传播》2014年第10期，第17页。

是“将对内宣传的模式和方法应用在对外传播上”，“虽然换了一种语言，可是熟悉的讲话方式和生硬的外文翻译（常常引人误解）却仍然存在。”[①]除了新闻之外，美国媒体在影视、音乐、儿童、纪录等多个专业频道领域也具有很强的竞争力。2018年，特纳非洲公司旗下的特纳电视网非洲频道连续51周位居南非付费电视频道收视排名榜首，卡通电视网是4—14岁观众群体中收视率最高的少儿频道。[②]可见，机构在国际传播中要充分尊重传播规律，坚持专业导向，才能刻受众，进而实现传播目标。

在运行机制方面，媒体机构需要针对国际媒体市场和不同国家传媒体制特点进行创新性探索，其中重点方向是公司化运营。一些国内学者认为，中国媒体的国际传播思想观念与传播全球化发展的新形势存在着严重的不适应，例如市场观念和营销意识比较单薄等。[③]美国国际传播能力之所以强大，重要原因之一是市场化运行机制。以影视领域为例，美国视听产业早在1998年就已经超过航空航天业，成为美国第一大出口创汇业。[④]有学者也认为，国际一流媒体应该具有强大的运营能力，具体表现在具有很高的经营水平、创收能力以及产出效益。[⑤]业界专家也提出，中国对外传播需要实现四大战略转型，包括“从财政投入向公司化运作转型”；公司化是媒体全球化发展的重要方式和途径，具有规避风险等诸多优点，也能淡化官方媒体色彩。[⑥]英国广播公司的国际传播业务都以公司化方式开展，主要由英国广播公司影业公司和英国广播公司全球新闻公司两家公司负责国际传播业务。其中，英国广播公司全球新闻公司负

---

① 周明伟主编：《国家形象传播研究论丛》，北京：外文出版社，2008年，第447页。

② www.rapidtvnews.com/2019011654785/ott-landscape-set-to-evolve-in-2019.

③ 唐润华等：《中国媒体国际传播能力建设战略》，北京：新华出版社，2015年，第25页。

④ 国家广播电影电视总局发展改革研究中心：《发达国家广播影视管理体制和管理手段研究》（内部资料），2006年，第187页。

⑤ 刘笑盈：《提高国际传播能力　打造国际一流媒体》，《对外大传播》2004年第2期。

⑥ 胡邦胜：《我国对外传播需实现四大战略转型》，《学习时报》2017年4月17日第2版。

责新闻类电视、广播、网站和社交媒体平台等业务，包括运营英国国际传播的旗舰频道——英国广播公司世界新闻频道。可见，公司化是国际传播的重要发展方向，也是欧美国家行之有效的运行模式。

在内容制作方面，媒体机构要增强内容的针对性、贴近性，有效满足受众的需求。许多学者认为，中国国际传播存在内容“脱节”问题。此外，我国媒体内容体系不完善也是较为突出的问题，大多数媒体机构都仅仅关注新闻等“硬内容”，缺乏影视、儿童、纪录、音乐、体育等“软内容”。相比之下，英国广播公司在国际上播出的频道既有世界新闻频道，也有幼儿频道、少儿频道、地球频道、第一频道、英国频道等，涵盖了新闻、少儿、纪录片、电视剧、综艺娱乐这五大类型。在中国的国际传播语境下，新闻传播固然居于中心地位，且要通过新闻来提升国际话语权，但也要重视其他内容，着力完善内容体系。

国际传播承担着“联接中外、沟通世界”的重要使命，在新时代背景下需要创新理念和体制机制，提升传播效果。国际传播能力是国家媒体综合实力的体现，也是其在国际上投射的结果。根据迈克尔·波特的理论，与媒体相关联和支持性的产业具有国际竞争力，也会对媒体的内容竞争力产生拉动效应。因此，中国政府应大力发展与媒体产业相关和支持性产业。[①]当前，国际传播要围绕效果目标、资金管理和媒体机构运营管理这三个重点领域进行创新、优化，推动国家传播实现高效、科学、可持续发展。

4.国际传播对外合作管理创新

中国的国际传播源自对内传播，在对外合作中的关系建构模式相对简单，主要是内容输出层面上的“传—受”关系。国际传播媒体机构长期以来处在国家事业机制之下和宣传体系之中，对于自身的功能定位也较为单一，即为“喉

---

① 唐润华等：《中国媒体国际传播能力建设战略》，北京：新华出版社，2015年，第239页。

舌”；这在对内传播中是应有之义，但在对外传播中则会成为“短板”，不利于建设主动型的传播关系。法国学者贝尔纳·瓦耶纳（B. Veyenne）在《新闻的社会职能》一文中指出，大众传播媒介成了当代人最广阔、最优越的娱乐市场；即便在新闻领域，他认为娱乐消遣和新闻报道、观点表达一同构成新闻的三大内容及社会职能。[①] 在新形势下，中国媒体需要拓展媒体功能，优化功能定位，打造主动型的对外合作新关系。

对外合作新关系在于构建可持续、友好型的传播环境。当前，中国媒体在国际传播中需要通过拓展自身的商业性功能、强化自身的市场属性，与目标国电视、电信等领域公司建立“利益共同体”关系，为目标国带来税收和市场利益。即便是西方国家，虽然媒体业号称崇尚公共服务使命，标榜社会责任，但商业利益始终居于强势地位，因此中国媒体在任何西方国家的立足点和发展机会一定存在其市场价值之中。客观而言，这些国家没有义务协助中国媒体开展国际传播，但它们有责任按照相关国际贸易规则和传媒市场惯例为中国媒体提供准入机会和发展条件，当然前提是中国媒体需要拓展功能，在税收、就业等方面为当地创造价值。美国媒体之所以能在世界各国畅通无阻，其中一个原因就是这些媒体机构能为当地创造价值。例如，波兰在2020年7月开始实施“奈飞税”，网络视频业务按照营业收入总额缴纳1.5%的税收；这一税种是根据美国网奈飞公司命名的。税收最终划拨给波兰电影艺术协会（PISF）。2020年，美国奈飞、亚马逊、家庭影院频道、谷歌等19家提供网络视频业务的机构缴纳了“奈飞税”，总计109万欧元。[②]反观之下，中国媒体在大多数国家只是从事国际传播业务，虽然在一些国家能解决一定规模的就业，但无法像美国媒体公司那样为当地创造经济价值。因此，中国媒体必须要重新审视自身发展定位、

---

① 胡钰编著：《新闻理论经典著作选读》，北京：清华大学出版社，2016年，第178、179页。

② https://www.broadbandtvnews.com/2021/02/11/netflix-tax-boosts-polish-film-industry/.

模式和路径，要以“价值”思维来重新谋划与各国政府、媒体以及相关行业的关系，通过强化相互合作与业务交融来构建主动型的传播关系。唯有构建起“利益共同体”，中国媒体在一些国家的对外传播关系才能得到根本性改变。当然，这并不是否定中国媒体当前与世界各国政府和媒体同行的关系。

结语

习近平总书记在2021年5月31日中共中央政治局第三十次集体学习时强调，必须加强顶层设计和研究布局，构建具有鲜明中国特色的战略传播体系，着力提高国际传播影响力、中华文化感召力、中国形象亲和力、中国话语说服力、国际舆论引导力。中国的国际传播近年来取得了长足发展，实践探索和理论研究实现了诸多突破。为了适配新时期的新任务新机遇新挑战，国际传播在理论和实践方面都需要进一步明确发展方位，强化战略思维，推动创新发展。

长期以来，中国的国际传播总体而言是以介绍、说明中国为主要使命，致力于让世界了解和接受繁荣稳定、和平发展的中国，同时全力应对和反击西方国家的战略遏制、打压与舆论攻击、抹黑。可以预见，这将是未来相当长一个时期中国国际传播的主要任务之一。随着自身问题的累积，西方国家需要继续通过将中国塑造为敌人，来转移和转化自身的危机。富勒（Fuller）在《军备与历史》（*Armament and History*）中说："对我们的经济体制而言，依靠战争比依靠产业更加重要。""如果敌人不存在，那就必须还要制造一个敌人。"[①]基于这一现实，国际传播理论研究和实践探索要从舆论斗争与讲好故事两个方面进行集中突破。但从学科建设和专业发展来说，国际传播需要着眼大局、立足长远，多维度、多系统，着力推动基础学科发展和交叉学科建设。长期以来，中国国际传播的理论和实践较多地聚焦于新闻宣传及相关领域，这也与中国国际

① [加]哈罗德·伊尼斯：《变化中的时间观念》，何道宽译，北京：中国传媒大学出版社，2018年，第86页。

传播历史使命和现实环境密切相关。受此影响，一些国际传播学界和业界人士在理解上出现了“窄化”的趋势，例如存在将国际传播实践等同于对外新闻，将国际传播理论等同于话语研究等。

国际传播是一个系统性很强的领域，需要从多个维度进行思考和研究。如同中国神舟十二号载人飞船相关的航空航天类专业一样，国际传播是一个多系统协同的领域。航空航天类专业包括飞行器设计与工程、飞行器动力工程、飞行器制造工程、航空航天工程、飞行器环境与生命保障工程、飞行器适航技术、飞行器质量与可靠性等七个专业；这七个专业又根植于更多基础学科，涉及材料科学与工程、电子信息工程、自动化、计算机、交通运输、质量与可靠性工程等专业。可见，航空航天不能局限于飞行器制造或动力领域。同样，国际传播不能局限于对外新闻专业，“窄化”不利于国际传播的学科建设和理论发展。中国的国际传播在专业建设和发展路径方面深受对内传播（内宣）的影响，两者虽有共通之处，但整体而言，国际传播在传播规律、操作模式等方面有着显著区别。中国国际传播理论研究起步较晚，在学科建设以及研究理论、研究方法等方面借鉴和吸收了西方的先进成果。当前，国际传播理论建设和实践探索要着眼国际上的政治环境、文化环境、市场环境和技术环境，结合中国发展实际，从政治、文化、商业和技术四个维度进行创新突破。

面对世界百年未有之大变局，国际传播实践探索和理论研究需要加强顶层设计和研究布局，明确发展的新坐标和新使命，全力服务于中华民族伟大复兴的战略全局。从战略发展目标来说，国际传播要形成同我国综合国力和国际地位相匹配的国际话语权，塑造可信、可爱、可敬的中国形象，致力于让世界尊重中国。让世界尊重中国，并不意味着要世界敬畏和仰视中国，而是要致力于让世界尊重中国的发展道路、制度选择。在新的发展阶段，国际传播要以“人类命运共同体”为核心理念，全面提升话语能力，生动阐释中国发展成就和为世界发展所作的贡献，有力说明中国发展本身就是对世界的最大贡献、为解决人类问题贡献了智慧，让世界了解、认知、认可和尊重一个持续对世界有着重大贡献的中国，而不是“威胁世界”的中国；让世界尊重中国，并不要求世界要刻意赞美和歌颂中国，而是要客观报道和评价中国。基于此，国际传播实践探索和理论研究需要基于中国国情和发展实际，全面理解国际传播属性，多维度建构国际传播能力，多路径推进国际传播发展。在国际传播的未来发展中，理论研究和实践探索需要进一步明确发展的历史坐标和现实方位，构建具有鲜明中国特色的战略传播体系，强化战略传播实力。具体而言，要围绕这四个目标集中发力、有效突破。

一是要匹配大国地位。在国际传播发展进程中，匹配国家实力和国际地位一直是一个重要导向和原则。例如，2003年，全国宣传思想工作会议提出，要逐步形成同我国国际地位相适应的对外宣传舆论力量。[①]当前，人类社会正经历百年未有之大变局，面临着前所未有的变革挑战，包括诸多不稳定性不确定性问题。随着中国日益走近世界舞台中央，中国国际传播需要调整优化发展定位和理念，以新高度和新格局来规划、推进国际传播能力建设。习近平总书记强调，我国有能力也有责任在全球事务中发挥更大作用，同各国一道为解决全人类问题作出更大贡献；国际传播要广泛宣介中国主张、中国智慧、中国方案。国际传播要匹配大国地位，着力提升综合实力，形成于中国国际地位相匹配的传播力、引领力和影响力，并主动契合国际形势发展和国际格局变化，全面传播中国在全球治理和世界发展中所提出的创新、协调、绿色、开放、共享发展、新型大国关系、正确义利观等中国观点，在国际舆论格局中发出大国应有的声音。

二是要树立大国形象。国际传播要服务于树立大国形象，围绕中国发展建设大局为我国改革发展稳定营造有利外部舆论环境。形象是指公众群体中的大

① 何国平：《中国对外报道思想研究》，北京：中国传媒大学出版社，2009年，第83页。

部分人对这一主体可能的感知；形象是声誉的同义词。[①]国家形象对于中国全球发展的战略布局和空间拓展具有重要作用，是软实力的核心和基础。中国在国家形象建构方面曾经走过弯路，主要是“文革”期间过于激进的理念和不切实际的做法，导致外部世界对中国产生误解，一些周边国家甚至对中国产生抵触、惧怕情绪。邓小平在1985年提出，要求加大对外宣传的力度，要“树立我们是一个和平力量、制约战争力量的形象”。[②]当前，中国比历史上任何时期都更接近中华民族伟大复兴的目标，需要加强大国形象的塑造和传播力度。中国国际形象是中国实力溢出效应的结果，中国需要通过国际传播等方式来有效宣介发展理念，打消他国对中国的猜测、猜忌和担忧。未来一个时期，中国在世界的影响力将更为显著，地位将更加巩固，国际传播需要持续引导国际社会形成正确的“中共观”“中国观”。习近平总书记强调，国际传播要注重把握好基调，既开放自信也谦逊谦和，努力塑造可信、可爱、可敬的中国形象。这为国际传播当前以及今后一个时期塑造和提升中国国家形象提供了基本遵循。

三是要助力大国外交。随着中国的发展壮大，美国等西方国家对中国遏制、打压的力度也在显著增强，这在2020年以来表现尤为明显，围绕所谓“香港问题”“新疆问题”“南海问题”“新冠肺炎疫情”等制造种种事端，在军事、贸易、技术等多个领域无端打压，甚至炮制出了“制华法案集合体”，即《2021美国创新与竞争法案》，包括《2021迎接中国挑战法案》《2021战略竞争法案》在内的若干制华法案。就对华外交政策基调而言，美国已经从“对话”转向了赤裸裸的“对抗”。可以预见，美国还会打着价值观、意识形态大旗，鼓动盟国甚至其他国家对抗中国。在此形势下，中国国际传播必须要成为

① [美]乔·马可尼：《公共关系学：实践与案例》，赵虹君、魏惠琳译，北京：电子工业出版社，2008年，第52—53页。

② 《邓小平文选》第3卷，北京：人民出版社，1993年，第128页。

大国外交的有力助手，为构建于我有利的国际环境发挥积极作用。正如习近平总书记所强调的，国际传播要倡导多边主义，反对单边主义、霸权主义，引导国际社会共同塑造更加公正合理的国际新秩序，建设新型国际关系。中国国际传播要有效传播“人类命运共同体”理念，充分阐释中国发展强大之后的未来利益与世界各国是一致的，帮助各国在制定外交政策、采取外交行动时避免出现误解、误会和误判。

四是要构建大国话语。在国际舆论领域，“话语”意味着权力，能将价值观和政治制度形塑为国际“常识”。诸如恐怖主义的概念界定、国际人权准则和人道主义干预、武力入侵和政权更迭等等热点问题，以及在利用核能与防扩散等议题上的争斗，无不表现为国际话语权之争。在正常的国际话语秩序中，各国能理性包容价值观和政治制度的多元化，通过“对话”而非“对抗”来解决分歧。但是在当前西方话语霸权之下，价值观和政治制度呈现显著的单极化特征，非西方的价值体系、意识形态和政治制度遭到孤立甚至攻击。对此，“中国崛起一定要伴随自己话语的崛起，否则这种崛起是靠不住的”。[①]在西方的对华围堵战略中，话语遏制和打压也是其重要组成部分，图谋让中国无法表达和说明自己的立场，也无法在价值观、制度、意识形态等领域发出声音，最终陷入“德孤”“无邻”的处境。对此，国际传播必须在构建大国话语、形成大国声势方面发挥积极作用。习近平总书记强调，要形成同我国综合国力和国际地位相匹配的国际话语权，要加快构建中国话语和中国叙事体系，用中国理论阐释中国实践，用中国实践升华中国理论，打造融通中外的新概念、新范畴、新表述，更加充分、更加鲜明地展现中国故事及其背后的思想力量和精神力量。在中国稳步崛起过程中，国际传播要有理有据回应攻击、抹黑、污蔑，

---

① 杨明星：《中国特色大国外交核心话语对外传播路径与效果》，第五届全国对外传播理论研讨会，2017 年 7 月。

旗帜鲜明地亮明中国立场，阐明事实真相；围绕抗疫、扶贫、发展等全球性议题有效宣介中国主张、中国智慧、中国方案。

这四个宏观目标的实现需要基于国际传播的理论研究突破和实践创新发展。在政治维度下，国际传播需要进一步强化对外新闻、话语建构、形象建设、公关关系等相关领域的理论研究和实践创新，在已有成果和基础上加大跨学科建设和创新发展力度，例如话语建构可以在心理学、修辞学等学科助力下强化话语生成能力和转化能力建设。在文化维度下，国际传播需要强化跨文化传播意识，在思维方式、叙事逻辑、表达方式、主题选择以及文化禁忌等方面强化基础研究，尤其要在影视剧的跨文化表达和翻译等方面加大创新发展力度。在商业维度下，国际传播需要强化市场意识、商务意识、法务意识，着力提升运用商业化手段的综合能力，为国际传播实现“传得开、进得去”提供新路径，也为国际传播的可持续发展以及激发国内传媒产业的外向型发展提供内生动力。在技术维度下，国际传播要注重前沿技术的研究与应用，强化国际传播与信息通信技术、互联网技术、人工智能技术、虚拟现实技术、大数据技术、超高清技术等方面的深度结合，在强化国际传播融合发展的基础上，大力推动相关先进技术、设备和服务的出口。

这四个宏观目标的实现还要基于国际传播理论与实践相关机制的创新。2021年以来，国际传播理论研究进入爆发式阶段，相关学术论坛、研讨会以及课题、论文的规模与数量都迅速增长。值得关注的是，中国国际传播理论与实践在深度交融、高度联动和系统互嵌等方面还有待加强。如果仅是“从理论到理论”“从阐释到阐释”“从解读到解读”，将不利于国际传播理论建设。同时，国际传播的理论研究如果偏离实践业务，也将无法及时有效地把握前沿问题，更无法帮助实践解决实际需求，如国际传播实践中亟须有效解决的外国法律监管问题、商务合作合规问题、新技术应用问题等。因此，国际传播的发展一方面需要强化多维度发展的意识和多学科交叉并用的思维，另一方面要强化理论与实践之间的协同发展，着力推动“旋转门”人才流动等相关机制创新，实现理论与实践的相互借力、齐头并进。

国际传播进入历史上最好的发展阶段，也迎来了提质升级的最佳机遇。国际传播的理论研究和实践发展已经站在新的历史坐标上，需要以新思维和新作为，来担负起新的历史使命。

主要参考文献

中文著作

常江、邓树明编著：《从经典到前沿：欧美传播学大师访谈录》，北京：新星出版社，2020年

陈来：《中华文明的核心价值：国学流变与传统价值观》，北京：生活·读书·新知三联书店，2015年

陈力丹：《世界新闻传播史》，上海：上海交通大学出版社，2002年

陈卫星主编：《国际关系与全球传播》，北京：北京广播学院出版社，2003年

戴锦华：《隐性书写：90年代中国文化研究》，北京：北京大学出版社，2018年

《邓小平文选》（第3卷），北京：人民出版社，1993年

丁学良：《中国的软实力和周边国家》，北京：东方出版社，2014年

段鹏：《中国广播电视国际传播策略研究》，北京：中国传媒大学出版社，2013年

段连城：《对外传播学初探》，北京：五洲传播出版社，2004年

冯益谦：《涉外文化管理》，广州：华南理工大学出版社，2006年

甘险峰：《中国对外新闻传播史》，福州：福建人民出版社，2004年

关世杰：《中国文化国际影响力调查研究》，北京：北京大学出版社，2016年

关世杰：《国际传播学》，北京：北京大学出版社，2004年

郭林：《电视产品在中西文化语境中的对话》，北京：中国传媒大学出版社，2011年

郭可：《当代对外传播》，上海：复旦大学出版社，2003年

郭镇之等：《第一媒介：全球化背景下的中国电视》，北京：清华大学出版社，2009年

郭镇之：《电视传播史》，北京：北京师范大学出版社，2000年

海阔：《媒介人种论——媒介、现代性与民族复兴》，北京：中国传媒大学出版社，2008年

韩瑞霞：《美国传播研究与文化研究的分野与融合》，北京：中国大百科全书出版社，2014年

何国平：《中国对外报道思想研究》，北京：中国传媒大学出版社，2009年

胡钰编著：《新闻理论经典著作选读》，北京：清华大学出版社，2016年

胡翼青：《西方传播学术史手册》，北京：北京大学出版社，2015年

胡适：《中国哲学史大纲》，桂林：广西师范大学出版社，2013年

胡正荣、李继东、姬德强主编：《中国国际传播发展报告（2014）》，北京：社会科学文献出版社，2014年

胡志峰、张承志主编：《中国影视文化软实力：理念与路径》，北京：中国传媒大学出版社，2016年

黄鹂：《全媒体创新案例精解》，上海：复旦大学出版社，2020年

彭增军：《新闻业的救赎：数字时代新闻生产的16个关键问题》，北京：中国人民大学出版社，2018年

钱乘旦：《西方那一片土：钱乘旦讲西方文化通论》，北京：北京大学出版社，2015年

钱乘旦、陈晓律：《在传统与变革之间——英国文化模式溯源》，杭州：

浙江人民出版社，1991年

钱钟书：《钱钟书集：写在人生边上；人生边上的边上；石语》，北京：生活·读书·新知三联书店，2001年

沈苏儒：《对外传播的理论与实践》，北京：五洲传播出版社，2004年

李彬：《媒介话语：新闻与传播论稿》，北京：新华出版社，2005年

李彬：《符号透视：传播内容的本体诠释》，上海：复旦大学出版社，2003年

李智：《国际政治传播 控制与效果》，北京：北京大学出版社，2007年

刘洪潮主编：《怎样做对外宣传报道》，北京：中国传媒大学出版社，2005年

刘智：《新闻文化学》，北京：新华出版社，2001年

刘继南、何辉：《中国形象：中国国家形象的国际传播现状与对策》，北京：中国传媒大学出版社，2006年

罗家德：《复杂：信息时代的连接、机会与布局》，北京：中信出版社，2017年

马建丽：《中国译制片研究》，北京：中国传媒大学出版社，2017年

明安香：《传媒全球化与中国崛起》，北京：社会科学文献出版社，2008年

沈苏儒：《对外传播的理论与实践》，北京：五洲传播出版社，2004年

上海广播电视台总编室编：《生命的宽度：节目创新与人文思考》，上海：上海三联书店，2017年

孙铭欣：《电视剧国际交易研究》，北京：中国传媒大学出版社，2016年

孙玉胜：《十年：从改变电视的语态开始》，北京：生活·读书·新知三联书店，2003年

唐润华等：《中国媒体国际传播能力建设战略》，北京：新华出版社，

2015年

童之侠：《中国国际新闻传播史》，北京：中国传媒大学出版社，2007年

夏之平：《铭心往事—— 一个广播电视人的记述》，北京：中国广播电视出版社，2009年

冼致远：《中英电视媒体国际传播软实力比较研究》，北京：中国传媒大学出版社，2017年

邢博主编：《构建中国在中东欧地区舆论新格局》，北京：中国国际广播出版社，2011年

任毕明：《战时新闻学》（1938年7月），北京：中国传媒大学出版社，2018年

王金礼：《新闻德行轮：原则框架》，北京：北京大学出版社，2016年

王前：《中西文化比较概论》，北京：中国人民大学出版社，2005年

许知远：《纳斯达克的一代》，文化艺术出版社，2001年

姚遥：《新中国对外宣传史：构建现代中国的国际话语权》，北京：清华大学出版社，2014年

杨伯溆：《全球化：起源、发展和影响》，北京：人民出版社，2002年

杨伟芬主编：《渗透与互动：广播电视与国际关系》，北京：北京广播学院出版社，2000年

叶再春：《美国新闻传媒与政府关系研究（1990—2010）》，北京：中国人民大学出版社，2013年

于运全主编：《讲好中国故事 传播好中国声音——“第五届全国对外传播理论研讨会”论文集》，北京：外文出版社，2019年

于运全等：《全球民意调查中的中国形象》，北京：外文出版社，2019年

乐黛云：《涅槃与重生——在多元重构中复兴》，北京：中央编译出版社，2015年

张长明：《传播中国：二十年电视外宣亲历》，北京：人民出版社，2011年

张长明主编：《让世界了解中国——电视对外报道40年》，北京：海洋出版社，1999年

张开：《全球传播学》，北京：中国广播电视出版社，2013年

张昆：《国家形象传播》，上海：复旦大学出版社，2006年

张毓强：《国际传播：思想谱系与实践迷思》，北京：中国传媒大学出版社，2017年

赵化勇主编：《中央电视台发展史（1958—1997）》，北京：中国广播电视出版社，2008年

赵玉宏：《影视产品跨文化传播与我国文化软实力建设》，北京：经济日报出版社，2015年

赵靳秋等编著：《西藏藏语传媒的发展与变迁（1951—2012）》，北京：中国传媒大学出版社，2013年

郑永年：《中国崛起：重估亚洲价值观》，北京：东方出版社，2015年

周明伟主编：《国家形象传播研究论丛》，北京：外文出版社，2008年

周宁：《世界是一座桥：中西文化的交流与构建》，桂林：广西师范大学出版社，2007年

周宁主编：《世界之中国：域外中国形象研究》，南京：南京大学出版社，2007年

杨明品主编：《中国广播电影电视发展报告（2014）》，北京：社会科学文献出版社，2014年

赵晖：《中韩两国电视剧产业战略与策略研究》，北京：中国电影出版社，2012年

朱景和：《电视功过论》，北京：中国广播电视出版社，2007年

中国电视剧制作产业协会、综艺报编著：《中国电视剧（2014）产业调查报告》，北京：中国广播影视出版社，2015年

中文论文

程曼丽：《真相、后真相与舆论引导》，《现代视听》2019年9月刊

杜国东：《突发公共卫生事件的对外报道——以主流对外传播媒体报道新冠肺炎疫情为例》，《对外传播》2020年4月刊

高欢：《中国影视作品北美传播研究》，《当代电视》2017年第8期

郭镇之等：《中国影视作品在东非的数字化传播》，《电视研究》2017年第1期

郭可：《我国对外传播媒体本土化战略思考》，《对外传播》2014年第10期

胡邦胜：《我国对外传播需实现四大战略转型》，《学习时报》2017 年4月17日第2版

胡邦胜：《论中国国际传播的理论转型和实践转向》，《国际传播》2016年第1期

霍娜：《人类命运共同体理念的对外传播及相关策略——以中阿命运共同体为例》，《天津外国语大学学报》2020年3月第27卷第2期

黄华：《我国影视文化产业的出口障碍及对策探究》，《法制与社会》2017年4月刊下

黄琳：《学习包装术》，《瞭望东方周刊》2004年第43期

李洋：《从当前国际舆论环境看国际传播着力点——基于对新冠肺炎疫情期间海外舆情的分析》，《对外传播》2020年4月刊

凌娜、吴非：《〈今日俄罗斯〉的理想媒体实践》，《对外传播》2013年

第9期

刘涛：《意指概念：环境传播的修辞理论探析》，《现代传播》2015年第2期

刘莹：《中国影视业走出去的现状、问题及对策》，《中国广播电视学刊》2016年第2期

刘笑盈：《提高国际传播能力　打造国际一流媒体》，《对外大传播》2004年第2期

刘新传、冷冶夫：《美国纪录片国际竞争力分析》，《中国广播电视学刊》2014年第11期

罗奕：《他者眼中的中国形象——基于东盟国家大众媒体涉华报道的舆情分析》，《传媒》2019年7月

栾昀：《中国影视作品走进拉美市场的问题调研与分析》，《新闻传播》2016年8月刊

毛伟：《非洲媒体涉华疫情报道的话语建构与框架分析》，《对外传播》2020年第6期

缪菁：《浅议我国对外广播的本土化发展》，《视听》2017年7月刊

聂书江、崔艳燕：《美国对境外媒体管理路径分析——以其对“今日俄罗斯”监管为例》，《国际传播》2020年第1期

聂鑫焱、李本乾：《“一带一路”背景下中国对东盟传播的创新路径》，《国际传播》2020年第4期

欧亚、夏玥：《隐蔽的说服：计算式宣传及其对中国国际传播的挑战》，《对外传播》2019年12月刊

孙英春：《跨文化传播研究与中国的国际话语权》，《攀登》2010年第2期

谭天、于凡奇：《从“走出去”到“走进去”——论中国电视对外传播的

策略创新》，《中国电视》2009年第8期

王啸：《国际话语权与中国国际形象的塑造》，《国际关系学院学报》2010年第6期

吴瑞庭：《当代中国电影与电影的国际交流》，《当代外国影视艺术》1995年第199期

吴祚来：《对外传播与文化焦虑》，《对外传播》2009年第9期

西冰：《浅谈开拓国际电视节目市场问题》，《电视研究》2000年第5期

夏吉宣：《全球化传播，本土化运作——中国国际广播电台曼谷分台案例分享》，《对外传播》2014年第3期

杨远婴：《百年六代影像中国——关于中国电影导演的代际谱系研究》，《当代电影》2001年第6期

张通生、张彦哲：《提升中国媒体国际话语权的思考》，《青年记者》2012年12月下

张志洲：《话语质量：提升国际话语权的关键》，《红旗文稿》2010年第14期

钟新、崔灿：《中国媒体全球化的正当性与竞争力——对话国际传播知名学者达雅·屠苏》，《对外传播》2019年6月刊

周树春：《自觉把握新时代国际传播的特征规律》，《对外传播》2019年12月刊

周铁东：《新中国电影对外交流》，《电影艺术》2002年第1期

曾筱凡：《刚柔并济应对复杂形势下对美舆论博弈》，《对外传播》2019年第2期

中文译著

[美]埃弗里特·E. 丹尼斯、约翰·C.梅里尔：《媒介争论：数字时代的20个争议话题》，王春枝译，北京：中国人民大学出版社，2019年

[美]艾伦·B. 艾尔巴兰：《传媒经济》，兰培译，大连：东北财经大学出版社，2016年

[美]爱德华·L. 伯内斯：《舆论的结晶》，胡百精、董晨宇译，北京：中国传媒大学出版社，2013年

[美]爱德华·L. 伯内斯：《宣传》，胡百精、董晨宇译，北京：中国传媒大学出版社，2013年

[英]爱德华·泰勒：《原始文化》，连树声译，桂林：广西师范大学出版社，2005年

[法]贝内特·维尔吉斯等：《全球节目模式养成计》，北京：中国传媒大学出版社，2017年

[英]戴维·莫利、凯文·罗宾斯：《认同的空间》，司艳译，南京：南京大学出版社，2001年

[英]丹尼斯·麦奎尔：《麦奎尔大众传播理论》，崔保国、李琨译，北京：清华大学出版社，2006年

[英]达雅·屠苏：《国际传播：延续与变革》，董关鹏主译，北京：新华出版社，2004年

[日]冈田英宏：《世界史的诞生》，陈心慧译，北京：北京出版社，2016年

[加]哈罗德·伊尼斯：《变化中的时间观念》，何道宽译，北京：中国传媒大学出版社，2018年

[美]简·尼德文·皮特尔斯：《全球化与文化：全球混融（第二版）》，王瑜琨译，北京：中国传媒大学出版社，2016年

[美]考林·霍斯金斯：《全球电视和电影：产业经济学导论》，刘丰海、张慧宇译，北京：新华出版社，2004年

[英]克里斯蒂安·福克斯：《社交媒体批判导言》，赵文丹译，北京：中国传媒大学出版社，2018年

[美]雷·埃尔顿·赫伯特：《取悦公众》，胡白精等译，北京：中国传媒大学出版社，2014年

[美]伦纳德·威廉·杜布：《宣传的心理学方法和原理》，薛启亮、李玉莹等译，石家庄：河北人民出版社，1994年

[美]罗伯特·D. 卡普兰：《巴尔干两千年》，赵秀福译，北京：北京大学出版社，2018年

[英]露西·昆：《媒体战略管理——从理论到实践》，高福安、王文渊译，北京：中国广播电视出版社，2013年

[美]罗伯特·艾格、乔尔·洛弗尔：《一生的旅程：迪士尼CEO自述批量打造超级IP的经营哲学》，靳婷婷译，上海：文汇出版社，2020年

[美]罗伯特·福特纳：《国际传播：全球都市的历史、冲突及控制》，刘利群译，北京：华夏出版社，2000年

[英]马克·马佐尔：《谁将主宰世界》，胡晓娇等译，北京：中信出版集团，2015年

[美]迈赫迪·萨马迪：《国际传播理论前沿》，吴飞、黄超译，北京：中国传媒大学出版社，2016年

[加]马修·弗雷泽：《软实力：美国电影、流行乐、电视和快餐的全球统治》，刘满贵等译，北京：新华出版社，2006年

[美]门罗·E. 普莱斯：《媒介与主权：全球信息革命及其对国家权力的挑战》，麻争旗等译，北京：中国传媒大学出版社，2008年

[加]米奇·乔尔：《重启：互联网思维行动路线图》，曲强译，北京：中

信出版社，2014年

[美]缪塞尔·亨廷顿：《文明的冲突与世界秩序的重建》，周琪等译，北京：新华出版社，1999年

[美]皮埃罗·斯加鲁菲、牛金霞、闫景立：《人类2.0》，北京：中信出版社，2017年

[美]乔·马可尼：《公共关系学：实践与案例》，赵虹君、魏惠琳译，北京：电子工业出版社，2008年

[美]史密斯、[加]彭迈克、[土耳其]库查巴莎：《跨文化社会心理学》，严文华、权大勇译，北京：人民邮电出版社，2009年

[英]斯图尔特·阿兰：《新闻文化》，陈雅玫译，台北：书林出版有限公司，2006年

[美]斯蒂芬·平克：《人性中的善良天使：暴力为什么会减少》，安雯译，北京：中信出版集团，2015年

[美]威尔伯·施拉姆、威廉·波特：《传播学概论》，何道宽译，中国人民大学出版社，2010年

[美]沃尔特·拉塞尔·米德：《上帝与黄金：英国、美国与现代世界的形成》，徐怡超、罗怡清译，北京：社会科学文献出版社，2014年

[美]伊恩·莫里斯：《文明的度量：社会发展如何决定国家命运》，李阳译，北京：中信出版社，2014年

[美]叶海亚·R. 伽摩利帕编著：《全球传播》，尹宏毅主译，北京：清华大学出版社，2008年

[美]约翰·米尔斯海默：《大国政治的悲剧（修订版）》，王义桅、唐小松译，上海：上海人民出版社，2014年

[美]约瑟夫·A. 德维托：《人际传播教程（第十二版）》，余瑞祥等译，北京：中国人民大学出版社，2010年

[美]约瑟夫·克拉珀：《大众传播的效果》，段鹏译，北京：中国传媒大学出版社，2016年

[美]詹姆斯·沃克、道格拉斯·弗格森：《美国广播电视产业》，陆地、赵丽颖译，北京：清华大学出版社，2005年

[美]詹姆斯·罗尔：《媒介、传播、文化——一个全球性的途径》，董洪川译，北京：商务印书馆，2012年

[美]珍妮特·瓦斯科：《理解迪士尼：梦工厂》，杨席珍译，北京：中国传媒大学出版社，2015年

网络资料

www.digitaltveurope.net

www.rapidtvnews.com

www.fmprc.gov.cn

学位论文

刘洪：《中国影视文化产品出口研究》，首都经济贸易大学硕士学位论文，2017年

王鑫：《我国影视贸易企业存在的问题及对策分析》，对外经济贸易大学硕士学位论文，2016年

后记

本书完稿时，新冠肺炎疫情仍在全球肆虐，世界也在悄然改变。正在亲历这段历史的我们，并不一定清楚这些变化的意义，但历史书上一定会浓墨重彩地记下一笔。中国2020年以来在成功控制新冠肺炎疫情的同时，经济社会取得了显著发展成就：打赢脱贫攻坚战、全面建成小康社会；成功发射中国神舟十二号，三名航天员成功进入天宫空间站；中国共产党迎来百年华诞……这些都是精彩的中国故事，而且精彩每天都在上演。中央广播电视总台是国际传播的主力军、先锋队，承担着对外讲好中国故事的职责使命。我有幸作为其中一分子，日常工作中常常思考如何才能把工作做得更有效能、学理性和创新性，也密切关注其他国家如何讲述自己的故事，其他国际媒体如何在海外运行、发展。业余时间，我会把这些思考转换成文字。

另一方面，作为国际传播工作者，我明显感觉到国际形势新变化及其对国际传播的影响。随着中国稳步崛起，美国等西方国家的围追堵截力度明显加大，西方媒体的关注热度也逐步高涨，但负面报道居多，更不乏刻意贬损甚至造谣、诋毁。相比失实报道，更为真切的感受则是西方等国对中国媒体的敌意。2021年2月，英国通信管理局吊销了中国国际电视台播出许可，澳大利亚多元文化电视台（SBS）随即于2021年3月宣布停止转播中央电视台中文国际频道（CCTV-4）节目，印度媒体主管机构电信监管局（THAI）也在2021年6月吊销中国国际电视台的播出许可。如果以中央电视台第四套节目（即中文国际频道前身）在1992年开播为起点，中国电视频道国际传播到2021年已经发展了近三十年；中国国际电视频道享受这般密集的“停播待遇”，三十年中还是头一遭。我所在的局负责处理和应对这些“停播”事件，我也得以近距离观察和感受西方等外部世界的立场、态度和举措，深刻触动和引发我关于国际传播的学理思考与探索；国际传播外部环境已然时过境迁、沧海桑田，传播就需要重新定位再出发。变革势在必行，但需符合实际、切近未来。

在这样的背景下，我作为一名国际传播的工作者和业余研究者，深感到自己的责任和义务。在完成本职工作的同时，为国际传播的理论建设方面贡献一点绵薄之力，这就是写这本书的初衷，也是契机。但是，我自认为，这本书算不上学术成果，但具有一定的学术价值。书中记录了我在国际传播一线工作中的所见所思所想，可为国际传播专业研究提供些许线索或素材。

这本书得以完成，非常感谢中国外文局当代中国与世界研究院（简称“当研院”）于运全院长。得益于他和当研院的支持，这本书才得以出版。感谢不分先后，我需要感谢家母的默默支持和鼓励，导师关世杰教授和师母的殷殷关爱，单位领导同事的关照帮助，以及亲朋好友们的关心爱护。

从进入传媒行业开始，我一直栖身于国际传播领域，这是人生幸事。我较为完整地深度从事了国际传播主要领域的工作：从内容建设（在中央电视台中文国际频道新闻部工作八年）、渠道建设（在中央电视台海外传播中心工作四年）、顶层设计和宏观政策（在广电总局国际合作司工作四年）以及效果评估（从2020年开始供职于总台国际传播规划局海外评估核查处）。有此人生机遇，我必须充分珍惜。我将继续写作下去，用这样的方式督促自己学习和思考，也促使自己更好地把实践探索和理论思考进行结合。假以时日，我还将奉上更多拙文和拙著。

李宇
2021年7月
于北京金台夕照

传媒机构/电视频道

澳大利亚广播公司（ABC）	http://www.abc.net.au
澳大利亚福克斯电视频道（FOX）	http://www.foxtel.com.au
澳大利亚7号电视台（SEVEN）	http://au.tv.yahoo.com/
澳大利亚9号电视台（NINE）	http://channelnine.ninemsn.com.au/
澳大利亚10号电视台（TEN）	http://ten.com.au/
澳大利亚广播公司（ABC）	http://www.abc.net.au/
澳大利亚SBS电视台	http://www.sbs.com.au/
巴西环球电视台	http://www.globo.com/
巴西RedeTV	http://www.redetv.com.br/
德国贝塔斯曼/卢森堡广播电视台	http://www.rtl.de/cms/index.html
德国电视一台（DAS ERSTE）	http://www.daserste.de/
德国电视二台（ZDF）	http://www.zdf.de/
德国公共广播电视联盟（ARD）	http://www.ard.de/
德国ProSieben电视台	http://www.prosieben.de/
德国三星电视台（3SAT）	http://www.3sat.de/index.html
德国卫星电视一台（SAT.1）	http://www.sat1.de/
德国之声电视台（DW）	http://www.dw.de/
俄罗斯CTC电视台	http://ctc.ru/

俄罗斯DTV电视台	http://www.dtv.ru/
俄罗斯第一频道电视台（1TV）	http://www.1tv.ru/
俄罗斯今日电视台（RT）	http://rt.com/
俄罗斯独立电视台（NTV/HTB）	http://www.ntv.ru/
俄罗斯REN电视台	http://www.ren-tv.com/
俄罗斯RTR（PTP）电视台	http://www.rtr-planeta.com/
俄罗斯TVC电视台	http://www.tvc.ru/
法国第二台（France 2）	http://www.france2.fr
法国“戛纳+”（Canal Plus）	http://www.mon.cplus.fr
法国24电视台（France 24）	http://www.france24.com/fr/
韩国阿里郎电视台（Arirang TV）	http://www.arirang.co.kr
韩国放送公社（KBS）	http://www.kbs.co.kr
韩国首尔电视台（SBS）	http://www.sbs.co.kr/
韩国文化电视台（MBC）	http://www.imbc.com/
加拿大广播公司（CBC）	http://www.cbc.ca
加拿大电视台（CTV）	http://www.ctv.ca/
加拿大广播公司（CBC）	http://www.cbc.ca/
卡塔尔半岛电视台（Aljazeera）	http://www.aljazeera.net/portal
肯尼亚广告公司（KBC）	http://www.kbc.co.ke
美国在线（America Online）	http://www.aol.com
美国迪士尼公司（Disney）	http://www.disney.go.com
美国新闻集团（News Corporation）	http://www.newscorp.com
美国维亚康姆公司（Viacom）	http://www.viacom.com
美国哥伦比亚广播公司（CBS）	http://www.cbs.com
美国华纳公司（SONY CORPORATION）	http://www.timewarner.com

美国财经有线频道（CNBC）	http://www.cnbc.com
美国福克斯集团（FOX NETWORK）	http://www.fox.com
美国公共广播公司（PBS）	http://www.pbs.com
美国广播公司（ABC）	http://www.abc.go.com
美国国家广播公司（NBC）	http://www.nbc.com
美国动画网络频道（CARTOON NETWORK）	http://www.cartoonnetwork.com
美国探索频道（DESCOVERY）	http://www.discovery.com
美国直播电视公司（DIRECTTV）	http://www.directv.com
美国尼克国际儿童频道（NICKELODEON）	http://www.nick.com
美国娱乐体育电视网（ESPN）	http://espn.go.com
美国音乐电视频道（MTV）	http://www.mtv.com
美国有线新闻网（CNN）	http://www.cnn.com
美国黑人娱乐电视频道（BET）	http://www.betnetworks.com
墨西哥维萨电视（TELEVISA）	http://www.televisa.com.mx
南非广播公司（SABC）	http://www.sabc.co.za
欧洲文化频道（ARTE）	http://www.arte.tv/fr
欧洲新闻（EURO NEWS）	http://www.euronews.com/
日本放送协会（NHK）	http://www.nhk.co.jp
日本朝日广播公司（EX）	http://www.tv-asahi.co.jp
日本电视台（NTV）	http://www.ntv.co.jp/
日本东京电视台（TV TOKYO）	http://www.tv-tokyo.co.jp/
日本东京放送（TBS）	http://www.tbs.co.jp/
日本富士电视台（CX）	http://www.fujitv.co.jp/index.html
沙特“轨道”频道（ORBIT）	http://www.orbit.net
土耳其广播电视公司	http://www.trt.net.tr.

乌克兰国际电视台	http://www.podrobnosti.ua
乌克兰“新频道”电视台	http://www.novi.tv
新加坡电视公司	http://www.tcs.com.sg
星空卫视（STAR TV）	http://www.startv.com
印度国家电视网（DOORDARSHAN）	http://www.ddindia.net
印度Zee电视台（Zee TV）	http://www.zeetelevision.com
英国独立电视新闻频道（ITV）	http://www.itn.co.uk
英国卡尔顿公司（CARLTON）	http://www.carltonplc.co.uk
英国地中海电视台（MED TV）	http://www.ib.be/med
英国广播公司国际频道（BBC WORLD）	http://www.bbcworld.com
中国香港传讯电视	http://www.ctn.net
中东广播中心（MBC）	http://sat.rdn.it/eutelsat

平台运营商

阿根廷DirecTV Latin America	http://www.directv.com.ar/
阿根廷Cable Vision	http://www.cablevision.com.ar/
阿根廷Multi Canal	http://www.multicanal.com.ar/
阿根廷Super Canal	http://www.supercanal.com.ar/
埃及Arab Radio and Television（ART）	http://www.artonline.tv/home/
埃及Showtime	http://www.sho.com/site/index.html
埃及Orbit	http://www.orbit.net/
澳大利亚Foxtel	http://www.foxtel.com.au/
澳大利亚Austar	http://www.austar.com.au/

澳大利亚 Optus	https://www.optus.com.au/
巴基斯坦Geo TV	http://www.geo.tv
巴基斯坦PTCL	http://www.ptcl.com.pk
巴基斯坦Wateen Telecom	http://www.wateen.com/
巴西Telefonica	http://www.telefonica.com
巴西Telmex	http://www.telmex.com
巴西Telemar/Oi	http://www.oi.com.br
巴西Net Servicos	http://ir.netservicos.com.br/
巴西TVA	http://www.tva.com.br
德国KDG	http://www.kabeldeutschland.de/
德国Unitymedia	http://www.unitymedia.de/
德国KBW	http://www.kabelbw.de/
俄罗斯NTV-plus	http://www.ntvplus.ru/
俄罗斯Tricolor TV	http://www.tricolor.tv/
俄罗斯ER Telecom	http://ertelecom.ru/
菲律宾Dream Broadcasting System	http://www.dream.com.ph/
菲律宾Sky Cable	http://www.mysky.com.ph/
韩国Skylife	http://www.skylife.co.kr/
韩国T-Broad	http://tbroad.com/
加拿大Bell TV	http://www.bell.ca/
加拿大Shaw	http://www.shaw.ca/
加拿大Rogers	http://www.rogers.com
加拿大Videotron	http://www.videotron.com
加拿大Cogeco	http://www.cogeco.ca
马来西亚Astro	http://www.astro.com.my/

美国有线Virgin Media	http://www.virginmedia.com/
美国DirecTV	http://www.directv.com
美国Dish Network	http://www.dish.com
美国Comcast	http://www.comcast.com
美国Time Warner Cable	http://www.timewarnercable.com
美国Cox	http://www.coxmedia.com
美国Charter	http://www.charter.com
美国Cablevision	http://www.cablevision.com
美国Liberty Global	http://www.lgi.com/
美国Starz	http://www.starz.com/
墨西哥Sky Mexico	http://www.sky.com.mx/mexicco
墨西哥Dish Mexico	http://www.dishmexico.com/
墨西哥Cable Vision	http://www.cablevision.net.mx/
墨西哥Cablemas	http://www.cablemas.com.mx/
墨西哥TVI	http://www.tvi.iol.pt/
墨西哥MegaCable	http://www.megacable.com.mx/
南非Multichoice	http://www.multichoice.co.za
南非DSTV	http://www.dstv.com/
南非Top TV	http://www.toptv.co.za/
南非GTV	http://www.gtv.com/
南非DStv（MIH）	http://www.dstv.com
日本Sky Perfect JSAT	http://www.sptvjsat.com
日本WOWOW	http://www.wowow.co.jp/
日本Jupiter Telecommunication（J：Com）	http://www.jcom.co.jp/
日本Japan Cable Net（JCN）	http://jcntv.jp/

泰国True Visions	http://www.truevisionstv.com/
印度Reliance	http://www.rcom.co.in/
印度Dish TV	http://www.dishtv.in/
印度Tata Sky	http://www.tatasky.com/
印度Sun Direct TV	http://www.sundirect.in/
印度Airtel Digital TV	http://www.airtel.in/digitaltv
印度In Cablenet	http://www.incablenet.com/
印度Hathway & Datacom	http://www.hathway.com
印度Wire & Wireless India	http://www.wwil.net/
印尼Indovision	http://www.indovision.tv/
印尼Telkom Vision	http://www.telkomvision.com/
印尼IndoSat	http://www.indosat.com/
英国Freeview	http://freeview.co.uk
英国BSkyB	http://www.sky.com
英国威讯	http://vision247.tv
以色列Yes	http://www.yes.co.il/
以色列HOT Cable	http://www.hot.net.il/
澳大利亚Foxtel	http://www.foxtel.com.au
新西兰Sky TV	http://www.skytv.co.nz
智利Telefonica CTC	http://www.telefonicachile.cl/
智利DirecTV Chile	http://www.directv.cl/
智利Tuves HD	http://www.tuves.cl/
智利VTR	http://vtr.com/
中国四达时代StarTimes	http://www.startimes.com.cn

监管机构/行业协会

澳大利亚竞争和消费者委员会（AAAC）	http://www.accc.gov.au/
德国联邦卡特尔局（Bundeskartellamt）	http://www.bundeskartellamt.de/
法国国家视听研究所（INA）	http://www.ina.fr
法国国际电视协会（TVFI）	http://www.tvfi.com
美国全国广播协会（NAB）	http://www.nab.org
美国全国有线与电信协会（NCTA）	http://www.ncta.com
	http://www.rtnda.org
美国全国电视节目执行人协会（NATPE）	http://www.natpe.org
美国社区广播电视人协会（CBA）	http://www.communitybroadcasters.com
美国社区媒介联盟（ACM）	http://www.aliancecm.org
美国媒介传播协会（MCA）	http://www.mcai.org
美国电视广告组织（TVB）	http://www.tvb.org
美国辛迪加电视网协会（SNTA）	htpp：//www.snta.org
美国在线媒介营销与广告协会（OMMA）	http://www.mediapost.com/omma
美国有线电视协会（NCTA）	http://www.ncta.com/
美国有线和电信营销协会（CTAM）	http://www.ctam.com
美国争取新闻自由记者协会	http://www.rcfp.org
美国电影和电视工程师协会（SMPTE）	http://www.smpte.org
美国国际广播和电视协会（IRTS）	http://www.irts.org
美国职业记者协会（SPJ）	http://www.spj.org
美国联邦通讯委员会（FCC）	http://fcc.gov
日本新闻协会（NNSK）	http://www.pressnet.jp
日本民营广播联盟（NAB）	http://www.nab.or.jp

国际广电组织

亚太广播联盟	http://www.abu.org.my
加勒比海广播联盟	http://www.caribunion.com
英联邦广播协会	http://www.oneworld.org/cba
欧洲广播联盟	http://www.ebu.ch
阿拉伯国家广播联盟	http://www.asbu.com
北美广播联合会	http://www.nabanet.com
非洲国家广播电视联盟	http://www.urtna.net
国际广播联合会	http://www.airiab.com
国际公共广播电视组织	http://www.publicbroadcastersinternational.org

卫星组织

阿拉伯卫星组织（Arabsat）	http://www.arabsat.org
亚洲卫星组织（Asiasat）	http://www.asiasat.com.hk
雅斯特卫星组织（Astra）	http://www.aia.lu
欧洲卫星组织（Eutelsat）	http://www.eutelsat.org
国际海事卫星组织（Inmarsat）	http://www.inmarsat.telia.com
国际电信卫星组织（Intelsat）	http://www.intelsat.com
泛美卫星公司（PanAmSat）	http://www.panamsat.com
劳拉尔空间与传播公司（Loral）	http://www.loral.com
西班牙卫星组织（Hispasat）	http://www.hispasat.es

俄联邦国际卫星组织（Intersputnik） http://www.intersputnik.com

全球卫星电视数据信息（1） http://www.lyngsat.com/

全球卫星电视数据信息（2） http://www.satbeams.com/

传媒市场/受众研究

电视市场新闻速览 http://www.rapidtvnews.com/

宽带电视市场动态 http://www.broadbandtvnews.com/

国际电视传媒专家 http://www.international-television.org/

英国RSMB电视研究 http://www.rsmb.co.uk/

英国Ipsos MORI http://www.ipsos-mori.com/

英国广播公司受众研究部 http://www.barb.co.uk

英国电子媒介情报研究 http://www.informa.com

美国尼尔森媒介调查公司 http://www.nielsenmedia.com

欧盟国家电视业界数据库 http://www.statista.com

欧洲音视频行业观察 http://www.obs.coe.int/index.html

APP市场研究 http://www.appmarket.tv/

研究机构

马来西亚亚洲发展传播研究所 http://www.aidcom.com

全球传媒监督网（GMM） www.globalmediamonitor.com

“我的地球村”（GMV） www.globalmediavillage.com

国际传播学协会（ICA）	http://www.icahdq.org
国际大众传播研究协会（IAMCR）	http://www.humfack.auc.dk/iamcr/
欧洲传播研究协会（ECCR）	http://home.pi.be/eccr/
欧洲视听实验室（EAO）	http://www.obs.coe.int
全球传播研究协会（GCRA）	http://mucici.mq.edu.au
新闻与大众传播教育协会（AEJMC）	http://www.aejmc.org
国际电信协会（ITC）	http://www.its.org

舆情研究/民意调查

澳大利亚鲁威研究所	http://www.lowyinstitute.org
俄罗斯公众舆论基金会	http://www.english.fom.ru/
盖洛普国际协会	http://www.gallup-international.com
美国皮尤研究中心	http://www.people-press.org/
美国安赫特国家“品牌”指数	http://www.gmi-mr.com
美国公共议程组织	http://www.publicagenda.org
香港大学民意研究计划	http://www.hkupop.hku.hk
英格尔·哈特世界价值观调查	http://www.worldvaluessurvey.org
中国国际舆情网	http://www.research.shisu.edu.cn
中欧舆情研究组织	http://www.ceorg-europe.org/

学术期刊

《全球传播期刊》	http://globalmediajournal.com
《跨文化心理学杂志》	http://www.wwu.edu/~culture
《新闻与大众传播教育》	http://www.excellent.com.utk.edu/jmce/
《批判和文化研究通讯》	http://www.elm.mq.edu.au/ccs/ccsnews
《媒介与文化评论》	http://www.egu.edu.au
《美国新闻学评论》	http://www.newslink.org
《哥伦比亚新闻评论》	http://www.cjr.org
《全球媒体月报》	http://www.lass.calumet.purdue.edu